古文观止

【国学经典丛书】

古文观止

昭军 译注

科学普及出版社
·北 京·

图书在版编目（CIP）数据

古文观止 / 昭军译注 . -- 北京 : 科学普及出版社 , 2025.5

（国学经典丛书）

ISBN 978-7-110-10609-9

Ⅰ . ①古… Ⅱ . ①昭… Ⅲ . ①《古文观止》- 译文②《古文观止》- 注释 Ⅳ . ① H194.1

中国国家版本馆 CIP 数据核字 (2023) 第 079486 号

策划编辑 胡 怡
责任编辑 付 迪
封面设计 余 微
正文设计 余 微
责任校对 吕传新
责任印制 马宇晨

出 版 科学普及出版社
发 行 中国科学技术出版社有限公司
地 址 北京市海淀区中关村南大街 16 号
邮 编 100081
发行电话 010-62173865
传 真 010-62173081
网 址 http://www.cspbooks.com.cn

开 本 710mm × 1000mm 1/16
字 数 253 千字
印 张 18
版 次 2025 年 5 月第 1 版
印 次 2025 年 5 月第 1 次印刷
印 刷 德富泰（唐山）印务有限公司
书 号 ISBN 978-7-110-10609-9 / H · 250
定 价 89.00 元

前言

从古至今，古典文化不断丰富着人类文化宝库，传承了一代又一代人的智慧理念，将古代先贤的智慧发扬光大。在这条漫长的文化长河中，《古文观止》堪称“百代之典范，不朽之伟作”。

此书是清朝人吴楚材、吴调侯于康熙三十三年（1694年）编订的古代散文选本。吴楚材、吴调侯籍贯属绍兴府山阴县（今浙江绍兴）。二人饱览经典，皆因应考不中而被埋没于民间。随后，二人便开始长期从事私塾教学。书名《古文观止》意指文集所收录的文章代表文言文的最高水平，学习文言文至此就可以停止了。

从整体而言，《古文观止》是一部包罗万象的文选。从纵向来看，作者根据历史进程，将各朝各代最优秀的作家及其最具代表性的作品依次编录，让人读之犹如漫步在古典文学的长廊里，其中的魅力自然妙不可言；从横向来看，书中所收均以散文为主，兼取骈文，几乎收录了我国古代各种文体，诸如书、论、碑、记，序、表、传、赞，赋、檄、诏、疏等，文章风格多样且各具特色。

本书编选《古文观止》的部分文章，从体例上看，文章篇幅长短适中，易于阅读和理解。这种以时代为经，以作家为纬的体例，还是值得肯定的。就内容而言，《古文观止》也反映了我国散文悠久的历史和丰富多彩的面貌。书中选文丰富多彩，其中不少是传诵千古的名篇，例如王勃的《滕王阁序》、李华的《吊古战场文》、刘禹锡的《陋室铭》及杜牧的《阿房宫赋》等，这些名篇都是脍炙人口的传世佳作，每篇作品都叩动读者的心扉，给人以启迪。全书按朝代先后进行排列，由此可以纵观古文发展的源流，也可以分析各位作家的不同风格。因此，二吴称书的编选方法为“集”或“汇而集之”。

《古文观止》一书有着鲜明的特点和突出的优势，所以历久不衰，至今仍受到读者的追捧，《古文观止》显然已经成为国内颇具影响力的古文初学选本。虽然学人常以普及读物看待《古文观止》，但它的内容典雅不俗，所选诸篇语言琅琅，佳言警句层出不穷，皆是传统文化精华。

编者见于此，特地吸取了前人的编撰经验：将唐宋八大家的作品作为全书的核心，并选取其他时代各家的清新小品为羽翼。在正文之外，本书还配有精美的插画，图画简洁清秀，文字通俗易懂，不仅便于读者参阅，更可以加深读者对古代文化的理解和鉴赏，提高读者的阅读品位。

古典文学博大精深，其中存在诸多难以释译的字、词、句，想要避免疏漏，实属不易。如有不当之处，敬请各位读者予以指导和批评，以便作为后续修订的参考。

目录

郑伯克段于鄢

左传·隐公元年

初，郑武公娶于申[①]，曰武姜[②]，生庄公及共叔段[③]。庄公寤生[④]，惊姜氏，故名曰寤生，遂恶之。爱共叔段，欲立之，亟[⑤]请于武公，公弗许。

注释

①郑武公娶于申：郑武公从申国娶妻。郑，国名，国都在今河南新郑。郑武公，姬姓，名掘突，公元前770年至前744年在位。申，国名，姜姓，国都在今河南南阳。②武姜：后人对她的称谓。武，指其丈夫武公的谥号；姜，指其母家之姓。③共（gōng）叔段：段后来奔逃到共邑（在今河南辉县），故称"共叔段"。④寤（wù）生：倒着生出来，胎儿的脚先出来，是一种难产情况。寤，通"牾"，逆。⑤亟（qì）：屡次，多次。

译文

当初，郑武公从申国娶妻，娶来的女子就是后来的武姜，她生了庄公和共叔段两个儿子。庄公出生时，脚先出来，惊吓了姜氏，因此取名叫"寤生"，姜氏很厌恶他。姜氏非常喜欢共叔段，想要立他做世子，屡次向武公请求此事，武公不同意。

及庄公即位，为之请制[⑥]。公曰："制，岩邑[⑦]也，虢叔[⑧]死焉。他邑唯命[⑨]。"请京[⑩]，使居之，谓之京城大叔[⑪]。祭仲[⑫]曰："都城过百雉[⑬]，国之害也。先王之制：大都不过参国之一，中五之一，小九之一。[⑭]今京不度[⑮]，非制也，君将不堪。"公曰："姜氏欲之，焉辟[⑯]害？"对曰："姜氏何厌[⑰]之有！不如早为之所[⑱]，无使滋蔓[⑲]，蔓，难图也。蔓草犹不可除，况君之宠弟乎！”公曰：“多行不义必自毙。子姑待之。”

注释

⑥制：郑国地名，一名虎牢，又名成本，原为东虢的属地，在今河南荥阳西北。⑦岩邑：险要的城邑。⑧虢（guó）叔：东虢国的国君，虢国后为郑武公所灭。⑨他邑唯命：别的邑可以唯命是听。⑩京：郑国地名，在今河南荥阳东南。⑪大叔：尊称。大，通“太”。⑫祭（zhài）仲：人名，郑国大夫，字足。⑬都城过百雉（zhì）：城市的围墙超过了一百雉。都城，诸侯所属都邑之城。雉，古代度量名称，长三丈、高一丈为一雉。⑭“大都”三句：古时制度，城邑的大小，大城不能超过国都的三分之一，中城不能超过五分之一，小城不能超过九分之一。国，国都。都，泛指一般城邑。⑮不度：不合法度。⑯辟：通“避”，退避。⑰厌：满足。⑱早为之所：意谓早点给他安排个适当的地方。所，地方，处所。⑲滋蔓：滋长蔓延。

译文

等到庄公即位后，姜氏请求把制邑封给共叔段。庄公说：“制是很险要的地方，虢叔就是死在那里的。其他地方听从您的吩咐。”姜氏又替共叔段讨封京邑，庄公便叫共叔段住在那里，人们称他为京城太叔。祭仲说：“城市的围墙超过了一百雉，便是国家的祸害。先王的制度：大都市的城墙，长不超过国都城墙的三分之一；中等城市的城墙，不超过国都城墙的五分之一；小城市的城墙，不超过国都城墙的九分之一。如今京邑太大，不合制度，您会受不了的。”庄公说：“姜氏要这样，哪里能躲避祸害呢？”祭仲回答说：“姜氏怎会满足？您不如早做打算，不要使其势力滋长蔓延，一旦滋生成长起来就难以对付了。蔓延的草尚难以清除，何况是您那位被宠爱的弟弟呢？”庄公说：“他不义之事做多了，必然会自取灭亡。你姑且等着吧！”

既而大叔命西鄙、北鄙贰于己。[20]公子吕[21]曰：“国不堪贰，君将若之何？欲与大叔，臣请事之，若弗与，则请除之，无生民心[22]。”公曰：“无庸[23]，将自及[24]。”大叔又收贰以为己邑，至于廪延[25]。子封曰：“可矣。厚将得众[26]。”公曰：“不义不昵，厚将崩。”[27]

注释

⑳“既而大叔”句：不久，太叔命令郑国西、北边区的城邑在归属于庄公的同时也归属自己。既而，不久；鄙，边邑。贰，两属。贰于己，一方面听命于庄公，一方面听命于自己。㉑公子吕：郑国大夫，字子封。㉒无生民心：不要使民生二心。㉓无庸：不用。庸，通“用”。㉔将自及：自己将要遭受灾祸。及，到。㉕廪（lǐn）延：郑国地名，在今河南延津北。㉖厚将得众：领地扩大，得到更多的拥戴者。厚，本义是山陵大，此处指扩大土地。得众，得民。㉗“不义不昵”二句：对君不义，对兄长不亲，即使土地广大，也将崩溃。昵，亲。

译文

不久，太叔命令郑国西、北边区的城邑在归属庄公的同时也归属自己。公子吕说：“国家不能接受这种两属的情况，您准备怎么办？您如果要把郑国送给太叔，那就允许我去侍奉他；要是不给太叔，那就请您除掉他，不要让百姓产生二心。”庄公说：“不用！他会自己走向灭亡。”太叔又把原来听命于两方的边邑收归自己所有，并将势力延伸到了廪延。子封说：“可以采取行动了。他的领地扩大了，将会有更多的人归附于他。”庄公说：“他不合礼义，人们就不会归附他，势力大了，反而会让他垮台。”

大叔完聚[28]，缮甲兵[29]，具卒乘[30]，将袭郑，夫人将启之[31]。公闻其期，曰：“可矣！”命子封帅车二百乘以伐京。京叛大叔段。段入于鄢。公伐诸鄢。五月辛丑[32]，大叔出奔共。

注释

㉘完聚：修治城郭，集结兵力。㉙缮甲兵：修整盔甲和兵器。缮，修整。甲兵，盔甲和兵器。㉚具卒乘：补充兵士，准备战车。具，准备。卒乘，兵卒和战车。㉛夫人将启之：指武公夫人将做内应。启，开。㉜辛丑：古以天干、地支纪日。五月辛丑为鲁隐公元年（前722年）五月二十三日。

译文

太叔巩固城防，囤积粮草，修缮军备，补充兵士，准备战车，打算偷袭庄公，姜氏会打开城门接应他。庄公得知太叔袭郑的日期，便说："可以了！"命令子封率领二百辆战车征讨京邑。京邑的人也反叛太叔，太叔逃窜到鄢。庄公又追到鄢去征讨他。五月二十三日，太叔就逃到共邑去了。

书[33]曰："郑伯克段于鄢。"段不弟[34]，故不言"弟"。如二君[35]，故曰"克"。称"郑伯"[36]，讥失教也，谓之郑志[37]。不言"出奔"，难[38]之也。

注释

㉝书：指《春秋》经文的记述。以下几句是解释《春秋》的话。㉞不弟：按《春秋》的惯例，段本应该称弟，"不弟"寓含贬义。弟，通"悌"，敬顺兄长。㉟如二君：像是两位国君。㊱郑伯：按例应称"郑人"，此处称"郑伯"，有讽刺意味。㊲郑志：郑伯的意图，意谓郑庄公也有杀害弟弟的意图。㊳难（nàn）：以之为难，形容词的意动用法。

译文

《春秋》写道："郑伯克段于鄢。"由于段不敬顺兄长，因此不说"弟"。交战双方如同两位国君，所以叫作"克"。直称庄公为"郑伯"，是讥讽他没有尽到教育胞弟的责任，也说明这是庄公的本意。不说"出奔"，是难于下笔的缘故。

遂置姜氏于城颍[39]而誓之曰："不及黄泉，无相见也！"既而悔之。颍考叔为颍谷封人[40]，闻之，有献于公。公赐之食，食舍肉。公问之，对曰："小人有母，皆尝小人之食矣，未尝君之羹，请以遗之。"公曰："尔有母遗，繄[41]我独无！"颍考叔曰："敢问何谓也？"公语之故，且告之悔。对曰："君何患焉！若阙地及泉，隧而相见，其谁曰不然？"公从之。公入而赋："大隧之中，其乐也融融。"姜出而赋："大隧之外，其乐也泄泄。"遂为母子如初。

注释

㊴置姜氏于城颍：庄公把姜氏安置在城颍。置，放逐。城颍，临颍，故城在今河南临颍西北。㊵颍考叔为颍谷封人：颍考叔是镇守边境颍谷的官员。颍考叔，郑国大夫。颍谷，在今河南登封西。封人，镇守边疆的官员。

㊶繄：语气助词。

译文

庄公把姜氏安置在城颍，发誓说："不到黄泉，不再相见！"不久后，他又后悔了。颍考叔是在颍谷镇守边境的官员，听到这件事，去给庄公进贡物品。庄公设宴请颍考叔吃饭，颍考叔吃的时候把肉留着。庄公问他为何这样，颍考叔回答说："我有母亲，我孝敬的食物她都吃过了，就是没有吃过国君的肉羹。请您让我带回去献给母亲。"庄公说："你有母亲可献食物，我却没有啊！"颍考叔说："敢问这是怎么说？"庄公说明了原因，并且告诉了他自己很懊悔。颍考叔回答说："您何必为这件事情担忧呢？假如挖地见到了泉水，再打一条地道在里面相见，谁能说不可以呢？"庄公听从了他的意见。庄公进入隧道时赋诗说："身在隧道中，母子相见，多么快乐啊。"姜氏走出地道时赋诗说："身在隧道外，母子相见，多么欣喜啊。"于是，母子关系缓和，和以前一样。

君子曰："颍考叔，纯孝也。爱其母，施及庄公。《诗》曰：'孝子不匮，永锡尔类。'㊷其是之谓乎！"

注释

㊷"孝子"二句：出自《诗经·大雅·既醉》。孝子之心不尽不竭，会推及影响他的族类。

译文

君子说："颍考叔的孝顺是纯正的。他孝敬爱戴自己的母亲，又用这样的孝敬和爱戴影响了庄公。《诗经》中说：'孝子之心不尽不竭，会推及影响他的族类。'说的就是颍考叔这样的人吧！"

周郑交质

左传·隐公三年

郑武公、庄公为平王卿士，王贰于虢[①]，郑伯怨王。王曰："无之。"故周、郑交质[②]：王子狐为质于郑，郑公子忽为质于周。王崩，周人将畀[③]虢公政。四月，郑祭足帅师取温之麦。秋，又取成周之禾。周、郑交恶。

注释

①虢：指西虢公。②质：人质。③畀（bì）：给予，托付。

译文

郑武公、庄公父子先后担任周平王的执政大臣。平王又兼用虢公，庄公为此抱怨平王。平王说："没有这事。"因为这件事，周王室和郑国决定交换人质：王子狐去郑国做人质，郑公子忽去周王朝做人质。平王驾崩，周王朝想把国政全部托付给虢公。四月，郑国大夫祭足带领军队割取了所属王畿的小国温国的麦子；秋季，又割走了成周的谷子。周王室与郑国的关系从此恶化了。

君子曰："信不由中，质无益也。明恕而行，要之以礼，虽无有质，谁能间之？苟有明信，涧、溪、沼[④]、沚[⑤]之毛，蘋[⑥]、蘩[⑦]、蕰[⑧]、藻[⑨]之菜，筐[⑩]、筥[⑪]、锜[⑫]、釜[⑬]之器，潢污[⑭]、行潦[⑮]之水，可荐于鬼神，可羞于王公，而况君子结二国之信，行之以礼，又焉用质？《风》有《采蘩》《采蘋》，《雅》有《行苇》《泂酌》，昭忠信也。"

注释

④沼：池塘。⑤沚：水中小块洲地。⑥蘋（pín）：四叶菜，一种

生于浅水中的草本植物。⑦蘩（fán）：白蒿。⑧薀（wēn）：一种水草。⑨藻：一种聚生的藻类。⑩筐：方形竹质容器。⑪筥（jǔ）：圆形竹质容器。⑫锜（qí）：有足的烹饪器。⑬釜：无足的烹饪器。⑭潢（huáng）污（wū）：不流动的积水。⑮行（xíng）潦（lǎo）：流动的水。

译文

君子说："信任如果不是发自内心的，就算是交换人质也无所补益。做事坦荡、互相体谅，再以礼法来制约，就算没有人质，又有谁能使其产生隔阂呢？假若互信互谅，那涧、溪、沼、沚的草，蘋、蘩、水藻一类的野菜，方筐、圆筐、蒸锅、炒锅一类的器皿，甚至地面上的积水与流水，都可以敬献给鬼神，供奉给王公，更何况君子建立两国的信赖，按照礼法行事，又哪里用得上人质呢？《国风》中有《采蘩》《采蘋》，《大雅》中有《行苇》《泂酌》，这些诗歌全都是在阐明忠信之道啊。"

曹刿论战

左传·庄公十年

十年春，齐师伐我，公将战，曹刿请见。其乡人曰："肉食者[①]谋之，又何间[②]焉？"刿曰："肉食者鄙[③]，未能远谋。"遂入见。

注释

①肉食者：指有权位的大人物。②间（jiàn）：参与。③鄙：鄙陋，无见识。

译文

鲁庄公十年春，齐国军队前来攻打我国，庄公准备迎击。曹刿请求进见。他的同乡人说："大官们自会谋划的，你又何必参与呢？"曹刿说："大官们见识短浅，不能作长远打算。"于是进见。

问："何以[④]战？"公曰："衣食所安，弗敢专[⑤]也，必以分人。"对曰："小惠未遍，民弗从也。"公曰："牺牲玉帛，弗敢加[⑥]也，必以信。"对曰："小信未孚，神弗福也。"公曰："小大之狱，虽不能察，必以情[⑦]。"对曰："忠之属[⑧]也，可以一战。战，则请从。"

注释

④何以：以何，指依靠、凭借什么。⑤专：专有，独享。⑥加：虚报，谎报。⑦情：真实情况。⑧忠之属：指忠于人民一类的事。忠，尽心尽意。属，类。

译文

曹刿问："您凭借什么来应战？"庄公说："衣着吃食，我不敢独自享用，必定分给别人。"曹刿答道："小恩小惠不能遍及百姓，百姓是不会跟从您的。"庄公说："祭祀用的牛羊玉帛，我从不敢虚夸，必诚信相报。"曹刿说："小的诚实不能使神灵信任，神灵是不会赐福的。"庄公说："大大小小的诉讼官司，我尽管不能一一明察，但一定做到合情合理。"曹刿答道："这属于为百姓尽心的行为，可以凭借这个条件打一仗。作战时，请让我跟随您一起去。"

公与之乘⑨，战于长勺⑩。公将鼓之，刿曰："未可。"齐人三鼓，刿曰："可矣！"齐师败绩。公将驰之⑪，刿曰："未可。"下，视其辙，登轼⑫而望之，曰："可矣！"遂逐齐师。

注释

⑨与之乘（chéng）：与他同乘一车。⑩长勺：鲁国地名，在今山东莱芜东北。⑪驰之：驱车追击敌人。⑫轼：车厢前面用作扶手的横木。

译文

庄公和曹刿同乘一辆兵车，与齐军在长勺作战。庄公要击鼓进军，曹刿说："不行。"齐军击鼓三次之后，曹刿说："可以击鼓进军了。"齐军大败。庄公又要下令追击，曹刿说："不行。"他下车看了齐军战车行过的痕迹，又站到车前，扶着横木眺望齐军撤退的情形，说："是时候了。"军队这才追击齐军。

既克，公问其故，对曰："夫⑬战，勇气也。一鼓作气⑭，再而衰，三而竭。彼竭我盈，故克之。夫大国，难测也，惧有伏焉。吾视其辙乱，望其旗靡⑮，故逐之。"

注释

⑬夫：句首语气词。⑭作气：鼓足勇气。⑮靡（mǐ）：倒下。

译文

获胜之后，庄公问他其中的缘由。曹刿回答说：“作战要靠勇气。击第一通鼓的时候，军队的士气便振作了起来；击第二通鼓的时候，士气便减弱了；等到击第三通鼓的时候，士气已经枯竭。敌人士气枯竭而我军士气旺盛，所以我军能够战胜他们。大国难于捉摸，怕有埋伏。我看到他们的战车车轮痕迹凌乱，旗子倒下，的确是败退，因此我才下令追击他们。”

烛之武退秦师

左传·僖公三十年

晋侯、秦伯围郑，以其无礼于晋，且贰于楚[1]也。晋军函陵，秦军氾南。

佚之狐言于郑伯曰："国危矣。若使烛之武见秦君，师必退。"公从之。辞曰："臣之壮也，犹不如人；今老矣，无能为也已。"公曰："吾不能早用子，今急而求子，是寡人之过也。然郑亡，子亦有不利焉。"许之。

注释

①贰于楚：依附于楚国而对晋国有二心。

译文

晋文公纠集秦穆公率军攻打郑国，原因是郑国先前曾经对晋文公无礼，并且对晋国怀有二心，和楚国交好。晋国驻扎在函陵，秦国驻扎在氾南。

佚之狐对郑文公说："郑国的处境太危险了！假如能派烛之武去见秦君，一定能说服他撤军。"郑文公听从了佚之狐的话。烛之武推辞说："臣在壮年时，尚且不如别人；现在老了，更无能为力了。"郑文公说："我没能及早重用您，到国家朝廷危难之时才请求您的帮助，这是寡人的过错。但是，郑国灭亡了，对您也没有好处啊！"烛之武接受了郑文公的请求。

夜缒[2]而出。见秦伯，曰："秦、晋围郑，郑既知亡矣。若亡郑而有益于君，敢[3]以烦执事。越国以鄙远[4]，君知其难也，焉用亡郑以陪[5]邻？

邻之厚，君之薄也。若舍郑以为东道主，行李[6]之往来，共[7]其乏困，君亦无所害。且君尝为晋君赐矣，许君焦、瑕，朝济而夕设版[8]焉，君之所知也。夫晋，何厌之有[9]？既东封郑[10]，又欲肆[11]其西封。若不阙[12]秦，将焉取之？阙秦以利晋，唯君图之。”秦伯说[13]，与郑人盟，使杞子、逢孙、杨孙[14]戍之，乃还。

注释

②缒（zhuì）：系在绳子上放下去。③敢：表示谦敬的词。④鄙远：把远方的土地作为自己的边邑。鄙，边境。⑤陪：通“倍”，增加土地。⑥行李：指外交使臣。⑦共：通“供”，供应，供给。⑧设版：筑城墙，即修筑防御工事。⑨何厌之有：即“有何厌”。厌，满足。⑩封郑：把疆土扩大到郑国。封，疆界，用作动词。⑪肆：放肆，恣肆。⑫阙：侵损，削减。⑬说：通“悦”，欢喜，此指赞同。⑭杞（qǐ）子、逢孙、杨孙：三人都是秦国将领。

译文

趁着黑夜，郑人用绳子拴住烛之武的身体，把他从城上吊下城去。参见秦穆公时，烛之武说：“秦、晋两国的军队围攻郑国，郑国已自知必亡了。假如灭掉郑国而对您有好处，那就请继续做此事吧。越过晋国而占领远方的郑国作为边境，您一定知道这很难办；您何必消灭郑国而使邻邦的土地得以增加呢？邻邦的国力变得雄厚了，您的国力也就相对削弱了。如果您能放弃灭郑的念头，而让郑国做东道主，您的使者往来，我们郑国可以随时供给他们所缺乏的粮草物资，这对您也没有什么害

处。更何况，您曾经对晋国国君施以恩赐，他也曾答应把焦、瑕二邑割让给您。但是，他早上才渡河归晋，傍晚就筑城拒秦而自食其言了，这是您所知道的啊。晋国怎有满足之时？晋国既想将郑国当作东部的疆界，又想扩张西部的疆界。如不侵损秦国，晋国又将向谁夺取土地呢？损害秦国而使晋国受益，还是希望您好好考虑一下吧！”秦穆公听了此话很高兴，决定与郑国签订盟约，派遣杞子、逢孙、杨孙在郑国驻守，自己则撤军回国了。

子犯请击之。公曰：“不可，微[15]夫人之力不及此。因[16]人之力而敝[17]之，不仁，失其所与[18]，不知[19]，以乱易整[20]，不武[21]。吾其还也。”亦去[22]之。

注释

⑮微：非，没有。⑯因：依靠，借助。⑰敝：损害，伤害。此指伤害。⑱所与：同盟者。与，联合。⑲知：通“智”。⑳以乱易整：用关系破裂、互相攻战来代替和睦。易，代替。整，友好和睦，协和一致。㉑武：勇武，勇敢。㉒去：离开。

译文

子犯请求晋文公下令攻打秦军。晋文公说：“不行。假如不是这位秦君的大力支持，我不会有今日的地位。凭借他人的力量成就事业，而又去伤害他，这是不仁；丧失友好的盟国，这是不智；以分裂的关系代替和睦，这是不武。我们还是回去吧。”晋国军队也撤退了。

蹇叔哭师

左传·僖公三十二年

杞子自郑使告于秦曰："郑人使我掌其北门之管[①]，若潜师以来，国可得也。"穆公访诸蹇叔[②]。蹇叔曰："劳师以袭远，非所闻也。师劳力竭，远主备之，无乃不可乎？师之所为，郑必知之，勤而无所，必有悖心[③]。且行千里，其谁不知？"公辞焉，召孟明[④]、西乞[⑤]、白乙[⑥]，使出师于东门之外。蹇叔哭之，曰："孟子！吾见师之出而不见其入也！"公使谓之曰："尔何知？中寿，尔墓之木拱矣[⑦]。"

注释

①管：类似现在的锁和钥匙。②蹇（jiǎn）叔：秦国的老臣。③悖（bèi）心：叛逆作乱之心。④孟明：秦国将领，姓百里，名视。⑤西乞：秦将，名术。⑥白乙：秦将，名丙。⑦中寿，尔墓之木拱矣：指活到六七十岁。从文义推测，蹇叔当时有八九十岁了，过了中寿年龄。木，树。拱，两手合抱。

译文

杞子从郑国派人禀告秦穆公，说："郑国人委托我管理他们都城北门的钥匙，假如秘密派兵前来，我们可以占领郑国。"秦穆公就此事向蹇叔征询意见。蹇叔说："让军队长途跋涉去偷袭远方的国家，我没听说过有这样的事。军队疲乏，力量衰竭，而远方的国家已经有了防备，这恐怕不会成功吧？我们军队的行动，郑国必定会知道。辛苦一场而无所得，士兵一定会产生叛逆作乱之心。再说行军千里之远，还有谁会不知呢？"秦穆公不接受蹇叔的意见。召见孟明视、西乞术、白乙丙，命令他们带军从东门出发。蹇叔哭着为他们送行，说："孟明视！我看到军队出发，却看不到军队回来了！"秦穆公派人对蹇叔说："你知道什么？倘若你活到六七十岁就死去，你墓上的树已经长得有两手合抱那么粗了！"

蹇叔之子与[8]师，哭而送之，曰："晋人御师必于殽[9]。殽有二陵[10]焉，其南陵，夏后皋之墓也，其北陵，文王之所辟[11]风雨也。必死是间，余收尔骨焉！"秦师遂东。

注释

⑧与（yù）：参与。⑨殽（xiáo）：通"崤"，山名，在今河南洛宁西北，地势极险。⑩陵：大山峰。崤有两座山峰，分别称为东陵、西陵，相距三十五里。⑪辟：通"避"，躲避。

译文

蹇叔的儿子在军队里，蹇叔哭着送儿子时说："晋国人必定在崤山抗击我军。崤有两座山陵，南面的山陵是夏后皋的坟墓，北面的山陵是周文王避过风雨的地方。你们一定会战死在这两座山陵之间，我就在那里收你的尸骨吧！"秦国军队接着就向东进发了。

吕相绝秦

左传·成公十三年

晋侯使吕相绝秦，曰：

“昔逮[1]我献公及穆公相好，勠力[2]同心，申之以盟誓，重之以昏[3]姻。天祸晋国，文公如齐，惠公如秦。无禄[4]，献公即世，穆公不忘旧德，俾[5]我惠公用能奉祀于晋。又不能成大勋，而为韩之师。亦悔于厥心，用集[6]我文公，是穆之成也。

“文公躬擐甲胄[7]，跋履山川，逾越险阻，征东之诸侯，虞、夏、商、周之胤而朝诸秦，则亦既报旧德矣。郑人怒君之疆埸[8]，我文公帅诸侯及秦围郑。秦大夫不询于我寡君，擅及郑盟。诸侯疾之，将致命于秦。文公恐惧，绥靖[9]诸侯，秦师克[10]还无害，则是我有大造[11]于西也。

注释

①逮（dài）：自从。②勠（lù）力：并力，合力。③昏：同“婚”。④无禄：无福禄。这里指不幸。⑤俾：使。⑥集：成就，成全。指秦穆公派兵护送重耳回国成为国君一事。⑦文公躬擐（huàn）甲胄：文公亲自戴上头盔，穿上铠甲。躬，亲自。擐，穿。⑧疆埸（yì）：边境。⑨绥靖：安抚。⑩克：能够，得以。⑪造：成就，功劳。

译文

晋厉公派吕相去秦国宣布断交，说：

“从前我们献公与穆公相互友好，合力同心，用盟誓来申明两国的友好，又通过通婚来巩固它。后来上天降祸晋国，文公逃往齐国，惠公逃往秦国。不幸，献公去世，穆公不忘从前的恩德，使我们惠公能回晋国即位，主持祭祀。但是秦国又没能完成这一重大功业，反而发动了韩原之战。事后穆公心里后悔，因此扶助我们文公回国做了国君。这件事是穆公帮忙成全的。

“文公亲自披上甲胄，翻山越岭，历尽千辛万苦，讨伐东方的诸侯，让虞、夏、商、周的后代一齐朝见秦国，这就已经回报了秦国过去的恩惠了。郑国人进犯了贵国的边境，我们文公便带领诸侯和秦国的军队一起围攻郑国。你们的大夫不询问我们国君的意见，就擅自和郑国签订了盟约。诸侯痛恨这件事，要和秦国拼命。文公怕秦国受害，便抚慰诸侯，使秦军能安然回国，没有受到伤害，这是我们对秦国的重大贡献啊！

“无禄，文公即世，穆为不吊，蔑死我君。寡我襄公，迭⑫我殽地，奸绝我好，伐我保城，殄灭⑬我费滑，散离我兄弟，挠乱我同盟，倾覆我国家。我襄公未忘君之旧勋，而惧社稷之陨，是以有殽之师。犹愿赦罪于穆公。穆公弗听，而即楚谋我。天诱其衷⑭，成王陨命，穆公是以不克逞志于我。

注释

⑫迭：通“轶”，突然进犯。⑬殄（tiǎn）灭：尽灭，绝灭。⑭天诱其衷：上天有灵，引导人们的心意。

译文

“然而不幸的是，文公去世，秦穆公却没有来吊唁，反而鄙视我们已故的君主。欺辱我们襄公，袭击我们的崤地，断绝和我们的友好关系，攻打我们的边境城邑，灭掉我们的同姓国费滑，挑拨我们和兄弟国之间的关系，扰乱我们的同盟，妄图颠覆我们的国家。我们襄公没有忘记穆公以前的恩德，但怕国家倾覆，所以才有崤之战。我们仍旧希望穆公能够宽宥我们。穆公不听劝，反而亲近楚国来迫害我们。上苍有灵，楚成王被害，所以秦穆公进犯我国的诡计没有得逞。

“穆、襄即世，康、灵即位。康公，我之自出，又欲阙翦[15]我公室，倾覆我社稷，帅我蝥贼[16]，以来荡摇我边疆，我是以有令狐之役。康犹不悛，入我河曲，伐我涑川，俘我王官，翦我羁马[17]，我是以有河曲之战。东道之不通，则是康公绝我好也。

注释

⑮阙（jué）翦：损害，削弱。⑯蝥（máo）贼：吃庄稼的两种害虫，此处指秦国支持的晋公子雍。⑰羁马：晋地名，在今山西永济南。

译文

“秦穆公、晋襄公逝世，秦康公、晋灵公即位。康公是我们晋国女子所生，却想损害我国公室，颠覆我们的国家，还带着公子雍那个逆贼，一起来侵扰我们的边境，两国之间才有了令狐之战。康公还是不肯改过，侵犯河曲，攻打涑川，劫掠我国王官，占领羁马，因此我国才和秦引起了河曲之战。东边道路不通，那是康公断绝和我们的友好关系所导致的。

“及君之嗣也，我君景公引领西望曰：‘庶抚我乎！’君亦不惠称盟，利吾有狄难，入我河县，焚我箕、郜，芟夷[18]我农功，虔刘[19]我边陲，我是以有辅氏之聚。君亦悔祸之延，而欲徼福于先君献、穆，使伯车来命我景公曰：‘吾与女同好弃恶，复修旧德，以追念前勋。’言誓未就，景公即世，我寡君是以有令狐之会，君又不祥，背弃盟誓。白狄及君同州，君之仇雠，而我之昏姻也，君来赐命曰：‘吾与女伐狄。’寡君不敢顾昏姻，畏君之威，而受命于使。君有二心于狄，曰：‘晋将伐女。’狄应且憎，是用告我。楚人恶君之二三其德也，亦来告我曰：‘秦背令狐之盟，而来求盟于我，昭告昊天上帝、秦三公、楚三王曰：“余虽与晋出入，余唯利是视。”不穀恶其无成德，是用宣之，以惩不一。’诸侯备闻此言，斯是用[20]痛心疾首，昵就[21]寡人。寡人帅以听命，唯好是求。君若惠顾诸侯，矜哀寡人，而赐之盟，则寡人之愿也，其承宁[22]诸侯以退，岂敢徼乱？

注释

⑱芟（shān）夷：刈割。⑲虔刘：杀戮。⑳是用：因此。㉑昵（nì）就：亲昵靠近。㉒承宁：止息，安静。

译文

“等到您继位之后，我们的国君景公伸长脖子向西张望，说：‘秦国也许会来抚慰我们吧！’然而您不愿施恩与我们结成盟约，而是利用我国被赤狄侵扰之时，入侵我国的河县，焚毁我国的箕、郜，抢割我国的庄稼，杀戮我国边疆的子民，我国因此才在辅氏集兵设防。您也后悔不该使战祸蔓延，想要向先君献公、穆公求福，派遣伯车来吩咐我们景公说：‘我和您重修旧好，抛开以前的恩怨，恢复、发展过去的和睦关系，以此来追念先君的功勋。’盟约还没有签订，景公就去世了，我们国君因此和秦约定了令狐会盟，您又不怀好意，违背了盟约。白狄和您同处雍州，是您的仇敌，却是我们的姻亲，您派人来吩咐说：‘我和你们一起讨伐白狄！’我们国君迫于您的威力，不敢顾及亲戚关系，接受了您使者的命令。可是您又讨好白狄，对他们说：‘晋国将要进攻你们了。’白狄表面上答应了，心里却很厌恶你们，所以告诉了我们这件事。楚国人厌恶您这种反复无常的行为，也来告诉我们说：‘秦国违背了令狐的盟约，来要求同我们结盟。他们还向皇天上帝以及秦国的三公、楚国的三位先王发誓说：“我们秦国尽管和晋国有往来，但我们唯利是图”。我们憎恨秦国没有道德，所以把这件事公布出来，来惩戒那些言行不一致的人。’诸侯都听到了这番话，因而感到痛心疾首，来亲近我们。如今我们国君带领诸侯听候您的答复，只求和好。如果您看得起诸侯，并且怜惜我们，赐予我们盟约，那就是我们的愿望。我们便会承受秦君的命令，抚慰诸侯，然后让他们退去，哪里还敢来骚扰您呢？

“君若不施大惠，寡人不佞[23]，其不能以诸侯退矣。敢尽布之执事，俾执事实图利之。”

注释

㉓不佞（nìng）：谦辞，不才。

译文

“您要是不愿施予大恩，我们国君没有什么才能，那就不能让诸侯退兵了。我们谨将全部想法对您讲了，请您斟酌下秦国的利弊得失吧！”

敬姜论劳逸

国语 · 鲁语下

公父文伯[1]退朝，朝其母，其母方绩。文伯曰："以歜之家而主犹绩，惧干季孙[2]之怒也，其以歜为不能事主乎！"

注释

①公父文伯：即公父歜（chù），鲁大夫，其母名为敬姜。②季孙：指季康子季孙肥，敬姜是其叔祖母。

译文

公父文伯退朝后回家，去看望他的母亲，他的母亲正在绩麻。文伯说："以我这样的人家，还要您亲自绩麻，我怕季孙发火，认为我没能好好孝敬您呢！"

其母叹曰："鲁其亡乎！使僮子备官而未之闻邪？居，吾语女。昔圣王之处民也，择瘠土而处之，劳其民而用之，故长王天下。夫民劳则思，思则善心生；逸则淫，淫则忘善，忘善则恶心生。沃土之民不材，淫也；瘠土之民莫不向义，劳也。是故天子大采朝日，与三公、九卿祖识地德；日中考政，与百官之政事、师尹维旅、牧、相宣序民事，少采夕月，与太史、司载纠虔天刑，日入监九御，使洁奉禘、郊之粢盛，而后即安。诸侯朝修天子之业命，昼考其国职，夕省其典刑，夜儆百工，使无慆淫，而后即安。卿大夫朝考其职，昼讲其庶政，夕序其业，夜庀其家事，而后即安。士朝受业，昼而讲贯，夕而习复，夜而计过无憾，而后即安。自庶人以下，明而动，晦而休，无日以怠。王后亲织玄紞，公侯之夫人加之以纮、綖，卿之内子为大带，命妇成祭服，列士之妻加之以朝服，自庶士以下，皆衣其夫。社而赋事，烝而献功，男女效绩，愆则有辟，古之制也。君子劳心，小人劳力，先王之训也。自上以下，谁敢淫心舍力[3]？

注释

③淫心舍力：指怠慢，放荡。此句意为不尽力做事。

译文

他的母亲叹了口气说："鲁国大概要灭亡了吧！让幼稚无知的人去做官，却不告知他们为官的道理吗？你坐下，我来告诉你。以前圣明之君治理百姓，总会挑选那些不肥沃的土地，让他们居住在那里，使他们辛勤劳动，然后加以任用，因此就能长久地保有天下。百姓勤劳就会去思考，思考就会产生善良之心；百姓没有事做就会放纵，一放纵就会忘掉善良，一忘掉善良，邪恶也就产生了。居住在肥沃土地上的人，大半是不成材的，就是由于太过安逸；贫瘠地方的百姓没有不向往义理的，就是因为勤劳。因此，天子每年春分的清晨都要穿着五彩礼服去祭祀太阳，并与三公九卿共同熟习、了解大地生育万物的规律；中午，天子要考察国家的政事，以及百官所做的事务，师尹和旅、州牧、国相等都要辅助天子依次序去做百姓的事；到了秋分时节，天子要穿三彩的礼服去祭祀月亮，并和掌管天文的太史、司载恭敬地观察天上变化所显示的征兆，到了黄昏之时，天子要监视九御，叫他们把祭祀的物品整理干净，然后才去睡觉。诸侯早上要研究天子的命令和所应办理的事务，白天要处理政事，傍晚要检查国家法令的施行情况，夜里要训诫手下百官，使他们不要怠惰放纵，然后才去睡觉。卿大夫在早上要完成他的职责，白天要处理各种事情，傍晚要整理他一天来所做的工作，夜里料理他的家务，然后才能去睡觉。士人在早晨接受学业，白天讲习，傍晚复习，夜里反省自己有没有过失，没有什么值得懊悔的事才去睡觉。自庶人以下，天亮起来工作，晚上休息，没有一天可以懈怠。王后要亲自编织天子冠冕上用于悬玉的黑色丝带，公侯的夫人要加做系在冠冕上的纮带和覆在冕上的布，卿的妻子要编织大带，大夫的妻子要缝制祭服，士的妻子还要再加制朝服。庶人到一般百姓的妻子，都要为她的丈夫缝制衣服。春分祭祀时要安排农桑，冬祭要献上收成，男男女女各自陈述功绩，要是有了过错，就要加以惩罚，这是自古以来的制度。‘君子’劳心，‘小人’劳力，这是先王的训导。从上到下，哪一个敢心思放荡而不去努力呢？

“今我，寡也，尔又在下位④，朝夕处事，犹恐忘先人之业，况有怠惰，其何以避辟？吾冀⑤而⑥朝夕修⑦我曰：‘必无废先人。’尔今曰：‘胡不自安？’以是承君之官，余惧穆伯之绝祀也。”

仲尼闻之曰：“弟子志⑧之，季氏之妇不淫⑨矣。”

注释

④下位：指大夫，是当时朝廷中一般官员。⑤冀：冀望，希望。⑥而：通“尔”，你。⑦修：勉励。⑧志：记。⑨淫：安逸。

译文

“现在我是寡妇，你的职位又不高，就是从早到晚勤恳地工作，还怕忘掉祖宗的业绩，何况已经有了松懈的念头，这样如何能够逃避惩处呢？我期望你每天勉励我说：‘一定不要忘记先人的训诫。’你如今却说：‘为什么不过得安逸一些？’你以这样的思想为官，我怕你父亲即将要没人祭奠了！”

孔子听到这件事，说：“学生们记下来，季氏的这位妇女真是勤劳而不贪图安逸啊！”

苏秦以连横说秦

战国策·秦策

苏秦始将连横说秦惠王曰："大王之国，西有巴、蜀、汉中之利，北有胡貉、代马之用，南有巫山、黔中之限，东有殽、函之固。田肥美，民殷富，战车万乘，奋击百万，沃野千里，蓄积饶多①，地势形便②，此所谓天府③，天下之雄国也。以大王之贤，士民之众，车骑④之用，兵法之教⑤，可以并诸侯，吞天下，称帝而治。愿大王少留意⑥，臣请奏其效⑦。"

注释

①饶多：丰富。②形便：地形便于作战。③天府：天然的府库，形容其富饶。④车骑：车马，军队。⑤教：教习。⑥少留意：稍加注意。这是客气话。⑦效：功效。

译文

苏秦最初用连横的谋略去游说秦惠文王说："大王的国家，西面有物产丰富的巴、蜀、汉中，北面有胡地的貉子、代地的良马可以利用，南面有巫山、黔中作为屏障，东面有崤山、函谷关这样牢固的门户。秦国本身更是土地肥沃，人民富足，战车万辆，将士百万，沃野千里，财产充足，又占据地利，这正是人们所说的天府，真是天下的强国。凭借大王的贤德、兵士百姓的众多、车马的效用、兵法的教习，足以兼并诸侯，一统天下，进而称帝并统治诸侯。如今，请大王略加注意，让我叙述统一天下的好处吧。"

秦王曰："寡人闻之，毛羽不丰满者不可以高飞，文章不成者不可以诛罚，道德不厚者不可以使民，政教不顺者不可以烦大臣。今先生俨然[8]不远千里而庭教之，愿以异日[9]。”

注释

⑧俨然：严肃庄重的样子。⑨愿以异日：意谓改天再谈吧。异日，改天。

译文

秦惠文王却说：“我听说，羽毛长得不丰盈，鸟雀便不能高飞；法令条文不完善，便不能用来实行刑罚；道德行为不高尚，便不能指使百姓；政令教化不和顺，便不能差遣大臣。如今，先生不远千里，郑重地登廷赐教，还是改天再谈吧。”

苏秦曰：“臣固疑大王之不能用也。昔者神农伐补遂[10]，黄帝伐涿鹿而禽蚩尤，尧伐驩兜，舜伐三苗，禹伐共工，汤伐有夏，文王伐崇，武王伐纣，齐桓任战而霸天下[11]。由此观之，恶[12]有不战者乎？古者使车毂击驰[13]，言语相结[14]，天下为一；约从[15]连横，兵革不藏[16]；文士并饬[17]，诸侯乱惑；万端俱起，不可胜理；科条既备，民多伪态；[18]书策稠浊，百姓不足；[19]上下相愁，民无所聊[20]；明言章理[21]，兵甲愈起；辩言伟服，战攻不息；繁称文辞[22]，天下不治；舌敝耳聋，不见成功；行义约信[23]，天下不亲。于是，乃废文任武，厚养[24]死士，缀甲厉兵[25]，效胜[26]于战场。夫徒处而致利，安坐而广地，[27]虽古五帝、三王、五霸，明主贤君，常欲坐而致之，其势不能，故以战续之。宽则两军相攻，迫则杖戟相撞，然后可建大功。是故兵胜于外，义强于内；[28]威立于上，民服于下。[29]今欲并天下，凌万乘[30]，诎[31]敌国，制海内，子元元[32]，臣诸侯，非兵不可！今之嗣主，忽于至道[33]，皆惛于教[34]，乱于治[35]，迷于言，惑于语，沉于辩，溺于辞。以此论之，王固不能行也。”

注释

⑩昔者神农伐补遂：神农讨伐补遂。神农，传说中上古时代的部落首领。补遂，上古部落名。⑪齐桓任战而霸天下：齐桓公用武力而称霸天下。任战，用兵。霸，称霸。⑫恶（wū）：疑问代词，相当于“何”“安”“哪里”。⑬车毂（gǔ）击驰：车驾往来频繁，车毂相击。毂，车轮中心安放车轴的圆木，这里指车乘。击，撞击。驰，奔驰。⑭言语相结：通过会谈而缔结盟约。⑮约从：合纵，指六国联合抗秦的策略。⑯兵革不藏：战争不能避免。兵革，兵甲，这里指战争。藏，收藏。⑰文士并饬（chì）：文士，这里指辩说之士。饬，通“饰”，巧饰。⑱“科条”二句：法令条文完备，人民却多作伪。科条，法令条文。备，齐备。伪态，作伪之事。⑲“书策”二句：文书政令繁多杂乱，百姓却愈加贫困。书策，文件政令。稠浊，繁多杂乱。不足，衣食不足。⑳聊：依赖。㉑明言章理：言语道理说得明白清楚。章，明显。㉒繁称文辞：讲那么多繁缛的文雅辞令。繁，多。称，说。文辞，有文采的言辞。㉓行义约信：提倡道义，约以诚信。行义，施行仁义。约信，相约信任。㉔厚养：用优厚的条件养着。㉕缀甲厉兵：制好铠甲，磨砺兵器。厉，通“砺”，磨砺。㉖效胜：争取胜利。㉗“夫徒处”二句：无所事事而获得利益，安然而坐而开拓疆土。徒，空，闲。处，住着，待着。致利，获利。安坐，安稳地。广地，拓展土地。㉘“是故”二句：因此，只有军队取胜于外，对内声扬道义才强劲有力。是故，因此。兵，军队。义，施行仁义。内，国家内部。㉙“威立”二句：只有国君把威望树立起来，百姓才会心悦诚服。威，君主的权威。服，服从。㉚凌万乘（shèng）：超过一万辆战车。凌，超过。乘，指一车四马。万乘，大国。当时尚车战，拥有战车的数量多少是国力的象征。㉛诎（qū）：使……屈服。㉜子元元：子，以……为子民。元元，百姓。㉝忽于至道：忽略用兵的道理。忽，疏忽，糊涂。至道，最重要的道理，此处指战争。㉞皆惛（hūn）于教：在教化民众上糊涂。惛，糊涂。教，教化。㉟乱于治：在治理国家上昏乱。乱，惑乱。治，治国。

译文

苏秦说："我本来就料到您不会采用我的主张。过去，神农讨伐补遂，黄帝讨伐涿鹿擒获蚩尤，唐尧讨伐驩兜，虞舜讨伐三苗，夏禹讨伐共工，商汤讨伐夏桀，周文王讨伐崇侯虎，周武王讨伐商纣王，齐桓公用武力称霸天下。由此看来，哪有不凭借武力而一统天下的呢？古时候，各国使臣往来奔驰，车毂相击，他们以言语说动对方缔结盟约，使天下成为一体；后来实行合纵连横的策略，战火不曾停息。文士都巧饰辞令，反而使各国诸侯感到疑惑而无所适从；各种事端层出不穷，却无人厘清头绪；法令条文完善，人民却多作伪；文书政令越发繁杂，百姓却越见贫穷；君臣上下为此忧愁，人民的生活却仍无着落；文士把道理讲得很明白，但战争却更为频繁；文士身穿盛装，发言雄辩，但战争并没有因此而停息；文士讲了那么多繁缛的文雅辞令，天下并没有因此得到治理；发言者口干舌燥，听讲者听聋了耳朵，也并没有产生什么效果；人们提倡道义，约以诚信，但天下仍不能和谐相处。在这种形势下，各国便放弃文治，采用武力，以丰厚的待遇豢养勇猛的死士，制好铠甲，磨砺兵器，在战场上角逐胜负。无所事事而获得利益，安然而坐而开拓疆土，便是古代的五帝、三王、五霸以及那些明主贤君也常常想要实现这一愿望，但在这种形势下这一愿望是无法实现的，因此他们才选择发动战争。两军对垒，离得远就摆开阵势，逼近了便短兵相接，只有这样才有可能建立功业。所以，只有对外用兵取得了胜利，对内声扬道义才强劲有力；只有国君把威望树立起来，百姓才会心悦诚服。当前，要想一统天下，凌驾于现有的大国之上，使敌国屈服，控制海内，抚慰百姓，臣服诸侯，非用武力不可！当今的君主，忽略这一最基本的道理，不明政教，不懂治道，为文士的巧辩言辞所迷惑。从这一点来看，大王是必定不能采纳我的主张了。"

说秦王书十上而说不行。黑貂之裘敝[36]，黄金百斤尽，资用乏绝，去秦而归。羸縢履蹻[37]，负书担囊，形容枯槁，面目黧黑，状有愧色。归至

家，妻不下纴[38]，嫂不为炊[39]，父母不与言。苏秦喟然[40]叹曰："妻不以我为夫，嫂不以我为叔，父母不以我为子，是皆秦之罪也。"乃夜发[41]书，陈箧[42]数十，得太公《阴符》之谋，伏而诵之，简练以为揣摩[43]。读书欲睡，引锥自刺其股，血流至足。曰："安有说人主不能出其金玉锦绣，取卿相之尊者乎？[44]"期年[45]，揣摩成，曰："此真可以说当世之君矣！"

注释

㊱敝：破。㊲羸縢（téng）履蹻（juē）：绑着裹腿，穿着草鞋。羸，通"累"，缠。縢，绑腿的布。蹻，草鞋。㊳纴（rèn）：纺织用的丝缕。此处指织机。㊴不为炊：不烧火做饭。㊵喟（kuì）然：叹气的样子。㊶发：打开。㊷陈箧（qiè）：陈放书箱。陈，陈放。箧，书箱。㊸简练以为揣摩：反复推敲，钻研书中的学问。简练，抉择练习。揣摩，反复地推敲体会。㊹"安有"二句：哪有游说君主而不掏出他的金玉锦绣，取得卿相高位的人呢？

安有，哪有。人主，君主。卿相，泛指高官厚禄。㊺期(jī)年：满一年。

译文

苏秦向秦王上书十次，可是他的主张始终未被采纳。苏秦的黑貂袍破了，带来的百斤黄金也用完了，以至于用度缺乏，只得离秦归家。他绑上裹腿，穿着草鞋，背着书箱，挑着行李，形容憔悴，脸色黝黑，面带羞愧。回到家中，他的妻子不肯走下织机迎接他，他的嫂子不肯给他做饭吃，他的父母不愿和他讲话。苏秦长叹道："妻子不把我当丈夫看待，嫂子不把我当小叔子看待，父母不把我当儿子看待，这都是我苏秦的罪过。"于是，苏秦连夜找书，摆开了几十只书箱，找到了姜太公的《阴符》一书，埋头苦读，反复推敲，钻研书中的学问。每当读书疲乏，要打瞌睡的时候，他便拿锥子刺自己的大腿，以致鲜血一直流到脚后跟。他说："哪有游说各国君主而不掏出他的金玉锦绣，获取卿相高位的人呢？"一年后，苏秦钻研成功了，他自己说："这次，我的确可以游说当今的国君了。"

于是乃摩燕乌集阙㊻，见说赵王于华屋之下，抵掌㊼而谈。赵王大说㊽，封为武安君，受相印，革车㊾百乘，锦绣千纯㊿，白璧百双，黄金万镒[51]，以随其后，约从散横[52]，以抑[53]强秦。故苏秦相于赵而关[54]不通。

注释

㊻燕乌集阙：这里乌集宫阙之状，比喻博喻宏辞、纵横开阖的说辩艺术。燕乌：乌鸦的一种。㊼抵掌：击掌，形容谈话之投机。㊽说(yuè)：通"悦"，高兴。㊾革车：兵车。㊿纯(tún)：古代计量单位，布帛一段为一纯。[51]镒(yì)：古代重量单位，二十两(又说二十四两)为一镒。[52]散横：拆散秦与六国的联盟。[53]抑：抑制。[54]关：函谷关。

译文

于是，苏秦以燕乌集阙般的说辞，在富丽的宫殿中拜见并游说赵王。他侃侃而谈，经常击掌有声。赵王非常高兴，封苏秦为武安君，拜授相印，让苏秦带着一百辆兵车、一千捆锦缎、一百对白璧、一万镒黄金，跟在他的车乘之后，去与各国相约合纵，拆散连横，以便抵御强大的秦国。因此，苏秦在赵国为相期间，函谷关的交通便中断了。

当此之时，天下之大，万民之众，王侯之威，谋臣之权，皆欲决于苏秦之策。不费斗粮，未烦一兵，未战一士，未绝一弦，未折一矢，诸侯相亲，贤于兄弟。夫贤人任而天下服，一人用而天下从。故曰：式于政，不式于勇；[55]式于廊庙[56]之内，不式于四境之外。当秦之隆，黄金万镒为用，转毂连骑，炫熿[57]于道；山东之国，从风而服，使赵大重[58]。且夫苏秦特穷巷掘门、桑户棬枢之士耳，[59]伏轼撙衔[60]，横历天下，廷说诸侯之主，杜[61]左右之口，天下莫之伉[62]。

注释

㊿“式于”二句：要在政治上用力气，而不必在武力上用力气。式，用。政，政治。勇，武勇。56廊庙：朝廷。57炫熿：辉煌显耀。熿，通“煌”。58大重：大受尊重。59“且夫”句：况且苏秦不过是位住在穷门陋巷里的读书人罢了。且夫，况且。特，不过。掘（kū）门，挖个墙洞做门。掘，通“窟”，洞穴。桑户，桑木做的门板。棬（quān）枢，以弯木做的门轴。60伏轼撙（zǔn）衔：伏在车轼上，驭马使之就范。轼，车前手扶的横木。撙，控制。61杜：堵住。意谓利口无敌。62伉：匹敌，相当。

译文

在这个时候，虽然天下广大，百姓众多，王侯威严，谋臣权变，但都要取决于苏秦的策略。苏秦不曾消耗一斗粮食，不曾烦劳一名兵卒，不曾有一名战士参加战争，不曾断过一根弓弦，不曾折过一支箭，就让六国诸侯彼此亲睦，胜过兄弟。贤人在位而使天下人顺服；一位贤人被起用，便能使天下人服从。所以说，要在政治上用力气，而不必在武力上用力气；

要在朝廷决策上用力气，而不必在周边争战上用力气。当苏秦显赫的时候，黄金万镒任由他使用，随从的车骑络绎不绝，走在路上风光显耀；当时，崤山以东的国家随风折服，赵国的威望也大大增强。况且苏秦不过是一名住在穷门陋巷里的读书人罢了，却坐车骑马，周游天下，在朝廷上游说各国诸侯，使诸侯左右的人无话可说，天下没有能与之相比的人。

将说楚王，路过洛阳。父母闻之，清宫除道，张乐设饮，郊迎三十里。妻侧目而视，侧耳而听；[63]嫂蛇行匍伏[64]，四拜自跪而谢[65]。苏秦曰："嫂，何前倨而后卑也[66]？"嫂曰："以季子位尊而多金。"苏秦曰："嗟乎！贫穷则父母不子[67]，富贵则亲戚畏惧。人生世上，势位富厚，盖[68]可以忽乎哉！"

注释

⑥③"妻侧目"二句：妻子不敢正眼瞧他，只是侧耳听他说话。侧目、侧耳，意谓不敢正视、正听。⑥④蛇行匍伏：趴在地上，像蛇一样爬行。⑥⑤四拜自跪而谢：拜了四次，自己跪着请罪。⑥⑥何前倨（jù）而后卑也：为什么你以前对我那样倨傲，如今又对我这般低声下气呢？倨，傲慢。卑，谦恭卑下。⑥⑦不子：不当儿子看。⑥⑧盖：通"盍"，何。

译文

苏秦准备去游说楚王，恰巧经过洛阳。他的父母听到这一消息，便收拾房屋，打扫街道，设置乐队，准备酒席，走出郊外三十里，前去迎接苏秦。苏秦的妻子不敢正视他，只是侧耳听他说话；他的嫂子手足伏地，像蛇一样爬行而来，并且跪倒在地，拜了四拜，向苏秦谢罪。苏秦问道："嫂子，为什么你以前对我那样倨傲，如今又对我这般低声下气呢？"他的嫂子回答："因为如今你地位尊贵而又有钱啊。"苏秦说道："唉，我穷困失落的时候，父母不把我当儿子看待，如今富贵了，亲人又都畏惧我。人生在世，权势和金钱，怎么能够忽略呢！"

冯煖客孟尝君

战国策·齐策

齐人有冯煖者，贫乏不能自存，使人属[①]孟尝君，愿寄食[②]门下。孟尝君曰："客何好？"曰："客无好也。"曰："客何能？"曰："客无能也。"孟尝君笑而受之曰："诺。"

注释

①属（zhǔ）：嘱托，致意。②寄食：依附他人为生。

译文

齐国有个名为冯煖的人，穷苦得连自身的生活都没办法维持，便托人告诉孟尝君，表示愿意在孟尝君门下当食客。孟尝君问来人："此人有什么爱好？"来人回答道："没什么爱好。"孟尝君又问："此人有什么能耐？"来人回答道："没什么能耐。"孟尝君笑着应许了，说："好吧。"

左右以君贱之也，食以草具[③]。居有顷[④]，倚柱弹其剑，歌曰："长铗[⑤]归来乎！食无鱼！"左右以告[⑥]。孟尝君曰："食之，比[⑦]门下之客。"居有顷，复弹其铗，歌曰："长铗归来乎！出无车！"左右皆笑之，以告。孟尝君曰："为之驾，比门下之车客。"于是乘其车，揭[⑧]其剑，过[⑨]其友曰："孟尝君客我[⑩]。"后有顷，复弹其剑铗，歌曰："长铗归来乎！无以为家！"左右皆恶之，以为贪而不知足。孟尝君问："冯公有亲乎？"对曰："有老母。"孟尝君使人给其食用，无使乏。于是冯煖不复歌。

注释

③食（sì）以草具：给他粗劣的食物。食，给食。草具，粗劣的饭

食。④有顷：形容时间短。⑤长铗(jiá)：长剑，一说指剑柄。⑥告：告知。⑦比：比照，仿效。⑧揭：高举。⑨过：拜访，访问。⑩客我：以我为客，把我当作客。

译文

孟尝君的随从们由于主人不把冯煖当回事，就给他吃些粗劣的食物。住了一段时间，冯煖背靠着柱子，弹着他的佩剑，唱道："长剑啊，我们回去吧，没有鱼吃啊！"周围的人把这件事告诉了孟尝君，孟尝君说："给他鱼吃，拿他当一般的门客招待。"住了一段时间，冯煖又弹起了他的剑，唱道："长剑啊，我们回去吧！出门没有车啊！"周围的人都嘲笑他，又把这件事告诉了孟尝君。孟尝君说："给他车马，按对待有车的门客那样对待他。"于是，冯煖乘着车，举着他的剑，去访问他的朋友，说："孟尝君把我当客人看待。"过了一段时间，冯煖又弹起了他的剑，唱道："长剑啊，我们回去吧！没有什么能够养家糊口的啊！"随从们都开始憎恶他了，认为他贪得无厌。孟尝君问道："冯先生有亲人吗？"周围的人回答说："有个老母亲。"孟尝君派人供给她吃用，不让她感觉缺少什么。冯煖就不再唱歌了。

后孟尝君出记⑪，问门下诸客："谁习计会⑫，能为文收责⑬于薛者乎？"冯煖署曰："能。"孟尝君怪之，曰："此谁也？"左右曰："乃歌夫⑭'长铗归来'者也。"孟尝君笑曰："客果有能也，吾负⑮之，未尝见也。"请而见之，谢⑯曰："文倦于是⑰，愦⑱于忧，而性懧⑲愚，沉于国家之事，开罪⑳于先生。先生不羞，乃有意欲为收责于薛乎？"冯煖曰："愿之。"于是约车治装㉑，载券契㉒而行，辞曰："责毕收，以何市㉓而反㉔？"孟尝君曰："视吾家所寡有者。"

注释

⑪记：文告，也指账本一类的簿籍。⑫计会(kuài)：会计，计算。⑬责：通"债"。⑭夫：那个。⑮负：辜负。⑯谢：道歉。⑰是：此，代指齐

相担负的国家事务。⑱愦(kuì)：昏乱，糊涂。⑲怍(nuò)：通"懦"，软弱。⑳开罪：得罪，冒犯。㉑约车治装：拉马套车，整理行装。约，约束，捆扎。治，整治。㉒券契：契据。㉓市：买。㉔反：通"返"。

译文

而后，孟尝君拿出账簿，问门下的诸位宾客："谁善于算账收钱，能代我到薛地去收债呢？"冯煖签上名，说："我行。"孟尝君看了感到诧异，问："这是谁啊？"周围的人回答道："就是唱'长剑啊，我们回去吧'的那个人。"孟尝君笑道："这位门客果真有些能耐，我辜负了他，还没和他见过面呢！"于是，孟尝君把冯煖请来见面，向他致歉说："我被琐事缠扰得疲倦不堪，常常由于忧虑而感到心烦意乱，再加上生性懦弱愚笨，陷在国事中无法脱身，所以得罪了先生。先生不以此为耻辱，真的愿意为我到薛地去收债吗？"冯煖回答："我愿意前往。"冯煖于是准备车马，收拾行装，装上债券契据打算出发，辞别的时候问孟尝君："收债结束之后，用它买些什么东西回来？"孟尝君说："您看我家里没有什么就买什么吧。"

驱而之薛，使吏召诸民当偿者，悉来合券㉕。券遍合，起矫命以责赐诸民，因烧其券。民称万岁。

注释

㉕合券：核验契据。古代的契据常用竹木等刻成，分为左右两半，借贷双方各持其半，作为凭信，对证时，将两半合一，称之为合券。

译文

冯煖驾车到了薛地，派官吏召集应该还债的百姓，逐数核对债券。等债券全部核对完后，冯煖站起身，假传孟尝君的命令，把还款都赏赐给了百姓，接着烧掉了债券。百姓们大声欢呼万岁。

长驱到齐，晨而求见。孟尝君怪其疾也，衣冠而见之，曰：“责毕收乎？来何疾也？”曰：“收毕矣。”“以何市而反？”冯煖曰：“君云‘视吾家所寡有者’。臣窃计，君宫中积珍宝，狗马实外厩，美人充下陈㉖。君家所寡有者以义耳！窃以为君市义。”孟尝君曰：“市义奈何？”曰：“今君有区区之薛，不拊爱子其民㉗，因而贾利之。臣窃矫君命，以责赐诸民，因烧其券，民称万岁。乃臣所以为君市义也。”孟尝君不说，曰：“诺，先生休矣！”

注释

㉖下陈：此指位于堂下的庭中。古时歌舞，奏乐在堂（台阶之上），舞者在庭（台阶之下）。陈本指由堂到门之路，因其经过庭中，故可代指庭；因在阶下，故称“下陈”。㉗不拊（fǔ）爱子其民：不把那里的百姓当自己的子女一样爱抚。拊，抚慰，安抚。子其民，把人民当作自己的子女一样疼爱。子，用作动词。一说“子”通“慈”。“抚爱子”三字同义连文。

译文

冯煖马不停蹄地回到了齐国，大清早就去参见孟尝君。孟尝君对他这么快就回来感到惊奇，穿戴整齐后出来见他，问道：“债都收完了？怎么这么快就回来了？”冯煖回答道：“收完了。”“用它买了什么回来？”冯煖回答道：“您说‘看我家里缺少什么就买什么’，我暗地里盘算，您的府里堆满了珍宝，猎狗骏马挤满了牲口棚，漂亮的女子站满了堂下。您府里缺少的东西只是‘义’啊！我自作主张为您买回了‘义’。”孟尝君问：“买仁义？这是怎么一回事？”冯煖说：“如今您拥有的这小小的薛地，不把那里的百姓当作自己的子女一样爱护，还在他们身上做生意牟利益。我私自做主假托您的命令，把借款都赏赐给了百姓，又烧掉了债券，百姓们都欢呼万岁，这就是我为您买回‘义’的方式。”孟尝君非常不高兴，说：“好吧，先生算了吧！”

后期年，齐王谓孟尝君曰："寡人不敢以先王之臣为臣。"孟尝君就国[28]于薛。未至百里，民扶老携幼，迎君道中，终日。孟尝君顾谓冯煖："先生所为文市义者，乃今日见之。"

注释

㉘就国：前往封邑。就，前往。

译文

一年后，齐王对孟尝君说："我不敢把先王的大臣用作自己的臣下。"孟尝君只好前往他的封邑薛地。走到离薛地还有一百多里的地方，百姓们扶老携幼，在大道上迎接孟尝君，整天都是这样。孟尝君转过头

对冯煖说：“先生为我买回的‘义’，我今天终于看到了！”

冯煖曰：“狡兔有三窟，仅得免其死耳。今有一窟，未得高枕而卧也，请为君复凿二窟。”孟尝君予车五十乘，金五百斤，西游于梁㉙。谓梁王曰：“齐放其大臣孟尝君于诸侯，先迎之者，富而兵强。”于是，梁王虚上位，以故相㉚为上将军，遣使者、黄金千斤、车百乘，往聘孟尝君。冯煖先驱诫孟尝君曰：“千金，重币也；百乘，显使也。齐其闻之矣。”梁使三反，孟尝君固辞不往也。

注释

㉙梁：指魏国国都大梁，在今河南开封。㉚故相：原来的国相。

译文

冯煖说："狡猾的兔子有三处用于藏身的洞穴，仅仅能够免去一死。如今您有了一处洞穴，还不能高枕无忧。请让我为您再凿两处洞穴吧。"孟尝君给了他五十辆车和五百斤黄金，向西去魏国国都大梁游说。冯煖对魏王说："齐王把他的大臣孟尝君放逐到诸侯国去了，首先迎接他的国家就会国富兵强。"魏王于是腾出相国的位子，让以前的相国做了上将军，命令使者带着千斤黄金、百辆车子去请孟尝君。冯煖抢先回到薛地，提醒孟尝君说："黄金一千斤，是很贵重的聘礼；车一百辆，表明使者的等级很高。齐王应该已经听说了此事。"魏国的使者往返了好几次，孟尝君坚决谢绝，不愿前去赴任。

齐王闻之，君臣恐惧，遣太傅赍[31]黄金千斤、文车二驷[32]、服剑[33]一，封书谢孟尝君曰："寡人不祥[34]，被于宗庙之祟[35]，沉[36]于谄谀之臣，开罪于君，寡人不足为[37]也。愿君顾先王之宗庙，姑反国统万人乎！"冯煖诫孟尝君曰："愿请先王之祭器，立宗庙于薛。"庙成，还报孟尝君曰："三窟已就，君姑高枕为乐矣！"

注释

㉛赍（jī）：送物给人。㉜文车二驷：两辆四匹马拉的彩饰车驾。文车，有图案的马车。驷，四匹马拉的车。㉝服剑：佩剑，这里当指齐王自己的佩剑。㉞不祥：不吉，不幸。㉟宗庙之祟（suì）：祖先神灵做出的祸害。㊱沉：溺，迷惑。㊲为：通"谓"，一说作为。

译文

齐王听到这些消息，君臣上下都很惊慌，派太傅送去了千斤黄金、两辆彩车、齐王的一把佩剑，并且写了一封信向孟尝君致歉，信上说："寡人没福气，遭受祖宗降下的灾祸，又被那些阿谀奉承的小人所迷惑，得罪了您。我是不值得您帮助了，只希望您念在先王宗庙的份上，姑且回到齐国来治理广大百姓吧！”冯煖又提醒孟尝君说：“希望您向齐王请求先王传下来的祭器，在薛地建造宗庙。”宗庙建好了，冯煖回来向孟尝君禀告说：“三处洞穴都已经建立完成，您暂时能够高枕无忧，过逍遥的日子了。”

孟尝君为相数十年，无纤介[38]之祸者，冯煖之计也。

注释

㊳纤介：细微。纤，细丝。介，通“芥”，小草。

译文

孟尝君在齐国当了几十年国相，没遭受一点儿灾祸，全是依靠冯煖的谋划。

鲁仲连义不帝秦

战国策·赵策

秦围赵之邯郸。魏安釐王使将军晋鄙救赵。畏秦，止于荡阴，不进。

魏王使客将军辛垣衍间入邯郸，因平原君谓赵王曰：“秦所以急围赵者，前与齐闵王争强为帝，已而复归帝，以齐故①。今齐闵王益弱。方今唯秦雄天下，此非必贪邯郸，其意欲求为帝。赵诚发使尊秦昭王为帝，秦必喜，罢兵去。”平原君犹豫未有所决。

注释

①以齐故：因为齐闵王先取消帝号的缘故。秦昭襄王三十九年（前288年），秦昭襄王和齐湣王同时称帝，后来齐湣王取消帝号，秦昭襄王因此也不再称帝。

译文

秦国包围了赵国的都城邯郸。魏安釐王派将军晋鄙救援赵国。晋鄙畏惧秦军，所以魏军驻扎在荡阴，不敢前进。

魏王又命将军辛垣衍从小路潜入邯郸，通过平原君对赵王说：“秦国之所以加紧围攻赵国，是由于秦国曾和齐湣王争强称帝，后来齐湣王不称帝，于是秦王也取消了帝号。如今的齐国比齐湣王在位时更加衰弱，唯有秦国能够称雄天下，秦王这次不是贪图邯郸，而是想称帝。假如赵国愿意派使者尊奉秦王为帝，秦王一高兴，就会撤兵。”平原君踌躇不定。

此时鲁仲连适游赵，会秦围赵，闻魏将欲令赵尊秦为帝，乃见平原君曰：“事将奈何矣？”平原君曰：“胜也何敢言事？百万之众折于外，今又内围邯郸而不去。魏王使客将军辛垣衍令赵帝秦，今其人在是，胜也何敢言事？”鲁连曰：“始吾以君为天下之贤公子也，吾乃今然后知君非天下之贤公子也。梁客辛垣衍安在？吾请为君责而归之。”平原君曰：“胜请为召而见之于先生。”

译文

这个时候，鲁仲连正巧游历到赵国，遇到秦军围赵，听闻魏国想让赵国尊奉秦王为帝，就去参见平原君，说：“您打算怎么处理这件事情呢？”平原君说：“我赵胜哪里敢谈论此事啊！百万大军在外战败，现在秦军又深入境内，包围邯郸不肯撤兵。魏王派客将军辛垣衍来劝说赵国尊奉秦王为帝，目前那个人还在这里。我哪里还敢对此事发表意见！”鲁仲连说：“当初我还以为您是天下贤明的公子，如今才清楚并非如此。魏国客人辛垣衍在哪里？我替您责问他，让他回去。”平原君说：“我去把他请来，和您相见。”

平原君遂见辛垣衍曰：“东国有鲁连先生，其人在此，胜请为绍介而见之于将军。”辛垣衍曰：“吾闻鲁连先生，齐国之高士也。衍，人臣也，使事有职。吾不愿见鲁连先生也。”平原君曰：“胜已泄之矣。”辛垣衍许诺。

译文

平原君于是去见辛垣衍，说：“齐国有位鲁仲连先生，他现在正在这里，我愿为您介绍，让他来和将军相见。”辛垣衍说：“我听说鲁仲连先生是齐国的高士，而我辛垣衍是魏王的臣子，此次出使担负有重要的职责。我不想去见鲁仲连先生。”平原君说：“我已经把你在这里的消息透露出去了。”辛垣衍这才答应。

鲁连见辛垣衍而无言。辛垣衍曰：“吾视居此围城之中者，皆有求于平原君者也。今吾视先生之玉貌，非有求于平原君者，曷为久居此围城之中而不去也？”鲁连曰：“世以鲍焦无从容而死者，皆非也。今众人不知，则为一身。彼秦，弃礼义、上首功[②]之国也。权使其士，虏使其民。彼则肆然而为帝，过而遂正于天下，则连有赴东海而死耳，吾不忍为之民也！所为见将军者，欲以助赵也。”辛垣衍曰：“先生助之奈何？”鲁连曰：“吾将使梁及燕助之，齐、楚固助之矣。”辛垣衍曰：“燕则吾请以从矣。若乃梁，则吾乃梁人也，先生恶能使梁助之耶？”鲁连曰：“梁未睹秦称帝之害故也。使梁睹秦称帝之害，则必助赵矣。”辛垣衍曰：“秦称帝之害将奈何？”鲁仲连曰：“昔齐威王尝为仁义矣，率天下诸侯而朝周。周贫且微，诸侯莫朝，而齐独朝之。居岁余，周烈王崩，诸侯皆吊，齐后往。周怒，赴于齐曰：‘天崩地坼，天子下席。[③]东藩之臣田婴齐后至，则斮[④]之。’威王勃然怒曰：‘叱嗟！而母婢也！’卒为天下笑。故生则朝周，死则叱之，诚不忍其求也。彼天子固然，其无足怪。”

注释

②上首功：崇尚以斩获敌方首级计功。③“天崩”二句：周烈王去世，继位天子要在草席上守丧。下席，离开席位，古代居丧要睡草荐，枕土块表示哀悼。④斮（zhuó）：斩。

译文

鲁仲连见了辛垣衍却没有说话。辛垣衍说：“我看，如今还住在这围城中的人，都有求于平原君。如今我见先生的样子，不像是有求于平原君的人，为什么您还留在这座被围之城而不离去呢？”鲁仲连说：“世上那些认为鲍焦是因为心胸狭窄而死的人，都是不对的。现在大家都不理解他，才会以为他是为个人打算。秦国是个抛弃礼义而崇尚战功的国家，用权术去役使士卒，像对待奴隶一般。假如秦王毫无顾忌地称帝，甚至要统治天下，那么我鲁仲连就跳东海而死，要我做他的百姓是不可能的，我来见将军，是想救助赵国。”辛垣衍说：“先生怎么帮助赵国呢？”鲁仲连说：“我要请魏国和燕国协助赵国，而齐国和楚国本来就在协助赵国了。”辛垣衍说：“燕国嘛，我想它会听从您的话。至于魏国，我是魏国人，先生打算用什么办法让魏国协助赵国呢？”鲁仲连说：“魏国还没有意识到秦王称帝的害处。一旦魏国意识到秦王称帝的害处，必定会协助赵国。”辛垣衍说：“秦王称帝后会有什么祸患呢？”鲁仲连说：“从前齐威王曾经施行仁义，带领天下诸侯朝拜周天子。当时的周王室贫困弱小，没有诸侯去朝拜它，除了齐国。过了一年多，周烈王去世，诸侯都去吊唁，齐国晚了一步。周天子大怒，派人到齐国报丧说：‘天子去世，新天子离开寝宫在苫席上居丧守孝，东方属国之臣田婴齐吊丧竟敢迟到，该杀。’齐威王勃然大怒说：‘呸！你母亲原先还只是个婢女呢！’结果成为天下人的笑柄。在周烈王活着的时候，齐威王去朝拜，在周烈王死后叱骂，这确实是由于忍受不了新天子的苛求。天子本就如此，这不值得奇怪。”

辛垣衍曰：“先生独未见夫仆乎？十人而从一人者，宁力不胜，智不若邪？畏之也！”鲁仲连曰：“然梁之比于秦若仆邪？”辛垣衍曰：“然。”鲁仲连曰：“然则吾将使秦王烹醢⑤梁王。”辛垣衍怏然不说，曰：“嘻！亦太甚矣，先生之言也！先生又恶能使秦王烹醢梁王？”鲁仲连曰：“固也，待吾言之。昔者，鬼侯、鄂侯、文王，纣之三公也。鬼侯有子而好，故入之于纣，纣以为恶，醢鬼侯。鄂侯争之急，辨之疾，故脯⑥鄂侯。文王闻之，喟然而叹，故拘之于牖里之库百日，而欲令之死。曷为与人俱称帝王，卒就脯醢之地也？

注释

⑤烹醢（hǎi）：古代酷刑。烹，煮杀。醢，剁成肉酱。⑥脯（fǔ）：古代酷刑。脯，肉干，这里指把人制成肉干。

译文

辛垣衍说：“先生难道没有看到过奴仆吗？十个奴仆听从一个主人，难道是力气、智慧不如主人吗？是惧怕他啊！”鲁仲连说：“对，不过魏国在秦国面前，像奴仆吗？”辛垣衍说：“是的。”鲁仲连说：“既然这样，我就让秦王把魏王煮了，剁成肉酱！”辛垣衍满脸不高兴，说：“嘿！先生说得也太过分了！先生怎么能够叫秦王把魏王煮了，剁成肉酱呢？”鲁仲连说：“当然能啊，听我给您说。从前鬼侯、鄂侯和周文王，是商纣王的三公。鬼侯有个女儿很漂亮，就把她进献给纣王，纣王却觉得她很丑，就把鬼侯剁成肉酱。鄂侯极力为之辩白，被纣王杀了做成肉干。文王听说这件事，只是叹息一声，就被纣王囚禁在牖里的狱中一百天，纣王还想置文王于死地。为什么同样是称王称帝，结果却落到这种地步呢？

“齐闵王将之鲁，夷维子执策[⑦]而从，谓鲁人曰：‘子将何以待吾君？’鲁人曰：‘吾将以十太牢待子之君。’夷维子曰：‘子安取礼而来待吾君？彼吾君者，天子也！天子巡狩，诸侯避舍[⑧]，纳筦键[⑨]，摄衽抱几[⑩]，视膳于堂下。天子已食，退而听朝也。’鲁人投其籥[⑪]，不果纳，不得入于鲁。将之薛，假涂于邹。当是时，邹君死，闵王欲入吊，夷维子谓邹之孤曰：‘天子吊，主人必将倍[⑫]殡柩，设北面于南方，然后天子南面吊也。’邹之群臣曰：‘必若此，吾将伏剑而死。’故不敢入于邹。邹、鲁之臣，生则不得事养，死则不得饭含[⑬]，然且欲行天子之礼于邹、鲁之臣，不果纳。今秦万乘之国，梁亦万乘之国，俱据万乘之国，交有称王之名。睹其一战而胜，欲从而帝之，是使三晋之大臣不如邹、鲁之仆妾也。

“且秦无已[⑭]而帝，则且变易诸侯之大臣；彼将夺其所谓不肖，而予其所谓贤；夺其所憎，而予其所爱；彼又将使其子女谗妾为诸侯妃姬，处梁之宫，梁王安得晏然[⑮]而已乎？而将军又何以得故宠乎？”

于是，辛垣衍起，再拜谢曰：“始以先生为庸人，吾乃今日而知，先生为天下之士也！吾请去，不敢复言帝秦。”

注释

⑦策：马鞭。⑧避舍：退出居住的房舍让给天子。⑨筦（guǎn）键：锁和钥匙。⑩摄衽（rèn）抱几（jī）：掖起衣襟抱着几案，指恭敬谨慎地侍奉天子。⑪籥（yuè）：通“钥”，锁。⑫倍：通“背”。⑬饭含：古代殡礼，

人死后，把粟米放在口中叫“饭”；把珠玉放在口中叫“含”。⑭无已：不止。⑮晏然：安逸的样子。

译文

“齐闵王打算去鲁国，夷维子执鞭随行，对鲁国人说：‘你们准备用什么礼节来款待我们的国君？’鲁国人说：‘我们将用十太牢的礼节来款待你们的国君。’夷维子说：‘你们怎么能按这种礼节来款待我们的国君呢？我们的国君是天子！天子出行，诸侯要腾出宫宇让天子住，自己避居别舍，把锁和钥匙交出来，掖起衣襟，捧着几案，立于堂下伺候天子用膳。待天子用膳完毕，诸侯才能告退，回自己的朝堂听政办公。’鲁国人关城门下锁，拒绝齐湣王入境，齐湣王没有能进入鲁国。齐湣王准备前往薛地，借道邹国。当时，邹国国君刚过世，齐湣王准备去吊唁。夷维子对邹国国君之子说：‘天子来吊唁，丧主必须把灵柩换个方向，坐南朝北，让天子坐北朝南。’邹国群臣说：‘假如一定要这样做，我们宁愿横剑自杀！’结果齐湣王不敢进入邹国。邹国和鲁国的臣子，因国势贫弱，在国君活着的时候不能侍奉国君，在国君死后也不能按礼仪把米和玉放在口中下葬，而齐湣王让邹、鲁的臣子对他行天子之礼，这些臣子自然不肯。如今秦国是拥有万辆战车的大国，魏国也是如此，彼此都有称王的名分。看到秦国打了一次胜仗，就想尊秦为帝，堂堂三晋的臣子，还不如邹、鲁两国的奴仆呢。

“何况秦国想要的不仅如此，假如秦国因为无人阻挡而称帝，它将撤换诸侯的大臣；撤掉一些它觉得不贤的人，而把职位交给它所认为的贤明的人；黜退它厌恶的人，而给予它所喜爱的人；它还会把秦国的女儿和善于搬弄是非的小妾嫁给诸侯做妃子，住在魏王的宫中，魏王到那时还能平安无事吗？而将军又怎能维持原来的宠信呢？”

辛垣衍听了这些话站起来，对鲁仲连拜了两拜，谢罪说：“起初我以为先生不过是一个平庸之辈，现在才明白先生是天下的贤士！我请求离开赵国，不再谈尊秦为帝的事！”

秦将闻之，为却军五十里。适会公子无忌夺晋鄙军以救赵击秦，秦军引而去。

于是平原君欲封鲁仲连。鲁仲连辞让者三，终不肯受。平原君乃置酒，酒酣，起，前，以千金为鲁连寿。鲁连笑曰：“所贵于天下之士者，为人排患、释难、解纷乱而无所取也。即有所取者，是商贾之人也，仲连不忍为也。”遂辞平原君而去，终身不复见。

译文

秦国的将军听说这件事后，下令撤军五十里。恰好赶上魏国公子无忌夺取了晋鄙的军权，带领军队来救援赵国，攻打秦军，秦军只能撤离邯郸。

于是，平原君打算封赏鲁仲连，鲁仲连再三辞谢，一直不愿接受。平原君就设宴酬谢他。正值酒酣耳热时，平原君站起来，离席上前，用千金为鲁仲连祝寿。鲁仲连笑着说：“天下之士的可贵之处是为人排除忧难，消除危险，而不求取酬谢。假如贪图报酬，那就成了商人了，我鲁仲连不屑于当这种人。”于是，鲁仲连告别平原君而去，终生没有再来见平原君。

伯夷列传

史记·司马迁

夫学者载籍[1]极博，犹考信于六艺。《诗》《书》虽缺，然虞、夏之文可知也。尧将逊位[2]，让于虞舜，舜、禹之间，岳牧咸荐，乃试之于位，典职[3]数十年，功用既兴，然后授政，示天下重器[4]。王者大统，传天下若斯之难也。而说者曰：尧让天下于许由，许由不受，耻之逃隐；及夏之时，有卞随、务光者。此何以称[5]焉？太史公[6]曰：余登箕山，其上盖有许由冢云。孔子序列古之仁圣贤人，如吴太伯、伯夷之伦详矣。余以所闻由、光义至高，其文辞不少概见，何哉？

注释

①载籍：书籍。②逊位：让位，禅让，原始社会的首领轮换制度。③典职：主持具体事务，担当一定职责。④重器：指象征国家权力的宝物，如鼎等。⑤称：称颂，赞扬。⑥太史公：司马迁自称。

译文

学者们涉猎的书籍虽然很多，但还要从六经当中考察真实可信的记载。《诗经》《尚书》虽然残缺不全了，但记载虞、夏的文字还是可以见到的。唐尧将要退位时，让位给虞舜。舜和禹都是先有四岳、九牧的推荐，让他们在各自的职位上试行执政，主持政务几十年，有了显著的功绩以后，前一位首领才让位于他们。这表明天下是极其重要的，帝王是最大的统治者，因此传让天下是很困难的。有人居然说："尧曾把天下让给许由，许由不接受，认为羞耻，逃走隐居去了；到夏朝时，又出现了卞随、务光这样不接受禅让的人。"这是依据什么说的呢？太史公说：我登上箕山，据说上面有许由的坟墓。孔子对古代的仁人、圣人、贤人，如吴太伯、伯夷之类的阐述，是很详尽的。我所听到的许由、务光二人的行为是非常高尚的，然而在孔子编修的书中，有关他们的简要记录却难以看到，这是什么原因呢？

孔子曰："伯夷、叔齐，不念旧恶，怨是用希。""求仁得仁，又何怨乎？"余悲伯夷之意，睹轶诗可异焉。其传曰：伯夷、叔齐，孤竹君之二子也。父欲立叔齐，及父卒，叔齐让伯夷。伯夷曰："父命也。"遂逃去。叔齐亦不肯立而逃之。国人立其中子。于是伯夷、叔齐闻西伯昌善养老，"盍往归焉⑦！"及至，西伯卒，武王载木主⑧，号为文王，东伐纣。伯夷、叔齐叩马而谏曰："父死不葬，爰⑨及干戈，可谓孝乎？以臣弑君，可谓仁乎？"左右欲兵之，太公曰："此义人也。"扶而去之。武王已平殷乱，天下宗周，而伯夷、叔齐耻之，义不食周粟，隐于首阳山，采薇⑩而食之。及饿且死，作歌，其辞曰："登彼西山兮，采其薇矣。以暴易暴兮，不知其非矣。神农、虞、夏忽⑪焉没兮，我安适归矣？于嗟徂⑫兮，命之衰矣！"遂饿死于首阳山。由此观之，怨邪非邪？

注释

⑦盍（hé）往归焉：为何不去投奔他呢？盍，何不。往，前往。归，归附，投奔。⑧木主：为死者立的木质牌位。⑨爰（yuán）：乃，竟然。⑩薇（wēi）：多年生草本植物，是一种野菜，可食。⑪忽：绝灭。⑫徂（cú）：通"殂"，殂落，指死亡。

译文

孔子说："伯夷、叔齐不记旧怨，所以心中少有怨恨。""他们求仁而如愿以偿，有什么可埋怨的呢？"我为伯夷、叔齐的意愿感到悲哀，看到他们遗散的诗又感到非常诧异。他们的传记记载伯夷、叔齐是孤竹君的两个儿子，父亲想让叔齐继位，到父亲死后，叔齐要让位给伯夷。伯夷说："这是父亲的遗命。"于是逃走了。叔齐仍旧不肯继位，也逃走了。国人就立了孤竹君的第二个儿子为国君。这时，伯夷、叔齐听闻西伯姬昌能很好地侍奉老人，便商议说："我们何不去投奔他呢？"当到了周地，西伯已经死了。周武王用车子载着西伯的木牌位，称西伯为文王，往东去征伐商纣王。见到周武王，伯夷、叔齐拉住他的马劝谏说："父亲死了不下葬，就大动干戈，这能说是孝吗？身为纣王的臣子要去杀君主，这能叫作仁吗？"武王周围的人想要杀掉他们，姜太公吕尚说："这两位是义士！"扶起他们，放他们走了。武王伐纣后，天下都归顺周朝，可是伯夷、叔齐却以此为耻，坚持他们的义节，不吃周朝的粮食，隐居在首阳山，靠采食野菜为生。等到饿得快死时，二人作了一首歌，歌词说："登上那首阳山啊，采挖山上的薇菜。用暴虐去代替暴虐啊，还不知道自己的错误。神农、虞舜、夏禹这样的君主匆匆消逝了，我们到哪里去寻找归宿？哎呀，我们的死期快到了，命运衰微！"他们就这样饿死在首阳山。由此看来，他们是有怨恨呢，还是没有怨恨呢？

或曰："天道无亲，常与善人。"若伯夷、叔齐，可谓善人者非邪？积仁絜行如此而饿死！且七十子之徒，仲尼独荐颜渊为好学，然回也屡空，糟糠不厌，而卒蚤夭。天之报施善人，其何如哉？盗跖日杀不辜，肝人之肉，暴戾恣睢⑬，聚党数千人，横行天下，竟以寿终，是遵何德哉？此其尤大彰明较著者也。若至近世，操行不轨，专犯忌讳，而终身逸乐，富厚累世不绝。或择地而蹈之，时然后出言，行不由径，非公正不发愤，而遇祸灾者，不可胜数⑭也。余甚惑焉，傥所谓天道，是邪非邪？

注释

⑬恣睢（suī）：放纵，肆无忌惮。睢，恣意。⑭胜（shèng）数：尽数，全都数出来。

译文

有人说："天道是没有亲疏之分的，总是帮助善良的人。"像伯夷、叔齐这样的人，难道不是善良的人吗？他们这样行善积德、修身养性的人，却被饿死了！并且，在孔子七十二位贤弟子中，只有颜回被孔子推崇为最好学的人，然而颜回总是穷困缠身，连糟糠都吃不饱，最终过早地死去。上天对善人的报酬，又是怎样的呢？盗跖天天残害无辜的人，吃人的心肝，残暴凶恶，聚集党徒数千人，横行天下，居然高寿而终。这又是遵从了什么样的仁德？这些是最大也是最明显的例子。至于到了近代，有的人操守不合规范，干着违法的事，却一生安逸享乐，财富世代不断。有的人走路要先挑选合适的地方才落脚，说话要等到适宜的时机才开口，不走歪门邪道，不去做不公正的事，而这些人中惹上灾祸的不计其数。对此，我感到不解。假如确有人们所谓的天道，那么它是那样吗，还是并不是那样的呢？

子曰："道不同，不相为谋。"亦各从其志也。故曰："富贵如可求，虽执鞭[15]之士，吾亦为之。如不可求，从吾所好。""岁寒，然后知松柏之后凋。"举世混浊，清士乃见[16]。岂以其重若彼，其轻若此哉？

注释

⑮执鞭：持鞭驾车，指干低贱的事情。⑯见（xiàn）：通"现"，显现。

译文

孔子说："主张不同的人，不能共同筹划事情。"这就是指各人依照自身的意愿去做罢了。所以，他又说："富贵假如能够求得，哪怕当一个执鞭的仆人，我也肯干；假如不能求得，那就依照我所喜欢的去做。""到了一年中寒冷的时节，才知道松柏是最后落叶的。"世上的人都混浊了，廉洁的人就会显露出来。难道这是由于庸俗的人对富贵看得重，而廉洁的人对富贵看得轻吗？

"君子疾没世而名不称焉。"贾子曰："贪夫徇财，烈士徇名，夸者死权，众庶冯生。"同明相照，同类相求。"云从龙，风从虎，圣人作而万物睹。"伯夷、叔齐虽贤，得夫子而名益彰；颜渊虽笃学，附骥尾[17]而行益显。岩穴之士[18]，趋舍有时[19]，若此类名堙灭[20]而不称，悲夫！闾巷[21]之人，欲砥行[22]立名者，非附青云之士[23]，恶[24]能施[25]于后世哉！

注释

⑰骥尾：骏马的尾巴。这里指孔子背后。⑱岩穴之士：谓隐士。⑲趋舍有时：进退有一定的时节。⑳堙灭：通"湮"，埋没，隐没。㉑闾巷：街巷，指平民居住的地方。㉒砥（dǐ）行：修养品行。砥，磨刀石，这里做动词用，磨炼之义。㉓青云之士：指立德立言高尚的人。㉔恶（wū）：何，怎么。㉕施（yì）：延续。

译文

孔子又说："君子所感到痛心的是自己死后声誉不为人们称赞。"贾谊说："贪利的人为求财而死，英烈的人为名节献身，炫耀权势的人死于争权，普通的百姓只求生存。"同是发光的物体才能相互映照，同属一类的事物才会相互应求。"云随龙而生，风随虎而起，圣人出现了，万物的本来面目才会随之被人发现。"伯夷、叔齐虽是贤人，因为得到了孔子的赞颂，声誉才更加显扬；颜渊虽然专心好学，因为跟随了孔子，声名才更加显赫。山林隐士，出仕或者隐退，都注重时机，但这一类人的名声却埋没而不被人称道，真是悲哀！一般人要想培养德行、树立名望，必须倚仗这种德高望重的人，否则怎么能流芳百世呢？

屈原列传

史记·司马迁

屈原者，名平，楚之同姓也。为楚怀王左徒。博闻强志，明于治乱，娴于辞令。入则与王图议国事，以出号令，出则接遇宾客，应对诸侯。王甚任之。

译文

屈原，名平，是楚国王族的同姓，任楚怀王的左徒。他博闻强识，懂得治理乱世的道理，并且能言善辩。屈原对内与楚怀王商议国家大事，以发布政令；对外接待宾客，回答诸侯各国使者的问题。楚怀王很信任他。

上官大夫与之同列，争宠而心害其能。怀王使屈原造为宪令，屈平属[①]草稿未定，上官大夫见而欲夺之，屈平不与，因谗之曰："王使屈平为令，众莫不知，每一令出，平伐[②]其功，曰以为'非我莫能为'也。"王怒而疏屈平。

注释

①属（zhǔ）：编写。②伐：夸耀。

译文

上官大夫与屈原同朝为官，想得到宠信，心里十分妒忌屈原的才能。楚怀王叫屈原草拟法令，屈原写了草稿还没有修订完成，上官大夫看到了就想夺走，屈原不给，上官大夫就向怀王进谗言说："大王叫屈平制定法令，众人没有不知道的，每一项法令颁布出来，屈平就夸耀自己的功劳，说'除了我没人能做到'。"怀王听后相当生气，从此就疏远了屈原。

屈平疾王听之不聪也，谗谄之蔽明也，邪曲之害公也，方正之不容也，故忧愁幽思而作《离骚》。离骚者，犹离[3]忧也。夫天者，人之始也；父母者，人之本也。人穷则反本，故劳苦倦极，未尝不呼天也；疾痛惨怛[4]，未尝不呼父母也。屈平正道直行，竭忠尽智以事其君，谗人间之，可谓穷矣。信而见疑，忠而被谤，能无怨乎？屈平之作《离骚》，盖自怨生也。《国风》好色而不淫，《小雅》怨诽而不乱。若《离骚》者，可谓兼之矣。上称帝喾，下道齐桓，中述汤、武，以刺世事。明道德之广崇、治乱之条贯，靡不毕见。其文约，其辞微，其志洁，其行廉。其称文小而其指极大，举类迩而见义远。其志洁，故其称物芳；其行廉。故死而不容。自疏濯淖[5]污泥之中，蝉蜕于浊秽，以浮游尘埃之外，不获世之滋垢，皭然[6]泥而不滓者也。推此志也，虽与日月争光可也。

注释

③离：通“罹”，遭受。④惨怛（dá）：悲痛，忧伤。⑤濯（zhuó）淖（nào）：污水泥沼。⑥皭（jiào）然：洁白干净的样子。

译文

屈原痛恨怀王听信谗言，不辨是非，受到谗言和媚态的蒙蔽，以致邪恶之徒妨害了正直无私的人，忠贞正直之士没有容身的地方，所以忧伤烦闷，创作了《离骚》。“离骚”就是感到忧愁的意思。苍天，是人的原始；父母，是人的根本。人处在困境当中就会想到向苍天和父母求助。所以每当困苦疲倦的时候，没有不呼唤苍天的；每当痛苦哀伤的时候，没有不呼唤父母的。屈原遵守正道，坚持真理，品行端正，竭尽忠心，为国君效劳，却有好进谗言的小人从中离间，可以说处境艰难了。诚信却被怀疑，忠诚却反遭诽谤，能不怨恨吗？屈原创作《离骚》，就是起因于怨恨。《诗经·国风》尽管大多表现男女爱情，但不过分；《小雅》尽管大多抒发怨恨不满的情绪，但并不宣扬作乱。至于《离骚》，可以说同时兼有二者的特点了。上古称述帝喾，近世称述齐桓公，中间称述商汤和周武王，借以讥讽时政。阐明道德的崇高伟大，国家治乱的规律，没有不充分体现出来的。他的文字精练，他的措辞含蓄，他的志趣高洁，他的行为正直。他的文字所描述的尽管是寻常之事，喻旨却非常深远。他的志趣高洁，所以他的作品中多用美人芳草作比喻；他的操行正直，所以到死不被世俗所容。他自觉地远离污泥浊水，像金蝉脱壳那样摆脱了污秽，飘荡在尘埃之外，不沾染尘世的泥垢，那样洁白，那样明亮，出淤泥而不染黑点污迹。屈原这样的志向节操，即便跟日月争辉，也是可以的。

屈原既绌，其后秦欲伐齐，齐与楚从亲，惠王患之，乃令张仪详去秦，厚币委质事楚，曰："秦甚憎齐，齐与楚从亲，楚诚能绝齐，秦愿献商、於之地六百里。"楚怀王贪而信张仪，遂绝齐，使使如秦受地。张仪诈之曰："仪与王约六里，不闻六百里。"楚使怒去，归告怀王。怀王怒，大兴师伐秦。秦发兵击之，大破楚师于丹、淅，斩首八万，虏楚将屈匄，遂取楚之汉中地。怀王乃悉发国中兵，以深入击秦，战于蓝田。魏闻之，袭楚至邓。楚兵惧，自秦归。而齐竟怒不救楚，楚大困。

译文

屈原被贬黜后，秦国准备进攻齐国，齐国跟楚国合纵结亲，关系甚密，秦惠文王担心楚国会帮助齐国，便叫张仪假意离开秦国，带着大量财物，表示愿意辅佐楚怀王，说："秦国非常憎恶齐国，齐国跟楚国结盟，关系亲密，楚国如果真的能跟齐国断绝关系，秦国甘愿献上商邑、於邑一带六百里的土地给楚国。"楚怀王贪心，相信了张仪，便跟齐国断绝了关系，派遣使者前往秦国接受土地。这时，张仪居然改口说："在下跟大王承诺的是六里地，不是六百里。"楚国的使者非常生气，回去禀告怀王。怀王非常愤怒，出动大量兵力征伐秦国。秦国出兵还击，在丹江、淅水一带击败楚国军队，斩杀楚军八万人，俘获了楚国大将屈匄，掠取了楚国所属的汉中。怀王便发动了全国的军队出击，攻入秦国，两军在

蓝田交战。魏国听说之后，借机袭击楚国，攻占了邓地。楚军担心后路，便从秦国撤兵。而齐国恼恨楚国，不愿发兵援助，楚国的处境变得相当窘迫。

明年，秦割汉中地与楚以和。楚王曰：“不愿得地，愿得张仪而甘心焉。”张仪闻，乃曰：“以一仪而当汉中地，臣请往如楚。”如楚，又因厚币用事者⑦臣靳尚，而设诡辩于怀王之宠姬郑袖。怀王竟听郑袖，复释去张仪。是时屈原既疏，不复在位，使于齐，顾反，谏怀王曰：“何不杀张仪？”怀王悔，追张仪不及。

注释

⑦用事者：当权的人。

译文

第二年，秦国割让汉中一带的土地与楚国议和。楚王说：“我不想要汉中的土地，只有得到张仪才甘心。”张仪听说后，说：“用一个张仪来抵汉中的土地，值得，我请求到楚国去。”抵达楚国后，张仪又把贵重的礼物献给掌权管事的大臣靳尚，让他编造一套诡辩的话语，说通怀王的宠妃郑袖。怀王居然听信了郑袖的话，又放走了张仪。这时候屈原已经被怀王所疏远，不在朝中，到齐国出使去了，等他回来，劝谏怀王说：“为什么不杀掉张仪？”怀王很后悔，派人去追张仪，但是没有追到。

其后诸侯共击楚，大破之，杀其将唐眜。

译文

在这之后，各国诸侯联合起来攻打楚国，大破楚军，杀了楚国大将唐眜。

时秦昭王与楚婚，欲与怀王会。怀王欲行，屈平曰：“秦，虎狼之国，不可信，不如无行。”怀王稚子子兰劝王行：“奈何绝秦欢？”怀王卒行。入武关，秦伏兵绝其后，因留怀王，以求割地。怀王怒，不听。亡走赵，赵不内。复之秦，竟死于秦而归葬。

长子顷襄王立，以其弟子兰为令尹。楚人既咎子兰以劝怀王入秦而不反也。

译文

当时，秦昭襄王要和楚国联姻，想跟怀王见面。怀王打算去秦国，屈原说："秦国是虎狼之国，不可信赖，您不如不去。"怀王幼子子兰劝怀王去，说："为什么要断绝和秦国的良好关系？"怀王最终还是去了。进了武关，秦国的伏兵就斩断了怀王的后路，将他拘留，要求他退还割让的土地。怀王非常气愤，不肯答应。怀王逃到赵国，赵国不让他入境。怀王只好又返回秦国，最终死在秦国，尸首运回楚国安葬。

怀王的长子顷襄王继位，任命他的弟弟子兰为令尹。楚国人都责备子兰，因为他劝诫怀王到秦国去，结果怀王一去就再也没有回来。

屈平既嫉之，虽放流，眷顾楚国，系心怀王，不忘欲反，冀幸君之一悟、俗之一改也。其存君兴国，而欲反覆之。一篇之中三致意焉。然终无可奈何，故不可以反，卒以此见怀王之终不悟也。人君无愚智、贤不肖，莫不欲求忠以自为，举贤以自佐，然亡国破家相随属，而圣君治国累世而不见者，其所谓忠者不忠，而所谓贤者不贤也。怀王以不知忠臣之分，故内惑于郑袖，外欺于张仪，疏屈平而信上官大夫、令尹子兰。兵挫地削，亡其六郡，身客死于秦，为天下笑。此不知人之祸也。《易》曰："井渫不食，为我心恻，可以汲。王明，并受其福。"王之不明，岂足福哉？

译文

屈原同样怨恨子兰，尽管遭到放逐，仍旧眷恋国都，心里惦记怀王，始终没有抛开想回都城的念头。他期望国君能醒悟过来，国家风气得到改善。他心里想着国君，要让国家复兴，改变楚国的形势，《离骚》一篇中就三次表露了他的这种心情。但是终究无可奈何，所以他不可能回都城去了。由此可见，怀王到底没有醒悟过来。作为君主，不管愚昧或明智，贤明或昏聩，没有不想得到忠臣来辅助自己、提拔贤人来辅佐自己的，但是诸侯的封国灭亡，大夫的采邑破败，一个连着一个，圣明的君主、太平的国家接连几代也见不到，这是因为他们所谓的忠臣不忠，贤人不贤呀。怀王不了解忠臣的职责，所以在宫内被郑袖所迷惑，在宫外被张仪所欺骗，疏远屈原而听信上官大夫、令尹子兰，最终导致军队挫败，国土沦丧，丢掉了六个郡，自己也死在秦国，被天下人所耻笑。这是不能知人善任所酿成的恶果。《周易》说："井水已经淘净了，却没有人打水喝，让人心里难过。如今井水可以取用了。君王如果能够明察，天下都会获得福佑。"君王不贤明，哪里还能享受福佑呢？

令尹子兰闻之大怒，卒使上官大夫短屈原于顷襄王。顷襄王怒而迁之。

译文

令尹子兰听闻屈原怨恨自己，非常愤怒，最后让上官大夫在顷襄王面前诽谤屈原。顷襄王大怒，便放逐了屈原。

屈原至于江滨，被发行吟泽畔，颜色憔悴，形容枯槁。渔父见而问之曰："子非三闾大夫欤？何故而至此？"屈原曰："举世混浊而我独清，众人皆醉而我独醒，是以见[8]放。"渔父曰："夫圣人者，不凝滞于物而能与世推移。举世混浊，何不随其流而扬其波？众人皆醉，何不铺[9]其糟而啜其醨？何故怀瑾握瑜[10]而自令见放为？"屈原曰："吾闻之，新沐者必弹冠，新浴者必振衣，人又谁能以身之察察[11]，受物之汶汶[12]者乎！宁赴常流[13]而葬乎江鱼腹中耳，又安能以皓皓之白而蒙世之温蠖[14]乎！"乃作《怀沙》之赋。于是怀石遂自投汨罗[15]以死。

屈原既死之后，楚有宋玉、唐勒、景差之徒者，皆好辞而以赋见称。然皆祖屈原之从容辞令，终莫敢直谏。其后楚日以削，数十年竟为秦所灭。

注释

⑧见：被。⑨餔(bū)：吃。⑩瑾、瑜：美玉。⑪察察：清洁，干净。⑫汶(mèn)汶：昏暗不明。⑬常流：江水长流。⑭温蠖(huò)：昏聩。《楚辞》作“尘埃”。⑮汨(mì)罗：湘江支流，在今湖南东北部。

译文

屈原走到江边，披头散发，在湖畔边走边吟诗。他面容憔悴，身体消瘦。一个渔翁看见他，问道：“先生不是三闾大夫吗？为什么到了这里？”屈原说：“整个世间都是混浊的，唯独我是清白的；众人都沉醉了，唯独我是清醒的，所以我被放逐了。”渔翁说：“聪明贤哲的人不受周围事物的约束牵绊，可以随着世俗转变。整个世间混浊，您为什么不随波逐流，翻起波浪？众人都沉醉了，您为什么不嚼那酒糟，喝那淡酒？您为什么要坚守美玉般的节操，却让自己被放逐呢？”屈原说：“我听说，刚洗过头一定要掸掉帽子上的灰尘；刚洗过澡一定要抖掉衣服上的尘土。有谁能让自己纯洁的品性，蒙受外界的污秽呢？我宁愿跳入江水，葬身鱼腹。怎么能让自己纯洁的身心，蒙受世俗的污染呢？”于是创作了《怀沙》这一篇赋。随后屈原就抱着石头，跳进汨罗江自尽了。

屈原死后，楚国有宋玉、唐勒、景差这些人，都爱好文辞并且以擅长作赋著称；然而他们都只效法屈原得体大方的言谈，终究没有人能像屈原那样敢于直言进谏。此后，楚国领土一天天缩减，几十年后竟然被秦国灭了。

自屈原沉汨罗后百有余年，汉有贾生⑯，为长沙王太傅，过湘水，投书以吊屈原。

注释

⑯贾生：指贾谊。生，对读书人的尊称。

译文

自屈原沉进汨罗江后过了一百多年，汉朝有位贾生，任长沙王的太傅。贾谊在上任途中路过湘水，写了一篇赋，将之投入水里祭奠屈原。

太史公曰：余读《离骚》《天问》《招魂》《哀郢》，悲其志。适长沙，观屈原所自沉渊，未尝不垂涕，想见其为人。及见贾生吊之，又怪屈原以彼其材，游诸侯，何国不容？而自令若是！读《鹏鸟赋》，同生死，轻去就，又爽然自失矣。

译文

太史公说：我读了《离骚》《天问》《招魂》《哀郢》，被屈原的志气节操所感动。我抵达长沙，见到屈原投水的地方，未尝不流泪，追思他的为人。等到我看了贾谊的《吊屈原赋》，又产生了疑惑，就凭屈原的才能，若是游历诸国，哪个国家会不收留他呢？偏偏让自己落到这种地步！我读贾谊的《鹏鸟赋》，赋中说到应把生死看作同样的事，不管当官得利还是免官失利，都应当等闲视之，这话又使我默然无语，手足无措了。

太史公自序

史记·司马迁

太史公曰："先人有言：'自周公[①]卒五百岁而生孔子。孔子卒后至于今五百岁，有能绍[②]明世，正《易传》，继《春秋》，本《诗》《书》《礼》《乐》之际。'意在斯乎！意在斯乎！小子何敢让焉。"

注释

①周公：周武王的弟弟姬旦，武王死后，成王年幼，周公摄政。相传是他制定了周朝的礼乐制度。②绍：继承。

译文

太史公说："先父曾经说过：'周公死后五百年孔子出生，孔子死后至今又有五百年了，到了延续圣明时代，考订《易传》，续写《春秋》，探求《诗经》《尚书》《礼记》《乐经》的根本的时候了。'这番话的意思就是这样的吧！意思就是这样的吧！我怎敢推辞呢？"

上大夫壶遂[③]曰："昔孔子何为而作《春秋》哉？"太史公曰："余闻董生[④]曰：'周道衰废，孔子为鲁司寇，诸侯害之，大夫壅之。孔子知言之不用、道之不行也，是非[⑤]二百四十二年之中，以为天下仪表，贬天子，退诸侯，讨大夫，以达王事而已矣。'子曰：'我欲载之空言，不如见之于行事之深切著明也。'夫《春秋》，上明三王之道，下辨人事之纪，别嫌疑，明是非，定犹豫，善善恶恶，贤贤贱不肖，存亡国，继绝世，补敝起废，王道之大者也。《易》著天地、阴阳、四时、五行，故长于变。《礼》经纪[⑥]人伦，故长于行。《书》记先王之事，故长于政。《诗》记山川、溪谷、禽兽、草木、牝牡、雌雄，故长于风。《乐》乐所以立，故长于和。《春秋》辨是非，故长于治人。是故《礼》以节人，《乐》以发和，《书》以道事，《诗》以达意，《易》以道化，《春秋》以道义。”

“拨乱世反之正，莫近于《春秋》。《春秋》文成数万，其指[7]数千，万物之散聚皆在《春秋》。《春秋》之中，弑君三十六，亡国五十二，诸侯奔走不得保其社稷者不可胜数。察其所以，皆失其本已。故《易》曰：‘失之毫厘，差以千里。’故曰：‘臣弑君，子弑父，非一旦一夕之故也，其渐[8]久矣。’故有国者不可以不知《春秋》，前有谗而弗见，后有贼而不知。为人臣者不可以不知《春秋》，守经事而不知其宜，遭变事而不知其权[9]。为人君父而不通于《春秋》之义者，必蒙首恶之名。为人臣子而不通于《春秋》之义者，必陷篡弑之诛、死罪之名。其实皆以为善，为之不知其义，被之空言而不敢辞。夫不通礼义之旨，至于君不君、臣不臣、父不父、子不子。君不君则犯，臣不臣则诛，父不父则无道，子不子则不孝。此四行者，天下之大过也。以天下之大过予之，则受而弗敢辞。故《春秋》者，礼义之大宗也。夫礼禁未然之前，法施已然之后，法之所为用者易见，而礼之所为禁者难知。”

注释

③壶遂：人名，天文学家，官至詹事，因秩二千石，故称上大夫。④董生：指董仲舒。⑤是非：用作动词，褒贬。⑥经纪：安排调整。⑦指：意旨，意向。⑧渐：浸润，发展而来。⑨权：随机应变。

译文

上大夫壶遂说：“孔子当年为什么要写《春秋》呢？”太史公说：“我听董仲舒说：‘周朝的制度衰落，孔子在鲁国做司寇，诸侯害怕他对自己造成危害，大夫也排挤他，孔子明白自己的言论不能被接受，政治主张不能施行，于是就褒贬二百四十二年的历史，以此作为天下人行事的基准，批评天子，斥责诸侯，声讨大夫，不过是为了阐明王道罢了。’孔子说：‘我想，记载褒贬议论的话，还不如将其体现在具体的事件中，这样更切实明白。’《春秋》这部书，上则阐明夏禹、商汤、周文王治世的道理，下则辨明人世间的伦理纲常，区别嫌疑，明辨是非，消除犹豫，褒扬善行，谴责邪恶，推崇贤人，鄙视不肖，使亡国复兴，延续已断绝的世系，补救弊端，振兴衰业，这些是王道中的重要内容。《易经》叙述天地、阴阳、四时、五行，善于演变。《礼记》论述人伦纲常，因此擅长指导。《尚书》记录先王的史迹，因此擅长论述政治。《诗经》记述山川、溪谷、禽兽、草木、牝牡、男女，因此擅长于讲风俗。《乐经》表达人的情感，因此擅长于讲和谐。《春秋》辨明是非，因此擅长治理民众。所以，《礼记》用来约束人的行为，《乐经》用来抒发和谐优美的感情，《尚书》用来指导政事，《诗经》用来表情达意，《易经》用来推演事物变化，《春秋》用来倡导道义。”

“把乱世治理好使其恢复正道，没有比《春秋》更合适的了。《春秋》文字几万，要义几千，万事万物的离散聚合，都汇聚在《春秋》之中。在《春秋》这部书中，记录弑君的事件有三十六次，亡国的五十二个，诸侯逃跑流亡、不能保全他的国家的更是多得不计其数，考察其中的缘由，都是由于失去了根本。因此，《易经》说：‘失之毫厘，差以千里’，又说：‘臣弑君，子弑父，不是一朝一夕的缘故，而是逐渐产生的’。因此，一国之君不可以不知晓《春秋》，不然，前面有谗人而看不见，后面有国贼而不知道。做臣子的，不可以不通晓《春秋》，不然，墨守成规而不知道怎样处理，遭遇变故而不知道权衡轻重缓急。为君主、父亲的，假如不通晓《春秋》的大义，一定会蒙受首恶的罪名。为臣下、儿子的，假如不通晓《春秋》的大义，一定会陷入篡位弑君弑父而受诛戮的境地，落得个该当死罪的名声。其实他们都是行‘善’，只是由于不懂得义理，结果做错了，受到莫须有的罪名也不敢辩白。不通晓礼义的要旨，以至于国君不像国君，臣子不像臣子，父亲不像父亲，儿子不像儿子。国君不像国君，就容易被臣子冒犯；臣子不像臣子，就可能被杀；父亲不像父亲，就没有道德规矩；儿子不像儿子，就会忤逆不孝。这四种行为，是天下最大的罪名。用天下最大的罪名附加在他们身上，他们也只好接受而不敢推卸。因此，《春秋》是礼义的根源。礼在坏事发生之前对其加以防备，法在坏事发生之后对责任人加以惩罚。法纪的效用容易被人看见，而礼教的防范作用却难以被人们理解。”

壶遂曰：“孔子之时，上无明君，下不得任用，故作《春秋》，垂空文以断礼义，当一王之法。今夫子上遇明天子，下得守职，万事既具，咸各序其宜，夫子所论，欲以何明？”太史公曰：“唯唯，否否⑩，不然。余闻之先人曰：‘伏羲至纯厚，作《易》八卦。尧、舜之盛，《尚书》载之，礼乐作焉。汤、武之隆，诗人歌之。《春秋》采善贬恶，推三代之德，褒周室，非独刺讥而已也。’汉兴以来，至明天子，获符瑞⑪，建封禅，改正朔，易服色，受命于穆清⑫，泽流罔极，海外殊俗，重译⑬款塞⑭，请来献见者，不可胜道。臣下百官力诵圣德，犹不能宣尽其意。且士贤能而不用，有国者之耻；主上明圣而德不布闻，有司之过也。且余尝掌其官，废明圣盛德不载，灭功臣、世家、贤大夫之业不述，堕先人所言，罪莫大焉！余所谓述故事，整齐其世传，非所谓作也，而君比之于《春秋》，谬矣。”

注释

⑩否否：不然。⑪符瑞：吉祥的象征。⑫穆清：指天命，天气清而和。⑬重（chóng）译：因言语不通而需辗转翻译。⑭款塞：叩开关塞的大门。款，通“叩”。

译文

壶遂说：“孔子的年代，上面没有贤明的君主，下面的人才得不到重用，孔子这才创作《春秋》，传下文章来判明礼义，作为一代圣王的法则。如今您上遇贤明的天子，下面的人能够坚守本职，万事都已具备，全都安排妥当。先生的著作，想用来论述什么呢？”太史公说：“嗯，嗯，不正确，不正确，不是这样的。我听先父说：‘伏羲的年代极其纯朴厚道，他著有《易经》的八卦；尧舜的年代最兴旺，《尚书》有记载，礼乐崛起于那时；商汤、周武王的年代很兴盛，诗人为之作颂；《春秋》称颂好事，贬斥邪恶，推崇夏、商、周三代的盛德，褒扬周朝，并不只是讥讽而已。’汉朝崛起以来，到当今的圣明天子，得上天祥瑞，建坛祭神，改历法，变服色，受命于上天，恩惠无尽无穷，海外不同风俗不同语言的人，通过辗转翻译，入关请求进献参拜的不计其数。文武百官，竭力称颂圣德，还怕说不完对圣德的颂扬。况且，士人贤能而不受重用，是国君的耻辱；天子英明睿智而仁德不能广传天下，是官吏的罪过。而且我曾经做过太史令，抛开明君圣德不记载，埋没功臣世家贤大夫的功绩不记述，丢弃先父的遗训，这是莫大的过错啊！我所说的是记述过去的事，整编史料传记，并不是创作，您把它与《春秋》相比，是不正确的。”

于是论次其文。七年而太史公遭李陵之祸，幽于缧绁。乃喟然而叹曰：“是余之罪也夫！是余之罪也夫！身毁不用矣。”退而深惟[15]曰：“夫《诗》《书》隐约者，欲遂其志之思也。昔西伯拘羑里[16]，演《周易》。孔子厄陈、蔡，作《春秋》。屈原放逐，著《离骚》。左丘失明，厥[17]有《国语》。孙子[18]膑脚，而论兵法。不韦迁蜀，世传《吕览》。韩非囚秦，《说难》《孤愤》。《诗》三百篇，大抵贤、圣发愤之所为作也。此人皆意有所郁结，不得通其道也，故述往事，思来者[19]。”于是卒述陶唐以来，至于麟[20]止，自黄帝始。

注释

⑮惟：思。⑯羑（yǒu）里：今河南汤阴县北。⑰厥：于是，就。⑱孙子：指孙膑。⑲思来者：使来者思。⑳麟：指汉武帝猎获白麟的那一年，即元狩元年（前122年）。

译文

于是，我编写了这些文章。历经七年，其间，太史公因替李陵辩解而遭受灾祸，被囚禁在监牢之中。于是，我喟然长叹道："这是我的罪过啊，这是我的罪过啊，身体已然残废，再没有什么用了！"平静下来仔细思量一下，又说："《诗经》《尚书》中的文义含蓄隐约，这是作者要表达自己内心的思想；从前西伯被拘禁在羑里的时候，推演出了《周易》；孔子在陈、蔡遭受困厄，却写出了《春秋》；屈原被流放，创作了《离骚》；左丘明双目失明，才有《国语》；孙子受膑刑，才写了兵法；吕不韦谪迁蜀地，后世流传他的《吕览》；韩非被监禁在秦国，著有《说难》《孤愤》；《诗经》三百篇，大都是圣贤之人为抒发忧愤而著的。这些人的志气被压制，不能实现自己的主张，因此记录往事，以供后人借鉴。"于是，我记录了陶唐以来的事情，上自黄帝开始，下至当今天子捕获白麟的元狩元年。

报任安书

司马迁

太史公牛马走[①]司马迁再拜言，少卿[②]足下[③]：曩[④]者辱赐书，教以慎于接物，推贤进士为务。意气勤勤恳恳，若望仆[⑤]不相师，而用流俗人之言。仆非敢如此也。仆虽罢[⑥]驽[⑦]，亦尝侧闻长者之遗风矣。顾[⑧]自以为身残处秽，动而见尤[⑨]，欲益反损，是以独抑郁而谁与语。谚曰："谁为为之？孰令听之？"盖锺子期[⑩]死，伯牙[⑪]终身不复鼓琴。何则？士为知己者用，女为说[⑫]己者容。若仆大质已亏缺矣，虽才怀随、和[⑬]，行若由、夷[⑭]，终不可以为荣，适足以见笑而自点[⑮]耳。书辞宜答，会东从上来，又迫贱事，相见日浅，卒[⑯]卒无须臾之间得竭志意。今少卿抱不测之罪，涉旬月，迫季冬，仆又薄从上雍，恐卒然不可为讳。是仆终已不得舒愤懑以晓左右，则长逝者魂魄私恨无穷。请略陈固陋。阙然久不报，幸勿为过。

注释

①牛马走：像牛马那样奔走，一种自谦的说法。②少卿：任安，字少卿。任安为汉武帝时人，他任益州刺史时曾给司马迁写信，要司马迁利用在汉武帝身边的便利条件推荐贤能之士，司马迁没能及时回信。到了汉武帝太始四年（前 93 年）十一月，任安获罪当死，司马迁才写了这封信。③足下：对人的敬称。④曩（nǎng）：过去。⑤仆：我。⑥罢：通"疲"，疲弱。⑦驽：劣马。⑧顾：只是。⑨尤：指责。⑩锺子期：即钟子期，春秋时楚国人，最能欣赏伯牙的琴音。⑪伯牙：春秋时楚国人，善于弹琴。⑫说：通"悦"。⑬随、和：指随侯珠、和氏璧。⑭由、夷：指许由、伯夷。⑮点：黑点，这里作动词，玷污。⑯卒：通"猝"，突然。

译文

像牛马一样奔走的仆役太史公司马迁再拜禀告，少卿足下：先前承蒙您屈尊写信给我，教我待人接物要谨诚持重，担负起向朝廷举荐人才的重任。信中言语恳切，情意诚挚。好像是抱怨我没能遵从您的意见行事，反而听信了世俗之人的话。我是不敢这样的。我虽然才能低劣，为人愚钝，但也还是曾听说过德高望重的长者的遗风的。只是我认为自己的身体已经残废，自己的处境又如此尴尬，稍有举动就会遭人埋怨责难，想要做些有益的事情，招来的却是不好的结果。因此独自忧愁烦闷，无处可说。俗话说："为谁去做，让谁来听？"因此钟子期死后，伯牙破琴绝弦终身不再弹琴。为什么呢？士为知己者效忠，女为爱己者装扮。而我身体已有损伤了，即便怀着稀世之才，品行犹如许由、伯夷一样高尚，终究也不能算作光彩，反倒会被人嘲笑而自取其辱。来函本应及早答复，可是恰逢我跟随皇帝东巡泰山才回到长安，又为琐事所迫，相见的日子很少，整天忙忙碌碌，没得闲空来达成回信的心愿。如今您又遭受意料之外的大罪，再过半月二十天，就要接近冬末了，到那时我又要跟随皇帝去雍地，恐怕仓促之间您就会有不幸之事发生。这样的话，我就终究不能有机会向您抒发我的愤懑之情了，而您也将由于得不到我的复信而遗憾无穷。请容许我大概地叙述一下我的浅陋之见。我隔了很长的时间没有回信，但愿您不要责备。

仆闻之：修身者，智之符也；爱施者，仁之端也；取予者，义之表也；耻辱者，勇之决也；立名者，行之极也。士有此五者，然后可以托于世，而列于君子之林矣。故祸莫憯[17]于欲利，悲莫痛于伤心，行莫丑于辱先，诟[18]莫大于宫刑[19]。刑余之人，无所比数，非一世也，所从来远矣。昔卫灵公与雍渠同载，孔子适[20]陈；商鞅因景监见，赵良寒心；同子参乘，袁丝变色，自古而耻之。夫中材之人，事有关于宦竖，莫不伤气，而况于慷慨之士乎！如今朝廷虽乏人，奈何令刀锯之余荐天下之豪俊哉！仆赖先人绪业[21]，得待罪辇毂下，二十余年矣。所以自惟，上之，不能纳忠效信，有奇策材力之誉，自结明主；次之，又不能拾遗补阙，招贤进能，显岩穴之士[22]；外之，不能备行伍，攻城野战，有斩将搴旗之功；下之，不能积日累劳，取尊官厚禄，以为宗族交游光宠。四者无一遂，苟合取容，无所短长之效，可见于此矣。向者，仆亦尝厕[23]下大夫之列，陪奉外廷末议，不以此时引纲维，尽思虑，今已亏形为扫除之隶，在阘茸[24]之中，乃欲仰首伸眉，论列是非，不亦轻朝廷、羞当世之士邪？嗟乎！嗟乎！如仆尚何言哉！尚何言哉！

注释

⑰憯（cǎn）：通“惨”，惨毒，惨痛。⑱诟：耻辱。⑲宫刑：古代割除男性生殖器官的一种刑罚。⑳适：到。㉑绪业：先人未完成的事业。㉒岩穴之士：指隐士。㉓厕：忝列。㉔阘（tà）茸：卑贱。

译文

我听到过这样的话：加强自身修养是有智慧的表现，好施德于人是仁义的起点，谨慎对待获取与施与是守道义的表现，一个人如何对待羞辱是判定其是否勇敢的标准，树立好名声是德行的最高准则。士人具备了这五种德行，然后才能立足于世，列入君子的行列。所以，没有什么灾祸是比贪图私利更悲惨的了，没有什么悲伤是比心灵上受到创伤更痛苦的了，没有什么行为是比使祖先受辱更丑恶的了，没有什么羞辱是比宫刑更严重的了。受过宫刑的人，没有什么人愿同他相提并论，不止一个朝代如此，这种情况由来已久了。以前卫灵公同孔子出游时与宦官雍渠同坐一辆车子，孔子对此感到羞辱而离开卫国去了陈国；商鞅通过景监的推荐而得官，赵良为此感到寒心；赵谈做文帝的参乘，袁盎为此脸色大变。自古以来，人们就以做宦官为耻。即便才能很平庸的人，只要有了同宦官相牵扯的事，没有不感到羞辱的，何况志向远大的士人呢？如今朝廷虽然缺少人才，但是怎么能让我这个受过刑的人来举荐天下的英豪贤士呢？我凭借祖先的余荫，得以在京城任官，到现在已有二十多年了。所以我自己常想，对上我不能进献忠信，博得奇才大德的声名，以此来取得皇帝的信任；其次，我又不能给皇帝拾掇遗漏，补救过失，引进举荐贤能之士，使山林隐士得以显名；对外又不能充数于伍，攻城野战，立下斩将拔旗之功；对下又不能长期积聚微小的功绩，取得高官厚禄，以便为宗族、朋友增光。这四项中我没有一项能办到，只好苟合迁就以迎合皇帝的心意，也不可能立什么大的功勋，由此可见一斑。先前我曾位于下大夫的行列，陪同外朝官员发表点无关宏旨的言论，我没在那时按照国家法令，充分发表自己的见解，而现在身体已残废，做个洒扫殿阶的仆人，处在猥贱之人中间，居然想昂首扬眉，评论朝廷的是非曲直，这岂不是轻视朝廷、侮辱当代士人吗？哎呀！哎呀！像我这样的人还能说什么呢？还能说什么呢？

且事本末未易明也。仆少负不羁之才，长无乡曲[25]之誉，主上幸以先人[26]之故，使得奏薄伎[27]，出入周卫之中。仆以为戴盆何以望天，故绝宾客之知，亡室家之业，日夜思竭其不肖之才力，务一心营职，以求亲媚于主上。而事乃有大谬不然者。

注释

㉕乡曲：乡里。㉖先人：这里指司马迁的父亲司马谈。㉗薄伎：微薄的才能。

译文

况且，事情的前因后果是不容易弄明白的。我少年时自负有出众的才能，长大后却没有得到乡里的称誉。幸而皇上由于我父亲的原因，让我有机会奉献微不足道的技能，出入于宫禁之中。我觉得头上顶着盆子是不能望天的，我无暇他顾，因此断绝了与宾客的来往，忘掉了家庭私事，昼夜想着竭尽自己的微薄之力，专心致志地在朝廷任职，以求赢得主上的信任。但事情的结果和我先前所想的完全不同！

夫仆与李陵[28]俱居门下，素非能相善也，趋舍[29]异路，未尝衔杯酒、接殷勤之余欢。然仆观其为人，自守奇士，事亲孝，与士信，临财廉，取与义，分别有让，恭俭下人，常思奋不顾身以殉[30]国家之急。其素所蓄积也，仆以为有国士之风。夫人臣出万死不顾一生之计，赴公家之难，斯已奇矣。今举事一不当，而全躯保妻子之臣随而媒糵[31]其短，仆诚私心痛之。且李陵提步卒不满五千，深践戎马之地，足历王庭，垂饵虎口，横挑强胡，仰亿万之师，与单于连战十有余日，所杀过当，虏救死扶伤不给。旃[32]裘之君长咸震怖，乃悉征其左右贤王，举引弓之人，一国共攻而围之。转斗千里，矢尽道穷，救兵不至，士卒死伤如积。然陵一呼劳军，士无不起，躬自流涕，沫血饮泣，更张空拳[33]，冒白刃，北向争死敌者。

陵未没时，使有来报，汉公卿王侯皆奉觞上寿。后数日，陵败书闻，主上为之食不甘味，听朝不怡。大臣忧惧，不知所出。仆窃不自料其卑贱，见主上惨怆怛悼[34]，诚欲效其款款[35]之愚。以为李陵素与士大夫绝甘分少，能得人之死力，虽古之名将，不能过也。身虽陷败，彼观其意，且欲得其当而报于汉。事已无可奈何，其所摧败，功亦足以暴于天下矣。仆怀欲陈之，而未有路，适会召问，即以此指[36]推言陵之功，欲以广主上之意，塞睚眦[37]之辞。未能尽明，明主不晓，以为仆沮[38]贰师[39]，而为李陵游说，遂下于理[40]。拳拳之忠，终不能自列，因为诬上，卒从吏议。家贫，货赂不足以自赎，交游莫救视，左右亲近不为一言。身非木石，独与法吏为伍，深幽囹圄[41]之中，谁可告诉者！此真少卿所亲见，仆行事岂不然乎？李陵既生降，颓其家声，而仆又佴[42]之蚕室，重为天下观笑。悲夫！悲夫！事未易一二为俗人言也。

注释

㉘李陵：汉朝名将李广的孙子，汉武帝时的将领，曾率兵与匈奴作战，矢尽援绝而投降。㉙趋舍：进退。㉚殉：以身从物。㉛媒糵（niè）：本意为酒曲，此处之意为酝酿。㉜旃：通“毡”。㉝拳（quān）：弩弓。㉞惨怆怛悼：悲哀伤心。㉟款款：忠实恳切的样子。㊱指：意思。㊲睚（yá）

眦（zì）：瞪眼怒视。㊳沮：毁谤。㊴贰师：指贰师将军李广利，他是汉武帝宠姬李夫人的哥哥。㊵理：指大理寺，掌刑法。㊶囹（líng）圄（yǔ）：监狱。㊷佴（èr）：居。

译文

我和李陵都在朝中任职，平素并没有很深的交情，所走的道路各不相同，不曾在一起饮过一杯酒来表示友好。但是，我观察他的为人，他是个能自守节操的不俗之士。他侍奉双亲很是孝顺，同朋友交往很讲信用，在钱财面前表现得十分廉洁，索取或给予都是按照理义行事，能分别尊卑长幼并且谦让有礼，恭敬简朴并且平易近人，常常想着为国家急难而奋不顾身，他这些多年养成的为人处世的风格，我认为很符合国家栋梁之材的标准。作为臣子，能够提出万死不顾一生的计策，奔赴国家的危难，这已经很出众了！如今行事，一有不当之处，那些只知保全自己和妻室儿女利益的大臣，便跟风夸大他的缺点，陷人于祸，我确实为此而感到痛心！再说，李陵带领的步卒不足五千，远赴战场，抵达匈奴王廷之地，这无异于垂饵于虎口，可是他向强大的胡兵挑战，迎击众多的敌人，同单于持续作战十几天，杀死的敌人超过了我军的数目，匈奴连救死扶伤也顾不及了。匈奴的首领非常震惊害怕，于是悉数征发左、右贤王的军队，并且发动全部能拉弓射箭的人参战，举全国之军围攻李陵的军队。李陵孤军转战千里，箭尽路绝，救兵没有到达，士卒死伤众多。可是李陵振臂一呼，兵士们无不复起身，人人落泪，血流满身，强忍着悲痛，又拉开空弓抗敌，冒着敌军的刀刃，向北出击，争先恐后地为抗敌而献身。

李陵的军队没有覆没时，有使者来朝廷禀告，朝廷的公卿王侯都捧觞祝捷。又过了几天，边塞把李陵战败的消息禀告给主上，主上为此而食不甘味，上朝听政时很不高兴。大臣们很忧虑，想不出什么办法来。我私下里并未估量自己的地位低下，看见主上悲伤，确实想着献出自己的愚昧见解。我觉得李陵向来与官兵们同甘共苦，所以士卒都愿为他拼死效力，即使是古代的名将，也少有能超过他的啊。李陵虽然兵败投降，但我观察他的意思，是想等待时机立下足以抵罪之功报效汉朝。他这样做的确是出于无奈，但他挫败敌人的功绩，也可以宣示于天下了。我心里想向主上表述自己的看法，但是没有适当的机会。正赶上主上召问此事，我就按这个意思来陈说李陵的功绩，想着以此来抚慰主上的心，堵住怨家之口。可是还没有等我把话说明白，明主不省察我说这番话的用意，就觉得我是诋毁贰师将军，而为李陵游说，于是将我交给狱官处罚。我的一片忠心，最终没机会表白，因而落了个“欺骗皇上”的罪名。主上最后遵从了狱官的判决。我家里很穷，财产不够赎罪，没有一个朋友出面相救的，主上的近臣也不愿为我说句好话。人非木石，而我独与执法之吏为伍，囚禁在监狱之中，我的苦衷又能向谁倾诉呢！这些情况，是您亲眼所见的，我的所作所为难道不正是这样的吗？李陵既已活着投降匈奴，败坏了世代名将的家庭名誉，而我随后又被推置蚕室之中，更被

天下人当笑柄来看待。悲哀啊！悲哀啊！事情的经过是很难对普通人一一讲明白的。

仆之先非有剖符、丹书之功，文、史、星、历[43]，近乎卜、祝之间，固主上所戏弄，倡优所畜，流俗之所轻也。假令仆伏法受诛，若九牛亡一毛，与蝼蚁何以异？而世俗又不能与死节者次比，特以为智穷罪极、不能自免、卒就死耳。何也？素所自树立使然也。人固有一死，死或[44]重于泰山，或轻于鸿毛，用之所趣异也。太上不辱先，其次不辱身，其次不辱理色，其次不辱辞令，其次诎[45]体受辱，其次易服受辱，其次关[46]木索、被箠楚受辱，其次剔[47]毛发、婴金铁受辱，其次毁肌肤、断肢体受辱，最下腐刑极矣！传曰："刑不上大夫。"此言士节不可不勉励也。猛虎在深山，百兽震恐，及在槛阱之中，摇尾而求食，积威约之渐也。故士有画地为牢，势不可入；削木为吏，议不可对，定计于鲜也。今交手足，受木索，暴肌肤，受榜箠，幽于圜墙之中，当此之时，见狱吏则头抢地，视徒隶则心惕息。何者？积威约之势也。及以至是，言不辱者，所谓强颜耳，曷足贵乎！

且西伯，伯也，拘于羑里；李斯，相也，具于五刑；淮阴，王也，受械于陈；彭越、张敖，南面称孤，系狱抵罪；绛侯诛诸吕，权倾五伯，囚于请室；魏其，大将也，衣赭衣，关三木；季布为朱家钳奴；灌夫受辱于居室，此人皆身至王侯将相，声闻邻国，及罪至罔[48]加，不能引决自裁，在尘埃之中。古今一体，安在其不辱也？由此言之，勇怯，势也；强弱，形也。审矣，何足怪乎？夫人不能早自裁绳墨[49]之外，以稍陵迟，至于鞭箠之间，乃欲引节，斯不亦远乎！古人所以重施刑于大夫者，殆为此也。夫人情莫不贪生恶死，念父母，顾妻子，至激于义理者不然，乃有所不得已也。今仆不幸早失父母，无兄弟之亲，独身孤立，少卿视仆于妻子何如哉？且勇者不必死节，怯夫慕义，何处不勉焉！仆虽怯懦欲苟活，亦颇识去就之分矣，何至自沉溺缧绁[50]之辱哉！且夫臧获[51]婢妾犹能引决，况仆之不得已乎！所以隐忍苟活，幽于粪土之中而不辞者，恨私心有所不尽，鄙陋没世而文采不表于后世也。

注释

㊸文、史、星、历：指文献、史籍、天文、历法。㊹或：有的。㊺诎：通“屈”，弯曲，卷曲。㊻关：套上。㊼剔（tì）：用刀刮去毛发。㊽罔：通“网”，法网。㊾绳墨：指法律。㊿缧（léi）绁（xiè）：捆绑犯人用的绳索。(51)臧获：古代某些地方对奴婢的贱称。

译文

我的先人没有立下受赐剖符、丹书那样的功勋，只是掌管文献、历史、天文和历法，职位接近卜官和巫祝，这种职务本是为了主上游戏取乐而设的，像乐师、优伶那样被豢养，为世人所看轻。即使是让我伏法受诛，也不过是九牛一毛，这与死去一只蝼蛄、蚂蚁有什么分别吗？而世俗的人又不能把我同坚持气节而死的人相提并论，只认为我是因为智尽才竭、罪恶极大，不能免于死刑而被杀而已。这是什么缘故呢？是由于我平时所从事的职业使人们有这样的看法罢了。人总是要死的，有的人死得比泰山还重，有的人却比鸿毛还轻，这是由于死的原因和目的不一样啊。作为一个人，首要的是不使先人受辱，其次是不使自身受辱，其次不为别人的脸色所辱，其次不受别人的言语侮辱，其次屈身下跪受辱，其次穿上罪犯的衣服受辱，其次戴上刑具、遭鞭打受辱，再次是剔去毛发、用铁圈束颈而受辱，再次是毁坏肌肤、砍断肌体受辱，最下等的是受腐刑，这算达到极点了！古书中说：“刑不加于大夫之身。”这是说对士人的尊严操守不可不加以勉励。猛虎在深山时，百兽都震惊害怕，及至关进笼子、掉进陷阱之后，就摇着尾巴要食吃，这是长期地威震它、限制它产生的结果啊。因此说，即便士人在地上画个圈当作牢狱，按情势说他也不愿进去；即便削个木头人当狱吏，按情理说士人也不愿同它对案，这是因为士人早就打定了自杀的主意，不愿受辱。如今犯人手足都戴着刑具，颈项戴上木枷铁索，裸露着皮肤，遭受鞭打，囚禁在牢狱里。在这时候，我看见狱吏就叩头，看见狱卒就胆战心惊喘粗气。为什么呢？这是威力的长期施加所产生的必然结果啊。及至这步田地，要说没受屈辱，不过是厚脸皮罢了。有什么值得的呢！

况且，西伯是诸侯之长，而被拘囚在羑里；李斯是宰相，受五刑而死；淮阴侯本是楚王，在陈地戴上刑具；彭越、张敖是在南面称王之人，被监禁在监狱问罪法办；绛侯周勃平定了吕后亲族的叛乱，权势超过了五霸，却被监禁在囚室之中；魏其是大将，却穿上了罪人的衣服，戴上了颈枷、手铐和脚镣；季布剃去头发以铁刑具束颈卖于朱家为奴；灌夫在居室受辱。这些人都身至王侯将相，声名传扬到邻国，等到法网加身，却无法自杀，结果落于屈辱的境地。这种境地从古到今都是一样的，怎么能不受侮辱呢？由此说来，一个人的勇怯、强弱是由客观情形决定的。这是十分明白的道理，有什么值得奇怪的呢？人不能及早地自杀于法网加身之前，所以志气逐渐消磨光了，等到受鞭打的时候，才准备为节操而死，这不是差得太远了吗？古人之所以对大夫在施刑上很严谨，可能就是因为这个吧。人之常情，没有不贪生怕死的，他们都挂念父母，顾念妻儿。至于为义理所激发而死的人就不是这样了，他们都有不顾自身和家庭的原因。现在我很不幸，父母早已去世，又没有兄弟，独自一人活在世上，少卿您看我对妻子、儿女又怎样呢？再说，真正勇敢的人不一定为节操而死，怯懦的人假如仰慕节义，在什么情况下不能勉励自己为节操牺牲呢？我承认自己是个怯懦的人，想苟且偷生，但我也很懂得舍生就义的道理，为什么自己要甘心被囚禁下狱而受尽屈辱呢？再说，奴婢侍妾还能够下决心自杀，何况我是不得已，不是更该受死吗！我之所以勉力忍住自己的感情，苟活于世，监禁于监狱而不自裁，是因为我的志向还没完全实现，假如碌碌无为地了结此生，我的文章就不能流传后世。

古者富贵而名磨灭，不可胜记，唯倜傥非常之人称焉。盖文王拘而演《周易》；仲尼厄[52]而作《春秋》；屈原放逐，乃赋《离骚》；左丘失明，厥有《国语》；孙子膑[53]脚，兵法修列[54]；不韦迁蜀，世传《吕览》；韩非囚秦，《说难》《孤愤》；《诗》三百篇，大底[55]贤圣发愤之所为作也。此人皆意有所郁结，不得通其道，故述往事，思来者。乃如左丘无目，孙子断足，终不可用，退而论书策以舒其愤，思垂空文以自见。仆窃不逊，近自托于无能之辞，网罗天下放失旧闻，略考其事，综其终始，稽[56]其成败兴坏之纪[57]，上计轩辕[58]，下至于兹，为十表、本纪十二、书八章、世家三十、列传七十，凡百三十篇。亦欲以究天人之际，通古今之变，成一家之言。草创未就，会遭此祸，惜其不成，是以就极刑而无愠色。仆诚已著此书，藏之名山，传之其人、通邑大都，则仆偿前辱之责[59]，虽万被戮，岂有悔哉！然此可为智者道，难为俗人言也。

注释

㊷厄：受困。㊸膑：古代一种酷刑，挖去人的膝盖骨。㊹修列：编写。㊺大底：大抵，大都。㊻稽：考察。㊼纪：道。㊽轩辕：即黄帝。㊾责：通“债”。

译文

古时候，富贵而埋没不闻的人不计其数，只有不被世俗所拘的卓越之士才能显扬于后世。周文王被拘禁而推演八卦为六十四卦，写成了《周易》；孔子一生困顿不得志而作《春秋》；屈原被放逐，写成了《离骚》；左丘明眼睛失明，有《国语》传世；孙膑受了膑刑，编著了兵法书；吕不韦被流放到蜀地，《吕览》才流传于世；韩非被囚禁于秦，有《说难》《孤愤》传世；《诗经》三百篇，大都是圣人贤者抒发愤懑之情的作品。这些人在思想上都有解不开的愁闷，不能实现其志愿，因此追述往事，希望将来的人了解他们的抱负。至于左丘明眼睛失明，孙膑受膑刑，终归不为当权者重用，他就不再抛头露面，而论列自己的见解著书立说，以抒发自己的愤懑之情，想着让自己的著作传留后世以表达自己的理想志趣。我私下里借助于自己粗劣的文笔，搜罗天下散失的文献，并对前人行事稍加考证，考察历史上成败兴衰的规律。上起黄帝，下至于今，写成十表、十二本纪、八书、三十世家、七十列传，总共一百三十篇。我想借此来探索自然界和人类社会的关系，沟通古今历史的变革，建立一家之言。草草创作还没有定稿，就遭遇此祸。书还没有写成，我非常惋惜，所以遭受了残酷的刑罚而没有愠怒之色。如果我真的著成了此书，能藏之于名山，传给志同道合的人，以至广泛流传到社会上，就能够补偿以前受屈辱的旧债，即便我受刑被杀一万次，还有什么可后悔的呢？可是这些话只能给智者说，难以对普通人明言。

且负下未易居，下流多谤议。仆以口语遇遭此祸，重为乡党[60]所戮笑，以污辱先人，亦何面目复上父母之丘墓乎？虽累百世，垢弥甚耳！是以肠一日而九回，居则忽忽若有所亡，出则不知其所往。每念斯耻，汗未尝不发背沾衣也！身直为闺阁之臣，宁得自引深藏岩穴邪？故且从俗浮沉，与时俯仰，以通其狂惑，今少卿乃教以推贤进士，无乃与仆私心剌谬[61]乎？今虽欲自彫琢，曼[62]辞以自饰，无益，于俗不信，适足取辱耳。要之[63]，死日然后是非乃定。书不能悉[64]意，略陈固陋。谨再拜。

注释

⑹乡党：同一个乡里之人。⑹剌（là）谬：违背。⑹曼：美。⑹要之：总之。⑹悉：详尽。

译文

而且，背负重罪的处境是很不容易安生的，地位卑贱的人往往受到别人的毁谤非议。我因为进言而遭受这样的灾难，更为家乡的人所嘲笑，以至于使先人受辱，我还有什么脸面再到父母的坟前去呢？即便百世之后，耻辱也只会更加深重罢了！所以，我忧思难当，整日愁肠百转，平日在家精神恍惚，若有所失，出门也不知到什么地方去好。每当我想起遭受的这种耻辱，总是大汗淋漓、沾湿衣襟！我居然成了一名宫闱之臣，难道还能再退居山林过隐居生活吗？因此，我暂且随俗沉浮，与世俗周旋敷衍，以顺适自己的“狂”和“惑”。如今您居然教导我举荐贤士，这岂非与我内心的想法相违背？现在即便我想美化自己，以美好的言辞来开脱自己，也不会有什么益处，在世俗人中是不能获得信赖的，反倒招惹屈辱。总之，盖棺才能断定是非。这封信也不能充分表明出我的用意，只是稍略地叙述一下我短浅的见识。谨再拜。

过秦论上

贾　谊

秦孝公据殽、函之固，拥雍州之地，君臣固守，以窥周室。有席卷天下、包举宇内、囊括四海之意，并吞八荒之心。当是时也，商君佐之，内立法度，务耕织，修守战之具；外连衡而斗诸侯。于是秦人拱手而取西河之外。

译文

秦孝公占据着崤山和函谷关的险固地势，拥有雍州肥沃的土地，君臣上下固守着，伺机篡夺周王室的政权。他们怀有席卷天下、征服各国、统一四海的志向和并吞八方的野心。在这个时候，商鞅开始辅佐孝公，对内建立法律制度，发展农业和纺织，整修攻守的装备；对外实行连横政策，使诸侯们自相争斗。于是，秦人毫不费力便取得了黄河以西的大片土地。

孝公既没[①]，惠文、武、昭蒙故业，因遗策，南取汉中，西举巴蜀，东割膏腴之地，收要害之郡。诸侯恐惧，会盟而谋弱秦，不爱珍器、重宝、肥饶之地，以致天下之士，合从缔交，相与为一。当此之时，齐有孟尝，赵有平原，楚有春申，魏有信陵。此四君者，皆明智而忠信，宽厚而爱人，尊贤而重士，约从离横，兼韩、魏、燕、赵、宋、卫、中山之众。于是六国之士，有宁越、徐尚、苏秦、杜赫之属为之谋，齐明、周最、陈轸、召滑、楼缓、翟景、苏厉、乐毅之徒通其意，吴起、孙膑、带佗、兒良、王廖、田忌、廉颇、赵奢之伦制其兵。尝以什倍之地、百万之众，叩关而攻秦。秦人开关而延敌，九国[②]之师遁逃而不敢进。秦无亡矢遗镞[③]之费，而天下诸侯已困矣。于是从散约解，争割地而赂秦。秦有余力而制其弊，追亡逐北，伏尸百万，流血漂橹[4]。因利乘便，宰割天下，分裂河山。强国请服，弱国入朝。施[5]及孝文王、庄襄王，享国之日浅，国家无事。

注释

①没：指死亡。②九国：指魏、韩、赵、燕、楚、齐、宋、卫、中山九国。③镞（zú）：箭头。④橹（lǔ）：盾牌。⑤施（yì）：延续。

译文

秦孝公过世后，惠文王、武王、昭襄王继承祖先的基业，继续推行传统的政策，向南攻占了汉中，向西夺取了巴蜀，向东割取了肥沃的土地，收服了地势险要的州郡。各国诸侯畏惧起来，集会订立盟约，图谋削弱秦国。他们不惜用珍贵的器具、财宝和肥沃的土地来招纳天下的

士人，以合纵策略缔结盟约，互相支持，结为一体。在这一时期，齐国有孟尝君，赵国有平原君，楚国有春申君，魏国有信陵君。这四个人，都英明而有智谋，正直而有信义，宽厚又爱护百姓，尊重且重用贤人。他们相约“合纵”以破坏“连横”，聚合起韩、魏、燕、楚、齐、赵、宋、卫、中山等国的众多人力。这时，六国的士人中，有宁越、徐尚、苏秦、杜赫这一类人出谋划策，有齐明、周最、陈轸、召滑、楼缓、翟景、苏厉、乐毅等外交家往来沟通意见，有吴起、孙膑、带佗、兒良、王廖、田忌、廉颇、赵奢等一批人率领军队。他们曾经以十

倍于秦的土地和上百万的大军，直攻秦国的函谷关。秦国人开关迎敌，九国军队退的退、逃的逃，不敢前进。秦国没有一支箭、一个箭头的损失，可是天下的诸侯已经窘迫不堪了。于是“合纵”失败了，盟约瓦解，各诸侯国争着割地贿赂秦国。秦国有了充分的力量，利用诸侯的弱点去制伏他们，追逐败逃的敌人，百万士兵横尸于路上，流的血多得可使大盾牌漂浮起来。秦国便凭借有利的条件，趁着大好时机，割取天下土地，分裂各国山河。这样，强国恳求归附，弱国则到秦国朝拜。延续到孝文王、庄襄王的时候，由于他们在位的时间太短，秦国没有发生什么大事。

及至始皇，奋六世⑥之余烈，振长策而御宇内，吞二周而亡诸侯，履至尊而制六合⑦，执敲朴⑧以鞭笞天下，威振⑨四海。南取百越之地，以为桂林、象郡，百越之君俛首系颈，委命下吏。乃使蒙恬北筑长城而守藩篱，却匈奴七百余里，胡人不敢南下而牧马，士不敢弯弓而报怨。于是废先王之道，燔百家之言，以愚黔首。隳名城，杀豪俊，收天下之兵聚之咸阳，销锋鍉⑩，铸以为金人⑪十二，以弱天下之民。然后践华为城，因河为池，据亿丈之城，临不测之溪以为固。良将劲弩，守要害之处，信臣精卒，陈利兵而谁何。天下已定，始皇之心，自以为关中之固，金城千里，子孙帝王万世之业也。始皇既没，余威震于殊俗。

注释

⑥六世：指秦孝公、秦惠文王、秦武王、秦昭襄王、秦孝文王、秦庄襄王六代君主。⑦六合：天地四方，用来指天下。⑧敲朴：棍棒。短的称“敲”，长的称“朴”。⑨振：通“震”。⑩鍉（dí）：通“镝”，箭头。⑪金人：指铜人。

译文

到了秦始皇的时候，他发展六代祖先遗留下来的功业，挥动长鞭以武力统治天下，吞并东、西二周，灭掉了各诸侯国，登上了皇帝宝座，统治着上下四方，用酷刑镇压天下人民，声威震动四海。他向南攻取了百越的土地，设立桂林郡和象郡。百越的君主低着头，脖子上系着绳子，听命于秦朝小吏。秦始皇还派蒙恬在北方修建长城并坚守这道屏障，使匈奴退却七百多里，使匈奴人不敢南下牧马，勇士不敢张弓来报仇。秦始皇接着废除了古代帝王的治世之道，焚毁了诸子百家的著作，让百姓变得愚笨无知。他毁坏著名的城池，杀死豪杰俊才，收缴天下的兵器，将之集中到咸阳，销熔锋刃和箭头，铸成十二个铜人，以削弱天下百姓的力量。然后，他以华山为城墙，以黄河为城壕，上据亿丈之高的城墙，下临深不可测的护城河，使它们成为坚固的屏障。良将手持强劲的弓弩，守卫着要害的地方；信赖的大臣、精锐的士兵拿着锐利的武器，盘问过往行人。天下已经平定，秦始皇的心里认为自己占据了地势险要的关中，城郭如铜墙铁壁，已完成了子子孙孙称帝称王的万世不败伟业了。秦始皇去世后，他的余威仍然威震着边远地区。

然而陈涉，瓮牖绳枢之子，氓隶之人，而迁徙之徒也，材能不及中庸，非有仲尼、墨翟之贤，陶朱、猗顿之富，蹑足行伍之间，俛起阡陌之中，率罢弊之卒，将数百之众，转而攻秦。斩木为兵，揭竿为旗，天下云集而响应，赢[12]粮而景从，山东豪俊遂并起而亡秦族矣。

注释

⑫赢：担负，肩挑。

译文

然而，陈涉这个用瓦盆当窗，用绳子系门枢的穷人，是个没有土地的农民，而且是被征发去守边的士卒。论才能，他比不上一般人，没有孔子、墨翟那样的贤能，没有陶朱、猗顿那样的财富，只是夹杂在戍边的队伍中，在村野中起事，率领几百名疲倦不堪的士兵，却转过矛头向秦朝进攻。他们砍断树木当兵器，举起竹竿做旗帜，天下百姓像云彩一样聚集，像回声一样附和而起，农民们自己背着粮食如影随形地跟着。崤山以东的豪杰壮士便一同行动起来，推翻了秦朝的统治。

且夫天下非小弱也，雍州之地，殽、函之固，自若也；陈涉之位，不尊于齐、楚、燕、赵、韩、魏、宋、卫、中山之君也；锄櫌⑬、棘矜⑭，不铦⑮于钩、戟、长铩⑯也；谪戍之众，非抗于九国之师也；深谋远虑，行军用兵之道，非及曩时⑰之士也，然而成败异变，功业相反。试使山东之国与陈涉度长絜大，比权量力，则不可同年而语矣。然秦以区区之地，致万乘之权，招八州而朝同列，百有余年矣。然后以六合为家，殽、函为宫。一夫作难而七庙⑱隳⑲，身死人手，为天下笑者，何也？仁义不施，而攻守之势异也。

注释

⑬櫌（yōu）：使土地平整的一种农具。⑭棘矜：棘木棍。⑮铦（xiān）：锋利。⑯铩（shā）：大矛。⑰曩（nǎng）时：以前。⑱七庙：天子的宗庙。古代制度规定天子宗庙需奉祀七代祖先，故称七庙。⑲隳：毁坏。

译文

况且，秦国的力量原本并不微弱，雍州的地势，崤山、函谷关的险要，还是以前那样；陈涉的地位并不比齐、楚、燕、赵、韩、魏、宋、卫、中山等国的君主尊贵；锄、耙和木棍并不比钩、戟和长矛锋锐；被征调去戍边的士卒，也抵不上九国军队的强大；他们深谋远虑、指挥作战的本事，也比不上从前六国的谋士们，然而结果却发生了异常的变化，功业与所具备的才智相反。如果叫崤山以东的诸侯国和陈涉比较一下权势，那差距就更大了。秦国依靠它很小的一块地盘，夺取了帝王的权力，使其他八州的诸侯来朝拜，已经有一百多年了。然后，秦国以天下为一家，把崤山、函谷关当作自己的内宫。可是一个平常人发难，秦朝就灭亡了，国君也死在别人手里，成为天下的笑料。这是什么缘故呢？这正是因为不施行仁义，所以攻守的形势不同了。

论贵粟疏

晁　错

圣王在上而民不冻饥者，非能耕而食之，织而衣[①]之也，为开其资财之道也。故尧、禹有九年之水，汤有七年之旱，而国无捐瘠者，以畜[②]积多而备先具也。今海内为一，土地人民之众不避[③]禹、汤，加以亡天灾数年之水旱，而畜积未及者，何也？地有余利，民有余力，生谷之土未尽垦，山泽之利未尽出也，游食之民[④]未尽归农也。民贫，则奸邪生。贫生于不足，不足生于不农，不农则不地着[⑤]，不地著则离乡轻家。民如鸟兽，虽有高城、深池、严法、重刑，犹不能禁也。

夫寒之于衣，不待轻暖；饥之于食，不待甘旨[⑥]；饥寒至身，不顾廉耻。人情，一日不再食则饥，终岁不制衣则寒。夫腹饥不得食，肤寒不得衣，虽慈母不能保其子，君安能以有其民哉！明主知其然也，故务[⑦]民于农桑，薄赋敛，广畜积，以实仓廪，备水旱，故民可得而有也。

民者，在上所以牧[⑧]之。趋利如水走下，四方无择也。夫珠玉金银，饥不可食，寒不可衣，然而众贵之者，以上用之故也。其为物轻微易藏，在于把握，可以周海内[⑨]而亡饥寒之患。此令臣轻背其主，而民易去其乡，盗贼有所劝，亡逃者得轻资[⑩]也。粟米布帛，生于地，长于时，聚于力，非可一日成也。数石[⑪]之重，中人弗胜，不为奸邪所利，一日弗得而饥寒至。是故明君贵五谷而贱金玉。

注释

①衣（yì）：用作动词，给人衣穿。②畜：通“蓄（xù）”，储藏，积聚。③不避：不让，不亚于。④游食之民：游荡不事生产的人。⑤地着（zhuó）：附着于故土。着，附着，固定。⑥甘旨：味道鲜美。⑦务：

使……致力。⑧牧：养，引申为统治、管理。⑨周海内：走遍全国。⑩轻资：轻便易带的财物。⑪石：古代重量单位。

译文

圣明的君主在位时，百姓没有受冻挨饿的，并不是因为君主能亲自种粮养活百姓，亲自织布给百姓衣服穿，而是因为他能为天下百姓开辟生财之道。因此即使唐尧、夏禹时期连续九年发生过水灾，商汤时期连续七年发生过旱灾，国内也没有饿死或饿瘦的，这是因为国家储存充足而事先做了准备。如今全国统一，国土之大百姓之多并不亚于夏禹、商汤的时候，再加上没有连续多年的水灾、旱灾，而国家的储存却不如禹、汤的时候，这是为什么呢？这是因为土地还有潜力没被开发，百姓还有余力没有发挥，能长谷物的土地没有完全开垦，山林湖泊中的物产没有全部开发，游手好闲的人还没有全部回乡务农。百姓贫穷，奸诈邪恶的事情就会发生。贫穷是因为不富足，不富足是因为不务农，不务农就不会在一块土地上定居下来，不定居就会轻易背井离乡。百姓们像鸟兽一样四处奔散，即便有高大的城墙、深险的护城河、严厉的法令、残酷的刑罚，还是不能禁止他们。

人在寒冷的时候，不会等到有又轻又暖和的衣服才去穿；人在饥饿的时候，不会有了甜美的食物才去吃；人在饥寒交迫的时候，就顾不上廉耻了。人之常情，一天不吃两顿饭就会饥饿，一年不做衣服就会受冻。肚子饿了没有东西吃，身上寒冷没有衣服穿，即使是慈母也不能保全他的儿子，君主又怎么能保有他的百姓呢？圣明的君主知道这个道理，所以让百姓从事种田养蚕，减轻赋税，大量储备粮食，用来充实粮仓，以防备水旱灾害，因此就能获得民心而拥有人民。

百姓如何，全在于君主用什么方法管理他们。百姓追逐利益，就像水总是往低处流一样，是不会选择东西南北的。珠玉金银，饥饿的时候不能吃，寒冷的时候不能穿，然而大家认为它们珍贵，这是因为君主重用它们的缘故。珠玉金银这类东西轻便微小便于收藏，拿在手里，可以周游全国而不会有饥寒的担忧。这可以使臣子轻易背叛他的君主，百姓轻易离开他的家乡，盗贼得到助长，逃亡在外的人有了轻便易于携带的资财。粮食和布匹的原料，生长在土地里，要按季节成长，又要花一定的人力，不是一天就可以长成的。几石重的粮食，中等力量的人不能扛得动，因此它不被奸诈邪恶的人所贪图。然而一天没有粮食，饥寒之忧立刻就要到了。所以圣明的君主看重五谷而轻视金玉。

今农夫五口之家，其服役者不下二人，其能耕者不过百亩，百亩之收不过百石。春耕，夏耘，秋获，冬藏，伐薪樵，治官府，给徭役⑫。春不得避风尘，夏不得避暑热，秋不得避阴雨，冬不得避寒冻，四时之间无日休息。又私自送往迎来，吊死问疾，养孤长幼在其中。勤苦如此，尚复被水旱之灾，急政暴虐，赋敛不时⑬，朝令而暮改。当其有者半贾而卖，亡者取倍称之息⑭，于是有卖田宅、鬻子孙以偿债者矣。而商贾大者积贮倍息，小者坐列贩卖，操其奇赢⑮，日游都市，乘上之急，所卖必倍。故其男不耕耘，女不蚕织，衣必文采，食必粱肉，亡农夫之苦，有阡陌⑯之得。因其富厚，交通王侯，力过吏势，以利相倾⑰，千里游敖，冠盖相望，乘坚策肥，履丝曳缟⑱。此商人所以兼并农人、农人所以流亡者也。今法律贱商人，商人已富贵矣；尊农夫，农夫已贫贱矣。故俗之所贵，主之所贱也；吏之所卑，法之所尊也。上下相反，好恶乖迕⑲，而欲国富法立，不可得也。

注释

⑫给徭役：供给徭役。⑬不时：不按时节，即经常、随时的意思。⑭倍称（chèn）之息：加倍的利息。⑮赢：赢利，余财。⑯阡（qiān）陌：田界。东西向称“阡”，南北向称“陌”。⑰相倾：互相竞争。⑱曳（yè）缟（gǎo）：披着丝绸衣服。曳，披着，穿着。缟，一种精致洁白的丝织品，这里指精致的绸衣。⑲乖迕（wǔ）：相违背。

译文

现在五口的农民之家，去服役的不少于两人，能耕种的田地不超过一百亩。百亩田地的收成不超过一百石粮食。春天耕种，夏天锄草，秋天收获，冬天储藏，还要伐木砍柴，修缮官府的房屋，供给徭役。春天不能避风尘，夏天不能避暑热，秋天不能避阴雨，冬天不能避寒冻，一年四季没有一天可以休息。此外还有私人之间的交际往来，吊祭死者，探望病人，赡养孤老，养育幼儿。如此辛勤劳苦，还要遭受水旱之灾，官府的急征暴敛，随时征收赋税，早上下的命令晚上就更改。当农民有粮食的时候，只能半价出售；当没有粮食时，只好以加倍的利息去借贷。于是有卖田宅、卖子孙来还债的事情。而那些商人，大的囤积货物，赚取成倍利益，小的开设店铺，牟取利润，每天在都市里闲逛，乘官府急需，所卖货物的价格必定加倍。所以商人中男的不种田地，女的不养蚕织布，穿的一定是华丽的衣服，吃的一定是细粮和肉，他们没有农民的劳苦，却有田地的收成。商人凭借他们的富厚钱财，结交王侯，势力大过朝廷委派的官吏，利用资产相互倾轧，四处遨游，冠服和车盖相望不绝，乘着坚固的车，骑着壮实的马，脚穿丝鞋，身披绢制的长衣。这就是商人兼并农民、农民破产流亡的原因。如今的法律虽然轻贱商人，然而商人已经富贵了；法律尊重农民，然而农民已经贫贱了。因此世俗所看重的，正是君主所轻贱的；官吏所轻贱的，正是法律所尊贵的。朝廷和世俗的想法相反，好恶颠倒，而想要国家兴盛、法律有效，这是不可能的。

方今之务，莫若使民务农而已矣。欲民务农，在于贵粟。贵粟之道，在于使民以粟为赏罚。今募天下入粟县官[20]，得以拜爵，得以除罪。如此，富人有爵，农民有钱，粟有所渫[21]。夫能入粟以受爵，皆有余者也。取于有余，以供上用，则贫民之赋可损，所谓损有余、补不足，令出而民利者也。顺于民心，所补者三：一曰主用足，二曰民赋少，三曰劝农功。今令民有车骑马一匹者，复卒[22]三人。车骑者，天下武备也，故为复卒。神农之教曰：“有石城十仞，汤池[23]百步，带甲百万，而亡粟，弗能守也。”以是观之，粟者，王者大用，政之本务。令民入粟受爵至五大夫以上，乃复一人耳，此其与骑马之功相去远矣。爵者，上之所擅[24]，出于口而无穷；粟者，民之所种，生于地而不乏。夫得高爵与免罪，人之所甚欲也。使天下人入粟于边，以受爵免罪，不过三岁，塞下[25]之粟必多矣。

注释

⑳入粟县官：向官府交纳粮食。㉑渫（xiè）：分散，疏通。㉒复卒：免除兵役。复，免除。㉓汤池：指充溢沸水的护城河。㉔擅：专有。㉕塞下：边地，边塞这里指长城一带。

译文

当今的迫切任务，没有比使百姓务农更重要的了。想要百姓务农，关键在于是使粮食的价格高，提高粮食价格的办法，在于让百姓可以用粮食来求得奖赏和免罚。现在募集天下人交粮给官府，交粮就可以得到爵位，或是减免罪行。这样做之后，富人可以得到爵位，农民可以得到钱财，粮食也能得到分散。能够用粮食交纳官府得到爵位的人，都是资财富裕的人。从富人那里索取粮食供朝廷使用，那么贫苦农民的赋税就能降低，这就是人们所说的“损有余补不足”的办法。此令一出，百姓就能得到好处。它符合了人民的心愿，有三个好处：一是君主需用的物资充足，二是农民的赋税减少，三是鼓励人们务农。现在下令规定，能出一匹战马的百姓，可以免除他家中三个人的兵役。战马是国家战备所用的，因此可以替人免除兵役。神农氏曾训导说：“即使石头砌成的城墙有十仞高，充溢沸水的护城河有一百步宽，全副武装的士兵有一百万，但没有粮食，还是守不住城。”由此看来，粮食是国君最重要的物资，是国家政务的根本所在。让百姓交纳粮食得到爵位，封到五大夫爵以上，才能免去一个人的兵役，这与献给国家一匹战马的功用相比相差太远了。赐封爵位，是君主专有的权力，只要君主开口，就能够无穷无尽地封给百姓；粮食，是农民耕种的，生长在土地里并且不会缺乏。得到高的爵位和赎免罪行，是人们非常希望的事情。假如全国百姓都向政府交纳粮食用于边塞，以此来获得爵位或者赎免罪行，那么不超过三年，边塞的军粮必定会充足起来。

前出师表

诸葛亮

臣亮言：先帝创业未半而中道崩殂[1]。今天下三分，益州疲敝[2]，此诚危急存亡之秋也。然侍卫之臣不懈于内，忠志之士忘身于外者，盖追先帝之殊遇，欲报之于陛下也。诚宜开张圣听，以光先帝遗德，恢宏志士之气，不宜妄自菲薄，引喻失义，以塞忠谏之路也。宫中府中，俱为一体，陟罚臧否[3]，不宜异同。若有作奸犯科及为忠善者，宜付有司论其刑赏，以昭陛下平明之治，不宜偏私，使内外异法也。

注释

①殂（cú）：死亡。②疲敝：疲乏，衰败。③陟罚臧（zāng）否（pǐ）：赏善罚恶。陟，升迁。臧，善。否，恶。

译文

臣诸葛亮上表进言：先帝开创大业未到一半而中途去世，现在天下三分，我们蜀汉国力薄弱，处境艰难，这实在是到了关系到国家存亡的危急时刻了。然而朝中侍卫大臣丝毫不放松懈怠，忠诚有志的将士在外舍生忘死，这是因为他们追念先帝对他们的知遇之恩，想要在陛下身上有所报答啊。陛下的确应该广泛听取意见，弘扬先帝遗留下来的美德，激发将士们的志气，不应该轻易轻视自己，言谈不当，从而阻塞忠臣劝谏的道路。皇宫中和官员府中本是一个整体，对他们的升迁、惩罚、表扬、批评不应该有所区别。假如有人作奸犯科，或有人尽心做事，都应该将他们交给负责管理的部门加以处罚或奖赏，以显示陛下公平而英明的治理，不应该有偏护，使宫中、府中有不同的赏罚办法。

侍中[4]、侍郎[5]郭攸之、费祎、董允等，此皆良实，志虑忠纯，是以先帝简拔以遗陛下。愚以为宫中之事，事无大小，悉以咨之，然后施行，必能裨补阙漏，有所广益。将军向宠，性行淑均，晓畅军事，试用于昔日，先帝称之曰能，是以众议举宠以为督[6]。愚以为营中[7]之事，事无大小，悉以咨之，必能使行阵和穆，优劣得所也。亲贤臣，远小人，此先汉所以兴隆也；亲小人，远贤臣，此后汉所以倾颓也。先帝在时，每与臣论此事，未尝不叹息痛恨于桓、灵也。侍中、尚书[8]、长史[9]、参军[10]，此悉贞亮死节之臣也，愿陛下亲之信之，则汉室之隆，可计日而待也。

注释

④侍中：官名，皇帝的侍从顾问。⑤侍郎：官名，皇帝的近侍，又称黄门侍郎。⑥督：中部督。⑦营中：指军队。⑧尚书：协助皇帝处理政务的官员。⑨长（zhǎng）史：丞相、三公府中辅助管理政务的官员。⑩参军：汉末至南北朝丞相及诸王府内的重要幕僚。

译文

侍中、侍郎郭攸之、费祎、董允等人，都是忠良笃实的人，善良诚实，忠诚专一，因此先帝把他们挑选出来，留下来辅佐陛下。我认为宫廷中的事务，不管大小，都要去跟他们商谈，然后施行，就一定能补救缺点和疏忽之处，获取更大的成效。将军向宠，和善公正，通晓军事，从前被任用，先帝赞扬他能干，因此大家推荐他担任中部督。我觉得军营中的大小事情，都应去征求他的意见，那一定可以使军队内部协调一致，不同才能的人各得其所。亲近贤臣，疏远小人，这就是西汉兴盛发达的缘故；亲近小人，疏远贤臣，这就是东汉覆亡衰败的缘故。先帝健在时，每当跟我谈到这些事情，没有一次不对桓帝、灵帝的所作所为感到惋惜和痛心的。侍中郭攸之、尚书陈震、长史张裔、参军蒋琬，这都是坚贞忠诚、能以身报国的大臣，但愿陛下亲近、信赖他们，那么汉朝王室的兴盛，就指日可待了。

臣本布衣⑪，躬耕于南阳，苟全性命于乱世，不求闻达于诸侯。先帝不以臣卑鄙⑫，猥自枉屈，三顾臣于草庐之中，谘臣以当世之事，由是感激，遂许先帝以驱驰。后值倾覆，受任于败军之际，奉命于危难之间，尔来二十有一年矣。先帝知臣谨慎，故临崩寄臣以大事也。受命以来，夙夜忧叹，恐托付不效，以伤先帝之明，故五月渡泸，深入不毛。今南方已定，兵甲已足，当奖帅三军，北定中原，庶竭驽钝，攘除奸凶，兴复汉室，还于旧都⑬。此臣之所以报先帝，而忠陛下之职分也。至于斟酌损益，进尽忠言，则攸之、祎、允之任也。愿陛下托臣以讨贼兴复之效，不效，则治臣之罪，以告先帝之灵。若无兴德之言，则责攸之、祎、允之咎，以彰其慢。陛下亦宜自谋，以咨诹⑭善道，察纳雅言，深追先帝遗诏，臣不胜受恩感激。今当远离，临表涕零，不知所云。

注释

⑪布衣：百姓。⑫卑鄙：卑贱浅陋。⑬旧都：指东汉时期的都城洛阳。⑭咨诹（zōu）：询问。

译文

我本来是个平民百姓，在南阳耕田种地，只想在乱世中苟且保全性命，不希求在诸侯中间显身扬名。先帝不介意我出身低微，学识浅陋，自降身份，三次到草庐中来拜访我，向我咨询当今的大事，故此我深为感动，于是答应为先帝奔走效劳。后来遭遇军事失利，在战败之际我接受了重任，在危难的时刻奉行使命，从那时以来已经有二十一年了。先帝知道我做事谨慎，因此临终时把国家大事委托给我。自我接受遗命以来，日夜担忧叹息，唯恐托付的事情不能办好，从而有损先帝的英明。所以我五月率兵渡过泸水，深入草木不生的荒凉之地。如今南方已经平定，武器盔甲都已经备足，应当奖励并统领全军，北上平定中原。但愿能竭尽我的平庸才能，清除奸诈凶恶的曹魏，复兴汉朝王室，回到原来的国都。这是我用来报答先帝、向陛下尽忠心的职责本分。至于对政事的斟酌办理，掌握分寸，提出忠直诚恳的建议，那就是郭攸之、费祎、董允等人的职责了。但愿陛下把征讨曹贼、复兴汉室的任务托付给我，假如不见成效，那就治我的罪，以告慰先帝的在天之灵。假如缺少发扬圣德的言论，就要追究郭攸之、费祎、董允等人的过失，彰明他们的懈怠。陛下自己也应多加考虑国家大事，征求正确的意见，审察采纳正直的进言，深切追思先帝的遗诏。这样我对陛下的恩德就感恩不尽了。我如今就要离朝远征，流着泪写下这篇文章，不知道自己说了些什么话。

陈情表[1]

李　密

臣密言：臣以险衅[2]，夙遭闵凶[3]。生孩六月，慈父见背[4]；行年四岁，舅夺母志[5]。祖母刘，愍[6]臣孤弱，躬亲[7]抚养。臣少多疾病，九岁不行[8]，零丁孤苦，至于成立[9]。既无叔伯，终鲜[10]兄弟。门衰祚[11]薄，晚有儿息[12]。外无期功强近之亲[13]，内无应门五尺之童，茕茕[14]孑立，形影相吊[15]。而刘夙婴[16]疾病，常在床蓐，臣侍汤药，未尝废离[17]。

注释

①《陈情表》：选自《文选》卷三十七，也称《陈情事表》。表，古代章奏的一种，为臣子上书给帝王的一种文书。作者李密，字令伯，三国时期为武阳（今四川省眉山市彭山区）人。李密曾在蜀国任尚书郎，曾出使吴国。晋武帝立太子，召他为太子洗马，李密写《陈情表》以辞。晋武帝给李密奴婢二人，并予赡养祖母的费用。祖母死后，李密出为河内温县令，有政绩。②险衅（xìn）：此指坎坷多难的命运。③夙遭闵凶：很小的时候就遭遇了不幸。夙，早。闵，通“悯”，忧愁。凶，此处指不幸之事。④慈父见背：慈父弃我而逝。犹言“弃我”。见，指代性副词。背，背弃，这里指去世。⑤舅夺母志：舅父逼母改嫁。志，古时妇女夫死不嫁为“守志”。⑥愍：怜悯。⑦躬亲：亲身。⑧不行：不能行走。⑨成立：成人自立。⑩鲜：少，这里指没有。⑪祚（zuò）：福。⑫儿息：儿子。息，儿女，子女。⑬期（jī）功强近之亲：指比较近的亲属。古代以亲属关系的远近制定服丧长短。期，“期服”的简称，指服丧一年。功，丧服有大小之分，为不同的亲属穿不同的丧服，服丧时间也分九个月、五个月、三个月不等。强近，比较近。⑭茕（qióng）茕：孤立无援的样子。⑮形影相吊：自己的身体和影子互相安慰，形容孤单。吊，安慰。⑯婴：缠绕。⑰废离：废止，离开。

译文

臣李密上言：臣因为命运坎坷，幼年便遭到不幸。出生刚六个月，慈父就去世了；长到四岁时，舅父强迫母亲改嫁。祖母刘氏，怜悯臣孤苦弱小，于是亲自抚养臣。臣从小多病，九岁时还不能走路，孤苦伶仃，直到长大成人。臣既没有叔伯，也没有兄弟，家门衰微，福分浅薄，到很晚才有儿子。外面没有比较亲近的亲戚，家里也没有看管门户的僮仆。孤身一人，只有影子陪伴。而祖母刘氏很久前就身患疾病，常年卧床不起。臣服侍她服用汤药，不曾离开半步。

逮奉圣朝⑱，沐浴清化⑲。前太守臣逵，察臣孝廉⑳；后刺史臣荣，举臣秀才。臣以供养无主，辞不赴命。诏书特下，拜臣郎中，寻㉑蒙国恩，除臣洗马㉒。猥㉓以微贱，当侍东宫㉔，非臣陨首㉕所能上报。臣具以表闻，辞不就职。诏书切峻㉖，责臣逋慢㉗；郡县逼迫，催臣上道；州司临门，急于星火。臣欲奉诏奔驰，则以刘病日笃；欲苟顺私情，则告诉不许㉘。臣之进退，实为狼狈。

注释

⑱圣朝：此处指晋朝。⑲沐浴清化：蒙受清明政治教化。沐浴，比喻蒙受，身受。⑳孝廉：与后文的“秀才”同为汉朝以后选拔人才的科目之一。㉑寻：不久。㉒洗（xiǎn）马：官名，太子的属官。㉓猥：谦辞，指卑微。㉔东宫：太子居处，也以代称太子。㉕陨首：指杀身。陨，掉落。㉖切峻：严厉急切。㉗逋（bū）慢：逃避，怠慢。逋，迟缓，拖延。㉘告诉不许：未被允许告诉，指陈诉衷曲。不许，不被许可。

译文

到了晋朝建立，臣身受清明的政治教化。起先有太守逵推举臣为孝廉，后来刺史荣又推举臣为秀才。臣考虑到祖母无人赡养，谢绝而没有遵命。朝廷便特发布诏书，任命臣为郎中。不久，臣又蒙受国恩，被任命为太子洗马。让像臣这样卑贱的人去服侍太子，这样的恩典实在是我杀身捐躯也无法报答的。对此，臣都用表备述上陈，辞谢不去就职。不料诏书又下，严厉急切，责备臣回避怠慢；郡县长官催促逼迫，令臣马上动身；而州的长官也登门督促，比星火还紧迫。臣想手捧诏书，即刻赶路，但祖母的疾病却日重一日；臣想姑且迁就自己的私情，但未被允许。臣处于进退两难的境地，确实狼狈不堪。

伏惟[29]圣朝以孝治天下，凡在故老，犹蒙矜育[30]，况臣孤苦，特为尤甚。且臣少事伪朝[31]，历职郎署，本图宦达，不矜[32]名节。今臣亡国贱俘，至微至陋，过蒙拔擢[33]，宠命优渥[34]，岂敢盘桓[35]，有所希冀？但以刘日薄西山[36]，气息奄奄[37]，人命危浅[38]，朝不虑夕[39]。臣无祖母，无以至今日；祖母无臣，无以终余年。母孙二人，更相为命[40]，是以区区不能废远[41]。臣密今年四十有四，祖母刘今年九十有六，是臣尽节于陛下之日长，报刘之日短也。乌鸟私情[42]，愿乞终养。

注释

㉙伏惟：伏首自思，为古时奏表中臣对君的尊称。㉚矜育：哀怜抚育。㉛伪朝：指被晋所灭的蜀汉。㉜矜：自尊，自夸。㉝拔擢（zhuó）：提拔。㉞优渥：优厚。渥，厚。㉟盘桓：逗留，辞不赴命。㊱日薄西山：太阳接近西山，意谓太阳将要落山，以比喻刘氏临近死亡。㊲气息奄奄：没有生机生气。㊳危浅：垂危，不能长久。㊴朝不虑夕：早上不能预料晚上的事情，表示危急情形。㊵更相为命：相依为命。㊶废远：废止而远离。㊷乌鸟私情：传乌鸦有反哺（幼鸟喂养老鸟）之举，故以比喻人的孝道。乌鸟，乌鸦。

译文

晋朝是以孝道来治理天下的，但凡故旧老人，都受到朝廷的怜惜赡养。何况臣的孤苦程度更为严重。而且臣年轻时曾在蜀汉做官，供

职于郎官衙署，原来就期望仕途显达，不计较名声节操。如今臣是败亡之国的俘虏，身份卑贱鄙陋，却受到过分的提拔，恩宠优厚，怎么还敢犹豫彷徨，有别的奢求呢？只是由于祖母刘氏已像迫近西山的落日，只剩一缕将断的气息，生命垂危，朝不保夕。没有祖母的抚育，臣也不会有今天；没有臣的侍奉，祖母也就不能安度余生。臣与祖母祖孙二人，此时相依为命，臣正是出于这种内心的恳切之情才无法离开祖母去远行。臣李密今年四十四岁，祖母刘氏今年已九十六岁，所以臣为陛下效劳尽节的时间还长，而报答刘氏的日子已经不长了。所以臣以这种乌鸟反哺的私情，期望陛下能允许臣为祖母养老送终的请求。

臣之辛苦[43]，非独蜀之人士及二州牧伯所见明知，皇天后土[44]，实所共鉴。愿陛下矜悯愚诚，听臣微志。庶刘侥幸，卒[45]保余年，臣生当陨首，死当结草。臣不胜犬马[46]怖惧之情，谨拜表以闻。

注释

㊸辛苦：辛酸苦楚，这里指处境艰难。㊹皇天后土：指天神、地神。㊺卒：终。㊻犬马：谦称，表示自己为犬为马，身份低贱。

译文

臣的辛酸、苦楚，不单为蜀地人士和两州长官看到和了解，着实是皇天后土所共同见证的。希望陛下怜悯臣的愚诚，遂了臣的微薄心愿。或许祖母能侥幸平安寿终，臣活着愿为朝廷捐躯，死后也要结草相报。臣怀着犬马般不胜畏惧的心情，专门写成表章奉闻陛下。

归去来辞

陶渊明

归去来[1]兮！田园将芜，胡不归！既自以心为形役[2]，奚惆怅而独悲！悟已往之不谏[3]，知来者之可追，实迷途其未远，觉今是而昨非。舟摇摇以轻扬[4]，风飘飘而吹衣。问征夫以前路，恨晨光之熹微[5]。乃瞻衡宇[6]，载欣载[7]奔。僮仆欢迎，稚子候门。三径[8]就荒，松菊犹存。携幼入室，有酒盈樽。引壶觞以自酌，眄[9]庭柯以怡颜。倚南窗以寄傲，审容膝[10]之易安。园日涉以成趣，门虽设而常关。策扶老以流憩[11]，时矫首而遐观[12]。云无心以出岫[13]，鸟倦飞而知还。景翳翳[14]以将入，抚孤松而盘桓[15]。

注释

①去来：偏义复词，即去。②心为形役：心灵受形体的奴役。指违背自己的心愿去做官。形，形体。③谏：规劝，挽救。④轻扬：形容船在水面上很轻快地前进。⑤熹（xī）微：光线微弱。熹，通“熙”，光明。⑥衡宇：横木为门的简陋房屋。衡，横。⑦载：又，且，语助词。⑧三径：庭院里的小路。西汉末年，王莽篡夺政权，蒋诩（xǔ）隐居，在院子里的竹林下开了三条小路，只同几名好友往来。⑨眄（miǎn）：斜视。⑩容膝：仅能容纳两膝，形容屋子狭小。⑪流憩（qì）：随时随地休息。⑫遐观：远望。⑬岫（xiù）：山峰。⑭翳（yì）翳：昏暗不明的样子。⑮盘桓：徘徊，流动。

译文

回去吧！田园将要荒芜，为什么还不回去？既然是自己使心灵为形体所奴役，为什么还要惆怅和独自悲伤呢？醒悟了过去的事情再也不能挽回，也知道未来还可以补救。走入迷途还不算太远，已觉察到回家是对的而做官是错的。船儿摇荡着轻快地向前行驶，清风阵阵袭来，吹动我的衣襟。向行人打听前面的道路，遗憾清晨天色还只是微明。终于望见了自家简陋的房门，就高兴地奔跑过去。仆人们欢欢喜喜地出来迎接，年幼的孩子们等候在门旁。院中的小路已经快要荒芜了，松树和菊花还长在那里。牵着孩子的手走进屋里，酒杯中已经斟满了酒。端起酒壶酒杯自斟自饮，观赏庭院中的树木枝条面露微笑。倚靠着南窗寄托自己傲然的情怀，深知这仅能容膝的小屋也可使人安居。每天都在园中散步，自然养成乐趣，庭院虽然有门，却常常关闭着。拄着手杖漫游歇息，不时抬头向远方眺望。白云自由自在地从山峰里飘出，鸟儿飞累了也知道返回。日色昏暗，夕阳西下。我仍抚着孤傲的青松徘徊流连。

归去来兮，请息交以绝游。世与我而相遗[16]，复驾[17]言兮焉求？悦亲戚之情话，乐琴书以消忧。农人告余以春及，将有事于西畴[18]。或命巾车[19]，或棹[20]孤舟。既窈窕以寻壑[21]，亦崎岖而经丘。木欣欣以向荣，泉涓涓而始流。羡万物之得时，感吾生之行休。

已矣乎！寓形宇内复几时，曷不委心任去留？胡为遑遑欲何之？富贵非吾愿，帝乡[22]不可期。怀良辰以孤往，或植杖[23]而耘耔。登东皋[24]以舒啸，临清流而赋诗。聊乘化以归尽，乐夫天命复奚疑！

注释

⑯相遗：相弃。形容自己不合世俗。遗，一作"违"。⑰驾：驾车。⑱畴（chóu）：田地。⑲巾车：有帷幕的车。⑳棹（zhào）：船桨。这里用作动词。㉑壑（hè）：山谷。㉒帝乡：天帝所住的地方，即仙境。㉓植杖：把杖直插在田边。㉔皋（gāo）：水边高地，山岗。

译文

回去吧，让我谢绝与世俗的交游。这世道既然与我的意愿不合，我还驾着车出去追求什么呢？与亲朋好友谈心使我高兴，弹琴读书使我忘记忧愁。农夫们告诉我春天到了，将要去耕种西边的田地。有时我坐着有帷幕的小车，有时我乘着一叶小舟。有时沿着曲折幽深的路途去寻访山谷，有时也经过高低不平的山丘。树木欣欣向荣地生长，泉水涓涓地流淌。我羡慕万物生长正得其时，感叹自己的生命将要走到尽头。

算了吧！寄身于天地之间的时日还能有多少？为什么不顺着自己的心意来决定去留？为什么整天还要这样心神不定地想要追求些什么？富贵不是我的心愿，升入仙界也没有希望。我爱惜这美好的时光，独自出去游玩，把手杖插在田边，去除草培苗，登上东边的山冈放声长啸，面对着清澈的流水吟诵诗篇。姑且顺着自然的变化直到生命的尽头，乐安天命，这还有什么可以疑虑的？

桃花源记

陶渊明

晋太元[1]中，武陵[2]人捕鱼为业。缘[3]溪行，忘路之远近。忽逢桃花林，夹岸数百步，中无杂树，芳草鲜美，落英缤纷。渔人甚异之，复前行，欲穷其林。

注释

①太元：晋孝武帝年号，即376—396年。②武陵：郡名，在今湖南常德。③缘：沿着。

译文

晋朝太元年间，有位以捕鱼为业的武陵人。他沿着溪水行船，忘记走了多远。忽然遇到一片桃花林，在小溪两岸边绵延数百步，其中没有别的树，花草芳香美丽，落花满地皆是。渔人非常诧异。又往前走，想要寻到桃林的尽头。

林尽水源[4]，便得一山。山有小口，仿佛若有光。便舍船，从口入。初极狭，才通人。复行数十步，豁然开朗。土地平旷，屋舍俨然[5]，有良田、美池、桑竹之属，阡陌交通，鸡犬相闻。其中往来种作，男女衣着，悉如外人。黄发[6]垂髫[7]，并怡然自乐。见渔人，乃大惊，问所从来，具答之。便要[8]还家，设酒杀鸡作食。村中闻有此人，咸来问讯。自云先世避秦时乱，率妻子邑人来此绝境[9]，不复出焉，遂与外人间隔。问今是何世，乃不知有汉，无论[10]魏、晋。此人一一为具言，所闻皆叹惋。余人各复延[11]至其家，皆出酒食。停数日，辞去。此中人语云："不足为外人道也。"

注释

④水源：溪水的源头。⑤俨然：整齐的样子。⑥黄发：指老人，老人的头发由黑变白，又会由白转黄。⑦垂髫：儿童头上垂的短发，这里指儿童。⑧要：通“邀”，邀请。⑨绝境：与外界隔绝的地方。⑩无论：更不用说。⑪延：邀请。

译文

桃林的尽头是溪水的发源地，那里有一座山。山上有一个洞口，里面隐约透着光亮，渔夫便离船登岸从洞口进去。起初洞口很狭窄，只能容纳一个人通行。再向前行几十步，觉得忽然明亮开阔了。土地平坦开阔，房屋整齐，有田间小道纵横交错，时而传来鸡鸣狗吠之声。人们往来耕作，男女的衣着装饰都与外面的人相同，老人孩子欢乐而安逸。这里的人看见渔人，非常吃惊，问渔人从哪里而来，渔人都一一作答。人们邀请渔人到家中做客，摆酒杀鸡款待他。村子里的人听说来了一个人，都来打探消息。他们自己说，他们的祖先为了逃避秦朝的祸乱，带着妻子儿女和乡人来到这个与世隔绝的地方，没再出去，于是和外边的人断绝了来往。他们问渔人现在是什么朝代，完全不知道有汉朝，更不必说魏、晋了。渔人把所知道的事情详尽地讲述给他们听，他们听了都感叹不已。其余的人也都相继邀请渔人到他们的家里做客，用酒饭来款待他。渔人住了几天，便告辞离去。临走前，村里人叮咛他说：“这里的情况不值得和外面的人说啊。”

既出，得其船，便扶向路[12]，处处志[13]之。及郡下，诣太守说如此。太守即遣人随其往，寻向所志，遂迷，不复得路。

注释

⑫便扶向路：沿着来时的路。扶，沿着。向路，原来的路。⑬志：做标记。

译文

渔人出来后，找到他的船，就沿着来路回去，一路上处处留下标记。回到郡里，渔人去拜见太守，报告了这些情况。太守立即派人随他前往，寻找前次做的标记，结果却迷失了方向，再也没找到那条路。

南阳⑭刘子骥，高尚士也。闻之，欣然规往⑮，未果，寻病终。后遂无问津⑯者。

注释

⑭南阳：郡名，在今河南南阳。⑮规往：计划前往。⑯问津：询问，访求。津，渡口。

译文

南阳的刘子骥，是一名品德高尚的读书人，听说这件事后，打算亲身去寻访，但没有去成，不久就病死了。后来就再没有想去寻找桃花源的人了。

五柳先生传

陶渊明

先生不知何许人也，亦不详其姓字。宅边有五柳树，因以为号焉。闲静少言，不慕荣利。好读书，不求甚解[①]，每有会意，便欣然忘食。性嗜酒，家贫不能常得。亲旧知其如此，或置酒而招之。造[②]饮辄尽，期[③]在必醉，既醉而退，曾不吝情去留。环堵[④]萧然[⑤]，不蔽风日，短褐[⑥]穿结，箪瓢[⑦]屡空，晏如[⑧]也。常著文章自娱，颇示己志。忘怀得失，以此自终。

赞[⑨]曰：黔娄[⑩]有言："不戚戚[⑪]于贫贱，不汲汲[⑫]于富贵。"其言兹若人之俦[⑬]乎？衔觞赋诗，以乐其志，无怀氏[⑭]之民欤？葛天氏[⑮]之民欤？

注释

①不求甚解：谓读书只求领会要旨，不刻意在字句上花工夫。②造：至，到达。③期：希望。④环堵：房屋的四壁。⑤萧然：空空的样子。⑥短褐：粗布短衣。⑦箪（dān）瓢：指食器和饮器。⑧晏如：安然自得。⑨赞：纪传体史书在人物传记末尾所附的评论文字。⑩黔娄：春秋时鲁国的一个清高名士。⑪戚戚：忧伤悲戚的样子。⑫汲汲：竭力求取。⑬俦（chóu）：类。⑭无怀氏：传说中古代的氏族首领。⑮葛天氏：传说中古代的氏族首领。

译文

先生不知道是什么地方的人，也不清楚他的姓名和表字。他住的房屋旁边有五棵柳树，就以"五柳"为号。他性格恬淡宁静，沉默寡言，不羡慕荣华利禄。他喜好读书，但并不拘泥穿凿，强自为解；每当读书有了心得，便高兴得忘了吃饭。他喜好喝酒，但家里贫穷，不能经常得到酒喝。亲戚朋友知道他这种情况，有时就准备好酒邀请他来喝。他每次到亲朋那儿喝酒，总是一饮而尽，一定大醉方才尽兴；醉了便告辞，从来也不顾惜亲朋诚挚的挽留。他简陋的居室里只有空空荡荡的四面墙壁，不能遮蔽风雨和烈日；粗布短衣上面打了许多补丁，锅瓢碗盏经常是空的，可是他安之若素。他经常写文章来消遣时光，文章中很能表达出自己的志趣。他忘记了世俗的得失，愿意就这样过完一生。

赞语说：黔娄曾这样说过："不为贫贱忧愁，不为富贵奔走。"他说的就是五柳先生这一类人吧！饮酒赋诗，自娱自乐，是无怀氏时代的人呢，还是葛天氏时代的人呢？

北山移文

孔稚珪

钟山[1]之英，草堂之灵，驰烟驿路[2]，勒移山庭[3]。

注释

①钟山：即标题中的北山，今名紫金山，在今江苏南京北面。②驿路：为传递公文而开辟的大道。③山庭：山林庭园。

译文

钟山的英灵，草堂的神明，如烟似云地飞驰在驿路上，把这篇移文刻在山庭。

夫以耿介拔俗之标，潇洒出尘之想，度[4]白雪以方洁，干青云而直上，吾方知之矣。若其亭亭物表，皎皎霞外，芥千金而不盼，屣万乘其如脱，闻凤吹于洛浦[5]，值薪歌于延濑，固亦有焉。岂期终始参差，苍黄[6]反复，泪翟子之悲，恸朱公之哭，乍回迹[7]以心染，或先贞而后黩[8]，何其谬哉！呜呼！尚生[9]不存，仲氏[10]既往，山阿寂寥，千载谁赏？

注释

④度：衡量。⑤闻凤吹于洛浦：在洛水之滨吹笙作凤鸣之声。洛浦，洛

水边。⑥苍黄：青色和黄色，此以染丝可成青、成黄来比喻反复变化。⑦回迹：躲避形迹，指隐居。⑧黩（dú）：污染。⑨尚生：指尚长，也称向长，字子平，东汉隐士。⑩仲氏：指仲长统。

译文

有着耿直磊落、超凡脱俗的风度，纯洁的品格可以和白雪媲美，高尚的志向凌跨云霄的人，才是我所知道的隐士。至于那种卓然挺立于世俗之外，光洁灿烂胜过云霞，视千金如草芥，弃帝位如草鞋，吹笙作凤鸣而游于洛水之滨，在长河畔悠然采薪作歌的人，原本也是有的。但有谁能想到还会有人前后不一，反复无常，让见过白丝的墨翟悲痛得流泪，让途经岔路的杨朱痛哭流涕呢？他们暂时潜迹于山林，但身心早已被世俗所污染，也许有的人开始时还曾洁身自好，但后来也与世俗同流合污了，这些人是何等荒唐可笑啊！唉，隐居不仕的尚生已不在人世，称病不出的仲长统也已死去，山谷寂静冷落，千百年来还会有谁来欣赏呢？

世有周子[11]，俊俗[12]之士，既文既博，亦玄亦史。然而学遁东鲁[13]，习隐南郭[14]，窃吹[15]草堂，滥[16]巾北岳。诱我松桂，欺我云壑。虽假容于江皋，乃缨[17]情于好爵。

注释

⑪周子：指南朝齐的周颙。⑫俊俗：高出一般人。⑬东鲁：指春秋时期鲁国的隐士颜阖。⑭南郭：指南郭子綦（qí）。⑮窃吹：即像南郭先生一样滥竽充数。⑯滥：失实。⑰缨：系。

译文

时下有位周先生，是世俗中的一位俊杰，既有文采，又有渊博的学识，既通晓老庄之道，又通史学。可是他要仿效东鲁颜阖遁世，学习南郭子綦隐居，在草堂滥竽充数，在北山戴着隐士的头巾伪装清高。他诱惑我山中的青松丹桂，欺侮我山中的白云幽壑。他在这座长江岸边的山里装模作样，内心却向往着高官厚禄。

其始至也，将欲排巢父，拉许由[18]，傲百氏[19]，蔑王侯，风情张日，霜气横秋。或叹幽人长往，或怨王孙[20]不游。谈空空于释部，核玄玄于道流。务光何足比，涓子[21]不能俦。

注释

⑱许由：巢父、许由皆唐尧时人，尧曾想把天下让给他们，二人隐居不受。⑲百氏：指诸子百家。⑳王孙：指隐士。㉑涓子：齐人，隐于宕山。

译文

他刚到北山来的时候，其态度之坚定好像要推倒巢父，压垮许由，傲视诸子百家，轻蔑将相王侯，豪情如狂风蔽天盖日，气势似秋霜横扫一切。时而感叹隐士幽人一去不返，时而怨恨公子王孙不来山林交游。整日里讲论四大皆空的佛教经典，研讨玄之又玄的道家学说。就连逃避禅让的务光也不足以和他相比，食术求仙的涓子也不能与他同列。

及其鸣驺[22]入谷，鹤书[23]赴陇，形驰魄散，志变神动。尔乃眉轩席次，袂耸筵上，焚芰制而裂荷衣，抗[24]尘容而走俗状。风云凄其带愤，石泉咽而下怆，望林峦而有失，顾草木而如丧。

注释

㉒驺（zōu）：帝王的骑侍。㉓鹤书：即鹤头书，书体名。古代写诏书常用鹤头字体，所以也称诏书为鹤书。㉔抗：高举，显现出。

译文

等到朝廷的车马前呼后拥进入山谷，天子的诏书送到北山，他便得意忘形，神魂颠倒，马上改变了初衷，心情激动。于是，他在筵席上眉飞色舞，指手举袖，焚毁了隐居时穿的菱衣荷裳，表现出一副庸俗的嘴脸和趋炎附势的举止。风云因为他的离去而哀凄含恨，泉石因为他的出山而呜咽悲怆，遥望林壑峰峦若有所失，四顾百草花木也黯然神伤。

至其纽金章[25]，绾墨绶，跨属城之雄，冠百里之首，张英风于海甸，驰妙誉于浙右。道帙[26]长摈，法筵[27]久埋，敲扑喧嚣犯其虑，牒[28]诉倥偬装其怀。琴歌既断，酒赋无续。常绸缪于结课，每纷纶于折狱。笼张、赵[29]于往图，架卓、鲁[30]于前录。希踪三辅[31]豪，驰声九州牧。使其高霞孤映，明月独举，青松落荫，白云谁侣？磵户摧绝无与归，石径荒凉徒延伫。至于还飙[32]入幕，写雾出楹[33]，蕙帐空兮夜鹤怨，山人去兮晓猿惊。昔闻投簪[34]逸海岸，今见解兰缚尘缨。

注释

㉕金章：铜印。㉖道帙（zhì）：指道家书籍。帙，书的封套。㉗法筵：佛家的讲席。㉘牒：文牒。㉙张、赵：指张敞、赵广汉，二人都曾做过京兆尹，是西汉名臣。㉚卓、鲁：卓指卓茂，东汉人，做过密县县令。鲁指鲁恭，也是东汉人，做过中牟县令。㉛三辅：汉朝将京城附近分成京兆、左冯翊、右扶风，以辅卫京城，合称三辅。㉜还飙（biāo）：旋风。㉝楹：堂前柱。㉞投簪：抛弃冠簪，比喻弃官。簪，连接官帽和头发的用具。

译文

等到他佩着铜印，系着墨绶，管辖一个郡中最大的县，成为威风百里的县令时，英名传扬到东海之滨，美誉远播于浙江右岸。从此道家的典籍被长期抛在一边，论佛说法的讲席则长久尘封埋没。鞭笞拷问的喧嚣干扰着他的思虑，烦冗急迫的文牍堵塞了他的胸怀。抚琴作歌的雅事早已中断，饮酒赋诗的闲情早已不再，日常总为考核官吏的事情所纠缠，在审案断狱中忙忙碌碌。一心想兼有从前张敞、赵广汉过去的政绩，超过卓茂、鲁恭的政绩。希望追随三辅贤豪的足迹，驰名天下。他的离去使我山中的霞光孤单，明月自照，青松空余浓荫，白云有谁为伴？山涧门户已经坍塌败坏，仍不见有人归还；溪流石径一片荒凉，依然空等着斯人归来。旋风卷进了帐幔，云雾从屋柱之间泻出，夜空中的鹤唳好像是怨愤人去帐空，破晓时的猿啼也像是惊诧隐者出山。从前听说有人投簪弃官而逃往海边隐居，如今却看到有人解下隐士的兰佩而戴上俗世的冠缨。

于是南岳献嘲，北陇腾笑，列壑争讥，攒峰竦诮。慨游子之我欺，悲无人以赴吊。故其林惭无尽，涧愧不歇，秋桂遣风，春萝摆月，骋西山[35]之逸议，驰东皋[36]之素谒。

注释

㉟西山：指首阳山。㊱东皋：东面水边的高地，指隐士所居住的地方。

译文

于是引来南山嘲讽，北岭哄笑，条条沟壑争相讥刺，聚集的山峰挺身斥责。既感慨出山远行的人欺骗了自己，又悲伤没有人为此前来慰问。因而山中的林木羞惭不已，溪涧愧悔莫及，桂树不再要秋风传播花香，女萝不再要明月增添春色，西山好像还传播着隐逸者的清议，东皋隐约还传扬着有德者的议论。

今又促装下邑，浪栧[37]上京。虽情投于魏阙[38]，或假步于山扃[39]。岂可使芳杜厚颜，薜荔蒙耻，碧岭再辱，丹崖重滓，尘游躅[40]于蕙路，污渌池[41]以洗耳。宜扃岫幌，掩云关，敛轻雾，藏鸣湍，截来辕于谷口，杜妄辔于郊端。于是丛条瞋胆，叠颖怒魄，或飞柯以折轮，乍低枝而扫迹。请回俗士驾，为君谢逋客。

注释

㊲枻（yì）：桨。㊳魏阙：这里指朝廷。㊴扃（jiōng）：门。㊵游躅（zhuó）：游踪，指隐者的足迹。㊶渌池：清水池。

译文

现在周先生又在县里忙于置办行装，催船赶往京城。虽然他钟情于朝廷，但也许还想借路经过。那么又怎能使杜若厚颜相陪，薜荔蒙受羞耻，碧岭再遭侮辱，丹崖重被玷污，怎么能让芳草路上留下尘世的足迹，让供洗耳的清池受到污染？应该关闭山间的窗帷，紧锁云中的门户，收起飘拂的轻雾，掩藏潺湲的湍流，在山谷口就挡住他的行辕，把乱窜的车马拦在远远的山脚之下。丛生的枝条瞋目而视，繁茂的野草也怒火中烧，忽而高扬枝柯打断车驾的轮毂，突然垂下枝叶来扫除他行过的痕迹。让我们把这俗人的车驾赶回去，为北山之神拒绝这个曾经从山中逃跑的人。

为徐敬业讨武曌檄

骆宾王

伪临朝武氏者，性非和顺，地实寒微。昔充太宗下陈，曾以更衣入侍。洎[①]乎晚节，秽乱春宫。潜隐先帝之私，阴图后房之嬖。入门见嫉[②]，蛾眉不肯让人；掩袖[③]工谗，狐媚偏能惑主。践元后于翚翟[④]，陷吾君于聚麀[⑤]。加以虺[⑥]蜴为心，豺狼成性，近狎邪僻，残害忠良，杀姊屠兄，弑君鸩[⑦]母。人神之所同嫉，天地之所不容。犹复包藏祸心，窥窃神器。君之爱子，幽之于别宫；贼之宗盟，委之以重任。呜呼！霍子孟[⑧]之不作，朱虚侯之已亡。燕啄皇孙[⑨]，知汉祚之将尽；龙漦帝后[⑩]，识夏庭之遽衰。

注释

①洎（jì）：及，到。②入门见嫉：选进后宫的妃嫔，都遭到她的嫉妒。③掩袖：以袖掩面，本为少女害羞之态，此处用来形容武氏矫作以邀宠的心计。④翚（huī）翟（dí）：有彩色羽毛的野鸡。⑤聚麀（yōu）：指两头公鹿共有一头母鹿。⑥虺（huǐ）：毒蛇。⑦鸩（zhèn）：鸟名，羽毛有毒，浸酒饮之即死。⑧霍子孟：即西汉权臣霍光，字子孟。⑨燕啄皇孙：西汉成帝，赵飞燕入宫为皇后，自己无子而嫉妒别人，暗害了许多皇子，使成帝无嗣。⑩龙漦（chí）帝后：传说夏朝有二龙落于宫廷，留下涎沫，夏帝用木盒收藏之。到周厉王末年，涎沫流出，变成黑雾，一个宫女遇上而怀孕，生下一女褒姒。褒姒后为周幽王之妃，周幽王宠爱她，于是废申后及太子，申后的父亲引犬戎入侵，杀死周幽王灭亡西周。此以褒姒喻武则天。

译文

窃居帝位的武氏，不是温和善良之辈，出身实在微寒。从前她只是唐太

宗宫中的一个才人，曾经利用服侍太宗的机会得到宠幸。到了年纪稍大些以后，又不顾伦常与太子关系暧昧。她隐藏太宗对她的宠幸，暗地里图谋在后宫得到专宠。入选的妃嫔一入宫门她就显露嫉妒之心，依靠她的貌美不肯容纳别的宫人。她善使阴谋诡计，巧于谗言，施展媚人的姿色就能把君主迷惑。她窃居了皇后的位置，使我们的君主陷于败坏人伦的境地。再加上她的心如同蛇蝎，生性好似豺狼，亲近奸邪小人，残害忠良之士，杀死姐姐与兄长，谋害君主与母亲，真是让人与鬼神都憎恶不已，为天地所不容。此外，她还包藏祸心，阴谋窃夺帝位，把君主的爱子囚禁在其他宫室，却对自己的宗亲委以重任。唉！像霍光那样辅佐幼主的忠臣不得伸张，像朱虚侯那样诛剿外戚的良将也已没有了。赵飞燕杀害皇子，预示着汉朝将要灭亡，龙涎化为帝后褒姒，意味夏朝就要衰败啊。

敬业[11]，皇唐旧臣，公侯冢子[12]。奉先君之成业，荷本朝之厚恩。宋微子之兴悲，良有以也；袁君山[13]之流涕，岂徒然哉！是用气愤风云，志安社稷。因天下之失望，顺宇内之推心，爰举义旗，以清妖孽。南连百越，北尽三河，铁骑成群，玉轴相接。海陵红粟，仓储之积靡穷；江浦黄旗，匡复之功何远。班声动而北风起，剑气冲而南斗平。喑呜则山岳崩颓，叱咤则风云变色。以此制敌，何敌不摧！以此图功，何功不克！

注释

⑪敬业：即唐朝大臣徐敬业，又名李敬业，唐朝开国功臣徐勣的长孙。⑫冢子：嫡长子。⑬袁君山：即东汉大臣袁安。

译文

徐敬业是大唐的旧臣，公侯的长子。他继承先辈的功业，蒙受本朝的深厚恩德。宋微子过殷墟而感到悲伤，确实有道理；袁安谈到外戚专权而痛哭流涕，哪能没有原因！因此，我们的义气使风云奋激，我们的目的在于使社稷安定。天下百姓对武氏失望，海内民众则对我们怀有希望，于是我们高举正义的旗帜，发誓清除妖孽。向南我们与百越相连，向北我们直抵三河；铁甲骑兵成群结队，玉轴战车远近相接。海陵的粟米，存储堆积在仓库之中，真是无穷无尽；江浦一带遍插黄旗，我们匡扶正义、光复国家的功业的日子还能有多远？战马嘶鸣恰如北风骤起，剑气冲天正似南斗光耀。大军激愤仿佛山岳崩毁坍塌，士卒怒吼犹使风云翻卷变色。利用这样的气势克制敌人，什么样的敌人都能摧败！利用这样的力量建立功业，什么样的功业不能完成！

公等或居汉地，或叶[14]周亲，或膺重寄于话言，或受顾命于宣室[15]。言犹在耳，忠岂忘心！一抔之土未干，六尺之孤[16]何托？倘能转祸为福，送往事居，共立勤王[17]之勋，无废大君之命，凡诸爵赏，同指山河。若其眷恋穷城，徘徊歧路，坐昧先几之兆，必贻后至之诛。请看今日之域中，竟是谁家之天下！

注释

⑭叶（xié）：合乎。⑮宣室：汉朝未央宫前殿正室。⑯六尺之孤：未成年的孤儿，此处指唐中宗李显，当时已被废，软禁在房州。⑰勤王：古代天子有难，臣下起兵救援，叫作勤王。

译文

诸位有的是保有朝廷封地的异姓王侯，有的是唐朝宗室，有的肩负着先帝的亲口重托，有的领受了皇帝的临终遗命。先帝的嘱言还在耳边回响，应有的忠诚又怎能在心中遗忘！先帝新坟的泥土还没有干，他幼小的孤子将托付何人？如果能把祸事变成福泽，慰送先君，辅立幼主，一同树立勤王的功勋，不使先帝的遗命落空，那么一切封爵奖赏，一定会与国家的山河一样重大并且永存。如果还眷恋困窘的孤城，在歧路上徘徊观望犹豫不决，坐在那里白白错过事先显露的吉祥征兆，那就一定会因错失时机招致惩罚。请看现今究竟是谁家天下！

滕王阁序

王　勃

南昌[1]故郡，洪都新府。星分翼、轸[2]，地接衡、庐。襟三江而带五湖[3]，控蛮荆而引瓯越[4]。物华天宝，龙光射牛斗之墟[5]；人杰地灵，徐孺[6]下陈蕃之榻。雄州雾列，俊彩星驰。台隍枕夷夏之交，宾主尽东南之美。都督阎公之雅望，棨戟[7]遥临；宇文新州之懿范，襜帷[8]暂驻。十旬休暇，胜友如云，千里逢迎，高朋满座。腾蛟起凤，孟学士之词宗，紫电清霜，王将军之武库。家君作宰[9]，路出名区，童子[10]何知，躬逢胜饯。

注释

①南昌：一作“豫章”。汉朝豫章郡治所南昌（今江西南昌），唐朝改为江南道洪州中都督府治所。②翼、轸（zhěn）：二星宿名。古人用天上二十八星宿的位置来划分地面上相应的区域。③五湖：指太湖、鄱阳湖、青草湖、丹阳湖和洞庭湖。④瓯（ōu）越：泛指今浙江南部及福建一带。⑤牛斗之墟：《晋书·张华传》记载，张华见牛、斗二星之间有紫气，便问精通天象的雷焕，雷焕说这是由于丰城有宝剑的精气上通于天的缘故。丰城属洪城。⑥徐孺：即徐稚，字孺子，南昌人，东汉名士。《后汉书·徐稚传》记载，豫章太守陈蕃素不待客，只有徐稚来才招待，并特为他设一榻，以示尊敬。⑦棨（qǐ）戟：有衣套的戟，用作官吏出行时的仪仗。⑧襜（chān）帷：车的帷幔。⑨家君作宰：指王勃的父亲当时在交趾任职。⑩童子：王勃自指。

译文

南昌是旧时豫章郡的郡治，现在是洪州都督府的所在。它在天上处在翼、轸二星的分野，在地上处在衡山和庐山的连接处。它以三江作衣襟，以五湖为衣带，控制着楚地，连接着瓯越。这个地方汇聚了万物的精华、上天的瑰宝，宝剑的光芒直冲牛、斗二星；这里人杰地灵，徐稚就曾经使太守陈蕃为他特设卧榻。雄伟的洪州，房屋罗列，远远望去就像一片云雾；优秀的人才，个个出色，就像众多流星闪烁飞过。城池位于中原和蛮夷交界的地方，宾主都是东南一带的优秀人物。都督阎公名望很高，带着仪仗远道而来；宇文大人堪称新州楷模，赴任途中在此短暂停留。这天正当旬休的日子，良友云集，共同迎接远道而来的宾客，高朋满座。蛟龙腾飞、彩凤起舞，这是文坛领袖孟学士的文采；紫电闪光、青霜耀眼，这是三军统帅王将军的韬略。家父远任交趾县宰，曾途经这座名城；在下年少无知，有幸参加如此盛大的宴会。

时维九月，序属三秋。潦水尽而寒潭清，烟光凝而暮山紫。俨骖騑[11]于上路，访风景于崇阿。临帝子[12]之长洲，得仙人之旧馆。层峦耸翠，上出重霄，飞阁流丹，下临无地。鹤汀凫渚[13]，穷岛屿之萦回，桂殿兰宫，列冈峦之体势。披绣闼，俯雕甍[14]，山原旷其盈视，川泽盱其骇瞩[15]。闾阎扑地，钟鸣鼎食[16]之家；舸舰迷津，青雀黄龙之轴[17]。虹销雨霁[18]，彩彻云衢。落霞与孤鹜齐飞，秋水共长天一色。渔舟唱晚，响穷彭蠡之滨；雁阵惊寒，声断衡阳之浦。

遥吟俯畅，逸兴遄[19]飞。爽籁[20]发而清风生，纤歌凝而白云遏。睢园[21]绿竹，气凌彭泽[22]之樽；邺水[23]朱华，光照临川[24]之笔。四美具，二难并。穷睇眄[25]于中天，极娱游于暇日。天高地迥，觉宇宙之无穷；兴尽悲来，识盈虚之有数。望长安于日下，指吴会[26]于云间。地势极而南溟深，天柱高而北辰远。关山难越，谁悲失路之人？萍水相逢，尽是他乡之客。怀帝阍[27]而不见，奉宣室以何年？

注释

⑪骖（cān）騑（fēi）：驾车的马，左称骖，右称騑。⑫帝子：指滕王李元婴。⑬渚（zhǔ）：小洲。⑭甍（méng）：屋脊。⑮骇瞩：看了感到吃惊。⑯钟鸣鼎食：古时贵族吃饭要奏乐列鼎，所以它常用来指富贵人家。⑰轴：船。⑱霁（jì）：雨雪停止。⑲遄（chuán）：急速。⑳籁：箫管一类乐器。㉑睢（suī）园：汉梁孝王在睢水旁修建的竹园，他常与文人在此聚会。㉒彭泽：指东晋诗人陶渊明，他曾做过彭泽令。㉓邺水：邺是曹魏兴起的地方，曹氏父子常在此招集文人聚会。当时诗人经常写到这里的荷花，如曹植《公宴诗》“朱华冒绿池”。㉔临川：指南朝诗人谢灵运，他曾做过临川内史。㉕睇（dì）眄（miǎn）：斜视，这里作目光上下左右浏览讲。㉖吴会：指今苏州。㉗帝阍（hūn）：原是传说中天帝的守门人，这里指朝廷。

译文

时值九月，秋高气爽。地上的积水已经干涸，深潭清澈凄寒，天空凝聚着霞光，夕照中能望见紫色的山峦。车马走在高高的山路上，在崇山峻岭间探寻风景。来到皇子昔日游玩的长洲，登上仙人驻足的旧宫。层层山峦泛着绿色，耸立在云霄上；阁道凌空丹漆彩饰流动欲滴，向下看不到地面。白鹤栖息在岸边，野鸭聚集在沙洲，岛屿萦回曲折；桂木做梁的殿堂，木兰做柱的宫室，迎合着山峦起伏。推开华丽的阁门，俯视雕刻的屋脊，将山峰平原尽收眼底，江河湖泊的迂曲令人惊奇。楼宇住宅遍地排列，都是钟鸣鼎食的人家；大船巨舰填满渡口，都是绘有青雀黄龙的大船。云雾消散，雨后放晴，阳光明亮，天空广阔。落霞跟孤雁一起飞翔，秋水跟万里长空连成一片。渔舟上的歌声，一直传到彭蠡湖畔；雁群在寒夜发出的惊叫，回荡在衡山南面的水滨。

远望山川，吟咏诗赋，俯视下方，胸怀舒畅，豪情兴致又勃然而生。排箫的声音引来徐徐清风，柔缓的歌声吸引了飘荡的白云。今日盛宴如同当年睢园竹荫之会，人们的酒兴超过了陶渊明；这场景让人想起那邺都公宴吟咏水中荷花的诗歌，人们的文采跟谢临川一样光芒四射。良辰、美景、赏心、乐事四美俱全，贤主和嘉宾两者难以齐全。纵目向天空四周远望，乘着闲暇尽情娱乐游逛。天高地远，让人感到宇宙没有穷尽；游兴尽了，悲伤涌来，我才知道人生在世贵贱贫富都是有定数的。遥望夕阳西下之处的长安，指点云雾缭绕中的吴会。地势极远，南海极深，天柱极高，北斗极远。关山难越，谁为怀才不遇的人悲伤？萍水相逢，都是羁旅异乡的客人。怀念朝廷，却不能觐见，什么时候才能像贾谊那样在宣室殿中接受召见呢？

呜呼！时运不齐，命途多舛[28]。冯唐[29]易老，李广[30]难封。屈贾谊[31]于长沙，非无圣主，窜梁鸿[32]于海曲，岂乏明时？所赖君子安贫，达人知命。老当益壮，宁知白首之心？穷且益坚，不坠青云之志。酌贪泉[33]而觉爽，处涸辙[34]以犹欢。北海虽赊，扶摇可接；东隅[35]已逝，桑榆[36]非晚。孟尝[37]高洁，空怀报国之心；阮籍[38]猖狂，岂效穷途之哭？

勃，三尺微命，一介书生。无路请缨，等终军[39]之弱冠，有怀投笔[40]，慕宗悫[41]之长风。舍簪笏于百龄[42]，奉晨昏[43]于万里。非谢家之宝树[44]，接孟氏之芳邻[45]。他日趋庭，叨陪鲤对，今晨捧袂，喜托龙门。杨意不逢，抚凌云而自惜，锺期既遇，奏流水以何惭？

注释

㉘舛：错乱，不顺。㉙冯唐：西汉人，有才干而不受重用，到老了还是个职位很低的官。㉚李广：西汉名将，但终身未得封侯。㉛贾谊：西汉著名政论家，曾任博士、太中大夫，后贬为长沙王太傅。㉜梁鸿：东汉人，因受汉章帝猜忌，曾隐名埋姓于齐鲁一带。㉝贪泉：传说广州有贪泉，人喝了会贪婪。㉞涸辙：干涸的车辙。《庄子·外物》有一则寓言说，一条鱼在涸辙里奄奄待毙，哀求过路人给一瓢水，而那人却说要引西江水来救它。鱼便说，那就只好到卖鱼干的地方找它了。鱼处涸辙比喻处境困难。㉟东隅（yú）：东方日出的地方。㊱桑榆：指日落时余光照在桑树和榆树顶梢，比喻黄昏。㊲孟尝：东汉时的一名贤能的官吏。㊳阮籍：魏晋时名士，“竹林七贤”之一。㊴终军：西汉人。二十多岁时曾请缨抓回南越王。㊵投笔：指弃文从武。《后汉书·班超传》说班超先在官府抄文书，后掷笔于地，要“立功异域，以取封侯”。㊶宗悫（què）：南朝宋人，年轻时有“愿乘长风破万里浪”的志向。㊷百龄：百年，一生。㊸晨昏：古代礼节规定早晚向父母请安。㊹谢家之宝树：东晋谢安曾称其侄谢玄是“吾家之宝树”。见《晋书·谢安传》。㊺孟氏之芳邻：传说孟母为了找好邻居曾三次搬家，以使孟子有个好的成长环境。

译文

唉！时运不顺，仕途坎坷。冯唐到老还只是职位很低的郎官，李广军功显赫而不得封侯。贾谊受屈，贬往长沙，并非因为没有英明的君主；梁鸿遇祸，逃到海边，难道因为没有政治清明的时代？只不过君子能够预料未来的动向，通达的人乐天知命。年老了应当意志更加坚强，人们岂知白发人的雄心壮志？穷困时应当更加坚定信心，绝不失掉远大的目标。即使喝了贪泉的水，只会感到清爽；即使落到涸辙之鲋那样的处境，仍然心情乐观。北海虽然遥远，乘着风也能达到；早晨已经逝去，珍惜黄昏还为时未晚。孟尝品行高洁，白白怀着报国的忠心；阮籍这样疯狂，我怎么会效法他穷途末路时的哭泣？

我王勃地位卑微，只是一介书生。到了终军一样的青春年华，却没有报国的机会；有心投笔从戎，怀着宗悫那样乘风破浪的宏伟抱负。我已抛弃了一生的功名，到万里外去朝夕尽孝。虽然没有谢家玉树的才学，却能结交孟母那样的好邻居。来日见到父亲，我要学习孔鲤那样聆听教诲；今晨拜谒阎公，我非常高兴如同登上龙门。司马相如没有遇到杨得意前，只能捧着赋自我叹惜；伯牙既然遇到钟子期这样的知音，弹奏一曲高山流水又有什么不可以的？

呜呼！胜地不常，盛筵难再。兰亭已矣，梓泽丘墟。临别赠言，幸承恩于伟饯；登高作赋，是所望于群公。敢竭鄙诚，恭疏短引。一言均赋，四韵俱成。

滕王高阁临江渚，佩玉鸣鸾罢歌舞。
画栋朝飞南浦云，朱帘暮卷西山雨。
闲云潭影日悠悠，物换星移几度秋。
阁中帝子今何在？槛外长江空自流。

译文

唉！名胜之地不能常游，盛大的宴会难以再遇。兰亭聚会已经过去了，梓泽也成了一堆废墟。临近分别时写下这篇赠言，承蒙受邀参加这次盛大的宴会；登上高处吟诗作赋，这是仰仗诸位大人的诗才。在下不揣冒昧竭尽诚意，恭敬地写下一篇短序。每人分到一个韵字，写一首诗，四韵八句就写成了。

滕王高阁临江渚，佩玉鸣鸾罢歌舞。
画栋朝飞南浦云，朱帘暮卷西山雨。
闲云潭影日悠悠，物换星移几度秋。
阁中帝子今何在？槛外长江空自流。

与韩荆州书

李　白

白闻天下谈士[①]相聚而言曰："生不用封万户侯[②]，但愿一识韩荆州[③]。"何令人之景慕一至于此！岂不以周公[④]之风，躬吐握[⑤]之事，使海内豪俊，奔走而归之，一登龙门[⑥]，则声价十倍！所以龙蟠凤逸之士[⑦]，皆欲收名定价于君侯[⑧]。君侯不以富贵而骄之、寒贱而忽之，则三千之中有毛遂[⑨]，使白得颖脱而出[⑩]，即其人焉。

注释

①谈士：谈论世事的士人。②万户侯：有食邑万户的诸侯。汉朝制度，列侯食邑，大者万户，小者五六百户。③韩荆州：韩朝宗，唐朝政治人物，任官时喜欢提拔后进。古时用某人任官的地方来称呼，以示尊重。④周公：周文王之子姬旦，辅助武王灭纣，建立周王朝，封于鲁。武王死，成王年幼，周公摄政。⑤吐握：吐哺和握发的省略说法。《史记·鲁周公世家》记载说，周公"一沐三捉发，一饭三吐哺（bǔ），起以待士，犹恐失天下之贤人"。说明他对荐拔人才十分尽心，对人才极为尊重，后人常用吐哺握发代荐拔人才之事。⑥登龙门：传说鲤鱼跃龙门，就会变化成龙，故用龙门比喻德高望重的人。得其接引，而提高声誉，叫作登龙门。⑦龙蟠（pán）凤逸之士：像龙那样盘踞未起，凤那样飞逸高渺。意指那些志趣高洁，等待时机，不轻易出来应世的奇逸非凡的才士。⑧君侯：古时候称列侯为君侯。唐朝时刺史一类的官，位置相当于列侯，所以也以君侯尊称。⑨毛遂：战国时期平原君的食客，最初不被平原君所知。后来，赵国派平原君出使楚国谈判，毛遂自荐随行，并对这次谈判做出了决定性的贡献。⑩颖脱而出：毛遂向平原君自荐随行时，平

原君表示不信任他的才能。说“贤士之处世也，譬若锥之处囊中，其未立见”。意即在平原君的门下，毛遂从来未有所表现。毛遂回答说：“臣乃今日请处囊中耳。使遂蚤得处囊中，乃颖脱而出，非特其未见而已。”颖，锋端。

译文

我听到天下喜欢议论的读书人相聚时总会说：“人生在世不一定要封作万户侯，但愿能够结识一下韩荆州。”您怎么令人景仰爱慕到这种程度呢？还不是因为您有周公的风范，亲身力行“吐哺”“握发”那样的作风，才使得天下的豪杰才俊之士，都愿意前来投奔在您的门下；就好像鲤鱼一旦跃过龙门，身价便陡然大增。所以，那些才华饱学之士都渴望在您那里得到名声，得到您的评价。您既不因为自己地位尊贵而傲视他们，也不因为他们的寒酸贫贱而轻视他们，那么在您的三千门客之中，必然会有毛遂，假如给我展示才华的机会，我就是您的“毛遂”了。

白，陇西布衣，流落楚、汉⑪。十五好剑术，遍干⑫诸侯；三十成文章，历抵卿相。虽长不满七尺，而心雄⑬万夫。皆王公大人⑭许与气义。此畴曩⑮心迹，安敢不尽于君侯哉！君侯制作侔⑯神明，德行动天地，笔参造化⑰，学究天人⑱。幸愿开张心颜⑲，不以长揖⑳见拒。必若接之以高宴，纵之以清谈，请日试万言，倚马可待㉑。今天下以君侯为文章之司命，人物之权衡㉒，一经品题㉓，便作佳士。而今君侯何惜阶前盈尺之地㉔，不使白扬眉吐气、激昂青云耶？

注释

⑪楚、汉：春秋战国时，楚国的中心地域，位于汉水流域，即今湖北一带。⑫干：求，此处为谒见的意思。⑬雄：超过。⑭王公大人：泛指高

级官僚。⑮畴曩（nǎng）：往昔。⑯制作侔（móu）：制作，此处指建功立业，后面的“制作”指文章。侔，相等。⑰造化：制造，化育。⑱天人：天道与人事的深微处。⑲开张心颜：即开心张颜，意思是和颜悦色，真诚相待。⑳长揖（yī）：古代宾主以平等身份相见之礼。㉑倚马可待：比喻文思敏捷。典出《世说新语·文学》，东晋桓温北征，因立即要写一份文书，唤袁宏起草。袁宏倚在马前，手不停笔，一下就写了七张纸，又快又好。㉒权衡：称量用具。权，秤锤。衡，秤杆，引申为衡量的标准。㉓品题：品评人物，定其高下。㉔盈尺之地：满一尺之地，言其小。

译文

我是陇西的平民，流落楚汉之地。十五岁爱好剑术，到处谒见地方的长官；三十岁时精通了写文章，屡次拜访过公卿相国。我身高虽不足七尺，却有超越万夫的雄心。王公大臣都赞许我的节操和义气。这是我从前的思想和行迹，怎能不全部向您倾吐呢！您的功绩可与神明相比，德行感动天地，文章合造化之功，学识穷天人之理。但愿您能敞开胸怀，舒展容颜，不因为我只肯拱手相见而拒绝我的谒见。假若能待我以盛大的筵席，容我高谈阔论，那么我请以日作万言来测试，我想我是可以在很短的时间内完成的。如今，天下人都把您看作是品评文章的权威，只要得到您的称赞，那么这个人马上就会成为德才兼备的优秀人才，您又何必舍不得阶前一尺的地方，不让我李白扬眉吐气，壮志凌云呢？

昔王子师[25]为豫州，未下车[26]即辟荀慈明，既下车又辟孔文举[27]。山涛[28]作冀州，甄拔三十余人，或为侍中[29]、尚书[30]，先代所美。而君侯亦一荐严协律[31]，入为秘书郎[32]，中间崔宗之[33]、房习祖、黎昕、许莹[34]之徒，或以才名见知，或以清白见赏。白每观其衔恩抚躬[35]，忠义奋发，白以此感激，知君侯推赤心于诸贤之腹中[36]，所以不归他人而愿委身[37]国士。傥急难有用，敢效微躯[38]。

注释

㉕王子师：即王允，字子师，东汉灵帝时任豫州刺史，东汉献帝时任司徒、尚书令，后与吕布谋诛杀董卓，不久被董卓部将李傕、郭汜所杀。㉖未下车：这里指未到任，下句“既下车”意思是上任后。㉗孔文举：孔融，东汉名士，与另一名士祢衡友善。汉献帝时为北海相，立学校，后为太中大夫，因声望过高，并反对曹操，被曹操所杀。㉘山涛：字巨源，西晋名士，“竹林七贤”之一，曾任冀州刺史。冀州原本风俗薄劣，人才之间不互相推崇。山涛甄拔隐沦，搜访贤才，旌表了三十余人，均能显名当时，从而改变了冀州的薄俗。㉙侍中：官名，汉朝为加官，在皇帝左右侍应杂事，于后汉权力逐渐增大，到南北朝以后，实际上就是宰相，唐朝时一度为左相。㉚尚书：官名，隋唐置尚书省，下设吏、户、礼、兵、刑、工六部，六部长官为尚书。㉛严协律：据说即严武，但史记并没有记载他做过协律郎。㉜秘书郎：官名，掌管图书经籍。㉝崔宗之：唐朝官员，名成辅，袭封齐国公，历任左司郎中等职，李白重要交友之一，杜甫在《饮诗中八仙歌》称之为潇洒美少年。㉞房习祖、黎昕、许莹：事迹皆不详。㉟抚躬：省察自己。㊱推赤心于诸贤之腹中：谓以至诚对待贤人。㊲委身：把身家性命托付出去。㊳敢效微躯：愿意贡献微贱之身。

译文

以前，王允在豫州做刺史，还没到任就征用了荀爽，到任后又聘用了孔融；山涛任冀州刺史时，选拔了三十多人，有的被任命为侍中，有的被任命为尚书，这都是古人称赞的美事。您也曾推荐过严武做秘书郎，又引荐过崔宗之、房习祖、黎昕、许莹等人，他们或者因为才华出众而为您所知，或者因为品行高洁而为您所赏识，我常常看到他们感谢您的恩德，确实是发自肺腑，而后这感激之情又变成了忠义之心，更加奋发图强。我也时常因此而感动，知道您对这些贤人是赤诚相待的，这就是我不去依附他人，而愿意把自己托付给您的原因，倘若您在危难之中有需要我的地方，我愿意贡献出我微薄的力量。

且人非尧、舜[39]，谁能尽善？白谟猷筹画[40]，安能自矜[41]？至于制作[42]，积成卷轴[43]，则欲尘秽视听[44]，恐雕虫小技[45]，不合大人。若赐观刍荛[46]，请给纸笔，兼之书人，然后退扫闲轩[47]，缮[48]写呈上。庶青萍、结绿[49]，长价于薛[50]、卞[51]之门。幸推下流，大开奖饰[52]，唯君侯图之。

注释

㊴尧、舜：上古帝王，此处指圣人。㊵谟（mó）猷（yóu）筹画：谋划打算。㊶矜：矜持。此处为自负才能之意。㊷制作：此处指诗文创作。㊸卷轴：古代在纸或帛上写作诗文，然后卷在轴上，就是一卷。㊹尘秽视听：玷污了您的耳目，此乃请别人看自己文章的自谦之辞。㊺雕虫小技：微不足道的技能，此指诗赋作文。㊻刍荛（ráo）：原义割草、采薪者，多指草野之民，此指自己诗文，自谦不佳。㊼轩：小屋。㊽缮：誊抄。㊾青萍、结绿：宝剑、美玉。㊿薛：指薛烛，春秋时期越国人，善相剑。(51)卞：指卞和，春秋时期楚国人，善相玉。(52)奖饰：称誉。

译文

而且，一般人并非尧、舜那样的圣人，谁能尽善尽美？在运筹策划方面，我哪敢妄自尊大？至于写诗撰文，我倒是积累了一些卷轴，想烦劳您过目。只恐这些雕虫小技不能受到您的赏识。如若您愿意给山野之人一个机会，那么，请赐给我纸笔，我将退而扫洒闲舍，仔细誊抄，呈献给您，以便这些诗赋像青萍宝剑和结绿宝石一样，能在薛烛、卞和的举荐下提升价值。我这个地位低下的人希望能得到您的推举和褒扬，请君侯加以考虑！

陋室铭

刘禹锡

山不在高，有仙则名；水不在深，有龙则灵。斯是陋室，唯吾德馨[1]。苔痕上阶绿，草色入帘青。谈笑有鸿儒[2]，往来无白丁[3]。可以调[4]素琴，阅金经[5]。无丝竹[6]之乱耳，无案牍[7]之劳形[8]。南阳诸葛庐[9]，西蜀子云亭[10]。孔子云："何陋之有？"

注释

①馨（xīn）：芳香。②鸿儒：大儒。③白丁：无功名的平民。这里指无知识的俗人。④调（tiáo）：抚弄。⑤金经：指用泥金颜料书写的佛教或道教经文。⑥丝竹：泛指各种音乐。⑦案牍（dú）：公文案卷。这里是泛指官署公务。⑧形：指身体。⑨诸葛庐：汉末诸葛亮隐居南阳郡的邓县隆中（今湖北襄阳西），住的是茅庐。后来，他辅佐刘备，建立了蜀汉政权，形成三国鼎立的局势。⑩子云亭：子云，汉代学者扬雄的字。扬雄是蜀郡成都人，曾在成都专心著述《太玄经》，名其住室为"草玄亭"。

译文

山不在于高，有了神仙就会有名气；水不在于深，有了龙就会显示威灵。这是一间简陋的小屋，只因我的美德而远近闻名。碧绿的苔藓爬上台阶，青翠的草色映入窗帘。在屋内谈笑的是学问渊博的儒者，往来的没有知识浅薄的俗人。可以弹奏素雅的古琴，安静地阅览佛经。这里既没有嘈杂的音乐扰乱听觉，也没有案卷公文劳累身心。南阳有诸葛亮的草庐，西蜀有扬子云的玄亭。孔子说："这有什么简陋的呢？"

阿房宫赋

杜　牧

六王毕[1]，四海一[2]，蜀山兀，阿房出。覆压[3]三百余里，隔离天日。骊山[4]北构而西折，直走咸阳[5]。二川溶溶，流入宫墙。五步一楼，十步一阁，廊腰缦回，檐牙高啄，各抱地势，钩心斗角[6]。盘盘焉，囷囷[7]焉，蜂房水涡[8]，矗不知其几千万落。长桥卧波，未云何龙？复道[9]行空，不霁何虹？高低冥迷，不知西东。歌台暖响，春光融融，舞殿冷袖，风雨凄凄。一日之内，一宫之间，而气候不齐。

注释

①毕：完毕。这里指战国时期六国统治的结束。②四海一：统一全国。一，统一。③覆压：覆盖。④骊山：山名，在今陕西临潼东南。⑤咸阳：秦都，在今陕西咸阳东。⑥钩心斗角：建筑向中心集中，互相争雄斗

势。⑦囷（qūn）囷：曲折回旋的样子。⑧蜂房水涡：建筑如蜂房般密集，其布局如水涡般曲折回旋。⑨复道：楼阁之间往复的通道。

译文

六国灭亡，天下一统；蜀山上树木砍伐一空，阿房宫才得以建成。阿房宫占地三百多里，宫殿高耸，遮天蔽日。它从骊山北起建，一直向西延伸，直到咸阳。渭水、樊川两河波光荡漾，流入了宫墙之中。五步一楼，十步一阁。走廊如绸带蜿蜒曲折，檐角突起，好像一只只鸟儿在高处啄食。楼阁密集依地势起伏，楼阁回廊勾连，飞檐如飞龙。楼阁回环曲折，像蜂房一样密集，套连如旋涡，高高耸立，不知有几千几万座。长桥梁横卧水波之上，没有风起云涌，哪来的游龙？不是雨后初晴，怎么会有彩虹？幽冥迷离，辨不清南北西东。歌台上歌声柔美，似和煦春风；舞殿中长袖清浚，拂动凄雨冷风。一天之内，一宫之中，气候竟然如此不同。

妃嫔媵嫱[10]，王子皇孙，辞楼下殿，辇来于秦，朝歌夜弦，为秦宫人。明星荧荧，开妆镜也；绿云扰扰，梳晓鬟也；渭流涨腻，弃脂水也；烟斜雾横，焚椒兰也；雷霆乍惊，宫车过也；辘辘远听，杳[11]不知其所之也。一肌一容，尽态极妍，缦立[12]远视，而望幸焉。有不得见者，三十六年。燕、赵之收藏[13]，韩、魏之经营，齐、楚之精英，几世几年，取掠其人，倚叠如山。一旦不能有，输来其间。鼎铛玉石，金块珠砾，[14]弃掷逦迤[15]，秦人视之，亦不甚惜。

注释

⑩妃嫔媵（yìng）嫱（qiáng）：指六国的宫妃嫔人。媵，随嫁的宫女。嫔、嫱，宫中的女官。⑪杳：无声无响。⑫缦（màn）立：舒徐而立的样子。⑬收藏：与下文的经营、精英都是指六国搜刮的珍宝。⑭鼎铛（chēng）玉石，金块珠砾：把鼎视为锅，把玉视为石头，把金子看作土块，把珍珠看作沙砾。铛，一种平底浅锅。⑮逦（lǐ）迤（yǐ）：绵延不断的样子，此指不止一处。

译文

六国的嫔妃宫娥、王子王孙，辞别故国的宫殿楼阁，乘车到秦国，清晨歌舞，暮时弹琴，成了秦国宫人。闪闪星光，是她们梳妆的镜子；碧云缭绕，是她们清晨时披散的秀发；渭河中涨起的油腻，是她们丢掉的胭脂水粉；烟雾弥漫，是她们在焚烧椒兰；突然骤起的雷霆，是宫车驶过的声音；车轮声渐渐远去，不知驶往何处。宫女的肌肤容颜各显妩媚娇妍，久久伫立凝视着远方，盼望能得到皇帝的爱宠。有些宫女，三十六年了，连皇帝的面都没见过。燕国、赵国的收藏，韩国、魏国的珍宝，齐国、楚国的精品，都是多少年、多少代靠搜刮各国的百姓而聚敛起来的，堆积如山。一朝国家灭亡，无法再占有这些珍宝，便将它们运到了阿房宫中。神鼎当作铁锅，宝玉当作石头，黄金当成土块，珍珠视为沙砾，随处丢弃，遍地可见。秦人看着，也不觉得可惜。

嗟乎！一人之心，千万人之心也。秦爱纷奢，人亦念其家。奈何取之尽锱铢[16]，用之如泥沙？使负栋之柱，多于南亩之农夫；架梁之椽，多于机上之工女。钉头磷磷，多于在庾[17]之粟粒；瓦缝参差，多于周身之帛缕。直栏横槛，多于九土之城郭；管弦呕哑，多于市人之言语。使天下之人，不敢言而敢怒，独夫之心，日益骄固。戍卒叫[18]，函谷举，楚人[19]一炬，可怜焦土。

注释

⑯锱（zī）铢：古代极小的重量单位，用来比喻轻微。⑰庾：露天的谷仓。⑱戍卒叫：指陈涉吴广起义。二人原被征发戍守渔阳，后在大泽乡起义。⑲楚人：指项羽。

译文

唉！一个人的心，同时也是千万人的心啊。秦始皇奢侈浮华，百姓也顾念自己的家庭。为什么搜刮时颗粒不留，使用起来又像泥沙一样？阿房宫中架梁的柱子，比田里耕种的农夫还多；架梁的椽木，比织布机上的织女还多。梁柱上的钉头比仓库里的谷粒还多；瓦缝参差错落，比衣服上的丝缕还多。栏槛纵横交错，比九州的城郭还多；管弦的声音，比闹市上说话的声音还杂乱。但天下的人敢怒而不敢言，秦始皇的独裁之心，越来越骄横顽固。陈涉振臂一呼，天下纷纷响应，函谷关顿时被攻破，项羽一把大火，把阿房宫化作一片灰烬。

呜呼！灭六国者，六国也，非秦也。族[20]秦者，秦也，非天下也。嗟夫！使六国各爱其人，则足以拒秦。秦复爱六国之人，则递三世，可至万世而为君，谁得而族灭也？秦人不暇自哀，而后人哀之，后人哀之而不鉴之，亦使后人而复哀后人也！

注释

⑳族：灭族，这里指消灭。

译文

唉！灭六国的是六国本身，而不是秦国。灭秦国的是秦国自己，而不是天下的百姓。唉！如果六国能爱护他们的百姓，就完全有能力抵抗秦国的侵略。假使秦始皇也能爱护六国的百姓，那么就能将皇权传到三世，甚至传到万世，谁又能消灭秦国呢？秦人不知道哀叹自己的灭亡，后人替他们哀叹；后人为秦朝的灭亡哀叹而不引以为戒，又要使后来的人再为他们而悲叹了。

获麟解[1]

韩　愈

麟[2]之为灵，昭昭[3]也。咏于《诗》[4]，书于《春秋》[5]，杂出于传记百家之书，虽妇人小子皆知其为祥也。

注释

①解：解说。议论文的一种文体。②麟：麒麟，古代传说中的一种动物。状如鹿，牛尾，狼额，马蹄，腹有五彩。雄为麒，雌为麟。其性柔和。古人把它当作仁兽，作为吉祥的象征。③昭昭：明白。④《诗》：即《诗经》，我国最早的诗歌总集，其中有《周南·麟之趾》篇。⑤《春秋》：鲁哀公十四年（前481年）有“西狩获麟”的记载。

译文

麒麟是一种有灵性的动物，这一点谁都清楚。《诗经》中吟咏它，《春秋》里也有对它的记载，它频频出现在各家传记和诸子百家的书籍中。即便是妇女和小孩，也都晓得它是一种祥瑞之物。

然麟之为物，不畜于家，不恒有于天下。其为形也不类[6]，非若马、牛、犬、豕、豺、狼、麋[7]、鹿然。然则虽有麟，不可知其为麟也。角者，吾知其为牛；鬣[8]者，吾知其为马；犬、豕、豺、狼、麋、鹿，吾知其为犬、豕、豺、狼、麋、鹿，惟麟也不可知。不可知，则其谓之不祥也亦宜。虽然，麟之出，必有圣人在乎位，麟为圣人出也。圣人者，必知麟，麟之果[9]不为不祥也。

注释

⑥类：相似。⑦麋（mí）：也叫“驼鹿”或“犴（hān）”。⑧鬣（liè）：马脖子上的长毛。⑨果：确实，果然。

译文

但是麟这种动物，不是家养的，也不常见于世。它的形状不伦不类，并不像马、牛、狗、猪、豺、狼、麋、鹿一样。所以，即便麒麟在，一般人却往往不知道它就是麒麟。头上有两个角的，我们认得它是牛；颈上有鬣的，我们知道它是马；狗、猪、豺、狼、麋、鹿，我们知道它们是狗、猪、豺、狼、麋、鹿，只有麒麟没有人能辨别出来。既然不认识，那么把它视为不祥之物似乎也可以。虽说如此，麒麟的出现，一定意味着有圣人在位掌权，因为麒麟是为圣人而出现的。圣人肯定是认识麒麟的，麒麟果真不是不祥之物啊。

又曰：麟之所以为麟者，以德不以形。若麟之出不待圣人，则谓之不祥也亦宜。

译文

再说：麒麟之所以是麒麟，是因为它的德行，而不是因为它的外形。倘若麒麟没等圣人在位就贸然出现，那么说它是不祥之物也是可以的。

杂说四

韩　愈

世有伯乐[①]，然后有千里马[②]。千里马常有，而伯乐不常有，故虽有名马，只辱于奴隶人之手，骈死[③]于槽枥之间，不以千里称也。

注释

①伯乐：孙阳，字伯乐，春秋时期秦国人，善相马。伯乐识千里马事，见《战国策·楚策四》《列子·说符》《庄子·马蹄》诸篇，历来作为善于识拔人才的典故。②千里马：指具有日行千里之能的好马。③骈（pián）死：相比连而死。

译文

世上有了伯乐，然后才有千里马。千里马经常有，而伯乐却不常有，所以虽有名马在世，也常常是在庸夫、奴仆厮役的手中受辱，和普通的马一同死在马厩里，不会因为日行千里著称于世。

马之千里者，一食或尽粟一石[④]，食马者[⑤]不知其能千里而食也。是马也，虽有千里之能，食不饱，力不足，才美不外见[⑥]，且欲与常马等不可得，安求其能千里也！

注释

④尽粟一石：吃完一石粟，极言好马食量大。⑤食（sì）马者：饲养马的人。食，通“饲”，喂养。⑥见：通“现”，呈现。

译文

能日行千里的好马，一顿要吃一石粮食，养马的人不知道它能日行千里，按照喂养一般马的方法喂养它。这样的马呀，虽然有日行千里的本领，可是由于吃得不饱，力气不够，以致它的才能和雄姿显现不出来，就是想跟平常的马一样驾车奔跑尚不可能，又如何能要求它日行千里呢？

策⑦之不以其道，食之不能尽其材，鸣之而不能通其意⑧，执策而临之曰："天下无马。"呜呼！其真无马邪？其真不知马也！

注释

⑦策：马鞭，此处用为动词，鞭策，驾驭。⑧不能通其意：不懂马的叫声所代表的意思。

译文

驾驭千里马，不能掌握它的能力脾性；饲养千里马，不能供给它足够的食粮；当它嘶鸣时，又不能理解它的意思，却拿着鞭子对它不满地说："天下没有好马！"唉！是真的没有好马吗？恐怕是人们真的不能识别好马吧！

进学解[1]

韩　愈

国子先生晨入太学[2]，招诸生立馆[3]下，诲之曰："业精于勤，荒于嬉[4]；行成于思，毁于随[5]。方今圣贤[6]相逢，治具[7]毕张，拔去凶邪，登崇俊良[8]。占小善者率以录[9]，名一艺者无不庸[10]。爬罗剔抉[11]，刮垢磨光[12]。盖有幸而获选，孰云多而不扬？[13]诸生业患不能精，无患有司[14]之不明，行患不能成，无患有司之不公。"

注释

①本文作于唐宪宗元和八年（813 年）。文章假托国子先生和生徒的对话，抒发作者有才不被重用，而反遭贬斥的牢骚不平，文章全篇用韵，属于赋体一类。进学，增进学业。②太学：即国子学，是唐朝主管教育的官署和最高学府，隶属国子监。③馆：指学馆。④嬉：玩乐。⑤随：不加思考，随俗因循。⑥圣贤：指圣君贤相。⑦治具：法令。⑧登崇俊良：提拔才德优秀的人。登，升。崇，尊崇。⑨占小善者率以录：凡有一点长处的人，朝廷无不加以录用。率，大都。⑩名一艺者无不庸：精通一种经书而著称于世的人无不任用。庸，任用。⑪爬罗剔抉：搜罗发掘，挑拣选择。爬，搜罗。罗，搜罗。剔，剔除。抉，挑选。⑫刮垢磨光：刮去尘垢，使之光亮，指精心造就人才。刮垢，刮除污垢。磨光，磨研使之光洁。⑬"盖有"二句：只有靠侥幸而被选录的，哪有贤才而不被选用呢？多，贤。扬，提举。⑭有司：官吏。

译文

国子先生清晨走进太学，召集学生们站在讲堂下面，教导他们说：

“学业要靠勤奋才能专精，嬉戏玩乐就会将其荒废；德行要经过反复的深思自省才能有成就，因循随俗就会将其败坏。如今圣主与贤臣相遇，法律政令完善而又注重执行，朝廷能够铲除奸邪的小人，提拔杰出贤能的人士。具有一点好的品行的人都被录取，有一技之长的人也没有不被录用的。朝廷搜罗鉴别人才，刮除蒙在他们身上的污垢，使他们德才发出夺目光辉。只有才德一般而侥幸入选的人，没有德才兼备却不被提拔的人。你们无须顾虑主管部门的人眼目不明，只需考虑自己的德行不能养成，不必担心主管官员不公正。”

言未既[15]，有笑于列者曰：“先生欺余哉！弟子事[16]先生，于兹有年[17]矣。先生口不绝吟于六艺[18]之文，手不停披于百家之编[19]，纪事者必提其要[20]，纂言者必钩其玄[21]。贪多务得，细大不捐[22]。焚膏油以继晷[23]，恒兀兀以穷年[24]。先生之业，可谓勤矣。觝排[25]异端，攘斥[26]佛老，补苴罅漏[27]，张皇幽眇[28]，寻坠绪之茫茫[29]，独旁搜而远绍[30]。障百川而东之[31]，回狂澜于既倒。先生之于儒，可谓劳矣。沉浸醲郁[32]，含英咀华[33]，作为文章，其书满家[34]。上规姚姒[35]，浑浑无涯[36]，周诰殷盘[37]，佶屈聱牙[38]。《春秋》谨严[39]，《左氏》浮夸[40]，《易》奇而法[41]，《诗》正而葩[42]，下逮《庄》《骚》，太史所录[43]，子云、相如[44]，同工异曲。先生之于文，可谓闳其中而肆其外[45]矣。少始知学，勇于敢为，长通于方[46]，左右具宜[47]。先生之于为人，可谓成[48]矣。然而公不见信于人，私不见助于友，跋前踬后[49]，动辄得咎[50]。暂为御史，遂窜南夷。[51]三年博士[52]，冗不见治[53]。命与仇谋[54]，取败几时[55]。冬暖而儿号寒，年丰而妻啼饥，头童齿豁[56]，竟死何裨[57]？不知虑此，反教人为[58]？”

注释

⑮言未既：话没说完。⑯事：侍奉。这里指学生跟老师学习。⑰于兹有年：至今多年。⑱六艺：六经。⑲编：著作。⑳提其要：提炼出其要点。㉑钩其玄：把深奥的道理揭发出来。玄，幽深。㉒捐：弃。㉓晷（guǐ）：日影。㉔穷年：终年。㉕觝（dǐ）排：抵制排斥。㉖攘斥：排斥。㉗罅（xià）漏：裂缝，缺漏。㉘幽眇：深微隐奥之处。㉙茫茫：茫然无头绪的样子。㉚远绍：绍远，指继承古贤的儒学道统。㉛障百川而东之：只有疏导百川，才能使之入海，如作障，则是筑堤堵水，久之必决堤横流。此句以百川东流入海喻指使各派学说都归于儒学正统。障，动词，防堵。㉜沉浸醲（nòng）郁：谓醉心于儒家经典。醲郁，浓郁的香气，这里喻指儒家经典。㉝含英咀华：谓对儒学的精华仔细咀嚼体味。英、华，都是花的意思。这里喻指儒学精华。㉞满家：满屋，形容很多。㉟姚姒：姚，虞舜的姓。姒，夏禹的姓。这里以二姓指《尚书》中的《虞书》和《夏书》。㊱浑浑无涯：广大无边，这里指《虞书》《夏书》内容精深博大。㊲周诰殷盘：周诰指《尚书》中的《周书》，《周书》有《大诰》《康诰》

《酒诰》《召诰》等篇。殷《盘》指《尚书》中的《商书》,《商书》有《盘庚》上中下三篇。㊳佶(jí)屈聱(áo)牙：指文辞艰涩难读。㊴《春秋》谨严：《春秋》记事言简意赅，寓褒贬于一字之中，后人不能增减改易一字，故谓谨严。㊵《左氏》浮夸：谓《左传》记事详赡，有藻饰夸大之处。㊶《易》奇而法：谓《易》取象万物，多奇突变化，但总不脱阴阳变化法则。㊷《诗》正而葩：意谓《诗经》思想纯正，文辞华美。葩，花。这里指华美。㊸太史所录：指司马迁的《史记》。㊹子云、相如：指扬雄和司马相如的著作。㊺肆其外：文辞奔放。㊻方：道理。㊼左右具宜：处处得心应手，处理得当。㊽成：成熟，完备。㊾跋前疐(zhì)后：进退两难。语本《诗经·豳风·狼跋》的“狼跋其胡，载疐其尾”，意思是说狼往前走要踏到颔下的悬肉，后退则被尾巴绊住。跋，踏。疐，绊倒。㊿咎：罪过。51“暂为”二句：韩愈于唐德宗贞元十九年(803年)由监察御史贬为阳山(今广东阳山)令。阳山地处南方荒蛮地区，故称南夷。窜，放逐。52三年博士：韩愈于唐宪宗元和元年(806年)二入国子监为博士，至唐宪宗元和四年(809年)，共三年。53治：治绩。54命与仇谋：命运与仇敌相伴，意谓命运多舛。谋，打交道。55取败几时：屡次受挫。56头童齿豁：头秃齿落。童，山无草木叫童。57裨(bì)：益。58为：语尾助词。

译文

国子先生的话还没说完，队列中有个人笑着说：“先生是在欺骗我们吧。弟子们跟着先生学习，到现在也有很多年了。先生嘴里不停地吟诵六经的文章，手里也不停地翻着诸子百家的著作，记述事情一定要预先写出它的纲领，发表议论一定探究出深藏的事理。您是不厌其多，致力于有所收获，兼收并蓄，博采众家之长。夜以继日，终年劳累。先生治学，真可称得上勤奋啊！您抨击异端邪说，驳斥佛道之说；补正儒学的缺漏，阐发精深微妙的奥秘；探寻已经失传的古代儒学正道，独自钻研和继承先哲的遗教；拦堵众多的河川引导异端邪说东流大海，挽回那泛滥的狂涛使异端邪说复归故道。先生对于发扬儒家的道统，真可谓辛劳。您沉湎陶醉在典籍浓郁的芳香气味中，咀嚼体会名著精湛的内容和文采；您创作文章，书稿摆满了屋子。以上取法《虞书》《夏书》的深远博大，《周诰》《盘庚》的简古艰涩，《春秋》的谨严精当，《左传》的夸饰铺排，《易经》的富有变化而具法则，《诗经》的内容端正且辞藻华美；下面直到《庄子》《离骚》、太史公的《史记》，还有那异曲同工的司马相如和扬雄的辞赋。先生的文章，可以称得上内容宏大、笔触雄奇。您少年刚开始读书时，就敢于大胆实践；长大以后深明大义，行为举止都合情合理。先生的为人，可以说是圆润成熟了。然而仗义为公不能得到人们的信任，在私事上也没有朋友相帮，进退两难，一举一动都受到指责。才当了几天的监察御史，就获罪贬谪到荒远的南方。做了三年的国子博士，闲散的职务表现不出您治国的才干。命运似乎早已和仇敌商定，使您不时遭到挫败摧残。冬天虽然温暖，您的儿女却衣着单薄，不住地喊冷，年成尽管丰收，您的妻子却仍因粮食不足而啼哭。您只落得头秃齿落，到死也难有什么益处。您不知考虑个人的际遇，还要来教导别人也跟着这样做吗？”

先生曰：“吁！子来前！夫大木为杗[59]，细木为桷[60]，欂栌、侏儒[61]，椳、闑、扂、楔[62]，各得其宜，施以成室者，匠氏之工也。玉札、丹砂、赤箭、青芝[63]，牛溲、马勃、败鼓之皮[64]，俱收并蓄，待用无遗者，医师之良也。登明选公[65]，杂进巧拙，纡余[66]为妍，卓荦[67]为杰，校短量长，惟器是适[68]者，宰相之方[69]也。昔者孟轲好辩[70]，孔道以明[71]，辙环天下[72]，卒老于行[73]。荀卿守正[74]，大论是弘[75]，逃谗于楚，废死兰陵。[76]是二儒者[77]，吐辞为经，举足为法，[78]绝类离伦[79]，优入圣域[80]，其遇于世何如也？今先生学虽勤而不由其统[81]，言虽多而不要其中[82]，文虽奇而不济于用，行虽修而不显于众。犹且月费俸钱，岁縻廪粟[83]，子不知耕，妇不知织；乘马从徒[84]，安坐而食，踵常途[85]之役役，窥陈编[86]以盗窃；然而圣主不加诛[87]，宰臣不见斥[88]，非其幸欤！动而得谤，名亦随之[89]。投闲置散，乃分之宜。[90]若夫商财贿之有亡[91]，计班资之崇庳[92]，忘己量之所称[93]，指前人之瑕疵，是所谓诘匠氏之不以杙为楹，而訾医师以昌阳引年，欲进其豨苓也。”

注释

59宊（máng）：房梁。60桷（jué）：椽子。61侏儒：梁上短柱。62楔：竖在门两侧的短木，用以阻止车辆进出。63玉札、丹砂、赤箭、青芝：均为贵重的中药材玉札，玉屑。丹砂，朱砂。赤箭，天麻。青芝，又名龙芝，相传生于泰山。64牛溲（sōu）、马勃、败鼓之皮：均可入药。牛溲，牛尿，一说车前草。马勃，菌类。败鼓之皮，破烂的鼓皮。65登明选公：谓用人明智，选拔公正。登，升，升用。66纡余：缓慢之态。67卓荦（luò）：超绝出众。68惟器是适：意谓根据人的才能合理使用。器，才能，能力。69方：治术。70好辩：孟子为维护儒家学说，同各派进行论战，以申儒道。71孔道以明：孔子的学说因此得以被阐明。72辙环天下：谓周游列国。辙，车辙，车轮痕迹。73卒老于行：终于老死在周游途中。74守正：谓持守儒家之正道。75大论是弘：谓荀子发扬光大了儒家学说。大论，指儒家学说。76“逃谗”二句：有人谗陷荀子，荀子为避谗遂去齐适楚，春申君黄歇任命他为兰陵令。后春申君死，荀子被废，最后死于兰陵。见《史记·孟子荀卿列传》。77二儒者：指孟子和荀子。78“吐辞”二句：孟、荀的言论著作成为后人的经典，他们的行为成为后人的法则。79绝类离伦：超越了一般学者的造诣。80优入圣域：意谓足以进入圣人境界。优，绰绰有余之意。81不由其统：对儒家学说还没系统把握。由，达到。82不要其中：还没有把握住儒家学说的要害。要，求。中，要害。83縻（mí）：通“靡”，耗费。84从徒：有奴仆跟随。85踵（zhǒng）常途：跟着世俗常人行事。常途，平常的道路。86陈编：古籍。87诛：责罚。88斥：指罢免官职。89随之：随之破坏。90“投闲”二句：把我安置在闲散的位置（指为国子博士）上，正是理所当然的。91亡：通“无”。92崇庳（bì）：高低。庳，通卑，低下。93称：相称。

译文

先生说："唉！你到前面来！粗大的木料用来做梁，细小的木料便做成椽，还有那托梁的斗拱、梁上的短柱，门枢、门橛、门闩、竖在门两侧的短木，各自有各自的用处，将其安排得当用以造成房屋，这便是土木工匠技术高明的地方。贵重的地榆朱砂、天麻青芝，粗贱的车前草、马勃菌，还有那破败的鼓皮，全都收存起来，一并蓄积，等到用时就不会缺漏，这便是医者高明的地方。提拔人才能明辨贤愚，选择良士能居心公正，有巧有拙量材使用，沉稳而有修养的是佳士，刚直不阿的是俊才，比较人才的长处和短处，将各种人才都做出合理安排，这就是宰相治国的原则。古代孟子能言善辩，孔子的学说因孟子而得到发展，孔子游历的车辙遍布天下，在奔波之中老去；荀子坚守儒学的正道，孔子的博大理论在他这里得到发扬，因为逃避谗言逃到楚国，最后被免掉了职务，老死在兰陵。这两位儒家学者，他们的言论成为经典，他们的行为便是准则，远远超出了一般人士，出类拔萃，到达了圣贤的境界，然而他们在世上的遭遇又是怎么样的呢？现今先生我学习虽然勤奋，却并没有完全遵循儒学正统；言论著述虽然很多，却不能切中要害；文章虽然奇诡绚丽，却不实用；品行虽然有一定修养，却并未超凡脱俗。如此尚且月月耗费朝廷的俸钱，年年耗费官仓的粟米；儿子不懂耕种，妻子不知纺织；出门乘坐马车，身后有随从，安坐于家中，不劳而得食。我走的是寻常道路，因循拘谨，东挪西抄而毫无创新；然而圣明的君主并不惩罚我，贤能的宰相并不斥逐我，这难道还不够幸运吗？一有行动便受到诽谤，名声也就随之败坏。我被安置到闲散的职务上，这是理所当然的。至于算计利禄财物的有无，较量官位的高低，忘掉自己的能力可以胜任什么职务，一味去指责上级的过失，这好比人们所说的责备工匠不用短小的木橛去做房柱，批评医师用能延年益寿的菖蒲，却让他用利尿导泻的猪苓！"

讳辩

韩愈

愈与李贺[①]书，劝贺举进士。贺举进士有名[②]，与贺争名者毁之，曰："贺父名晋肃，贺不举进士为是，劝之举者为非。"听者不察也，和而倡之，同然一辞。皇甫湜[③]曰："若不明白，子与贺且得罪。"愈曰："然。"

律曰："二名不偏讳[④]。"释之者曰："谓若言'徵'不称'在'、言'在'不称'徵'是也。[⑤]"律曰："不讳嫌名[⑥]。"释之者曰："谓若'禹'与'雨'、'丘'与'蓲'之类是也。[⑦]"今贺父名晋肃，贺举进士，为犯二名律乎？为犯嫌名律乎？父名"晋肃"，子不得举进士。若父名"仁"，子不得为人乎？

注释

①李贺：字长吉，唐朝杰出诗人，十几岁即工诗，得到韩愈、皇甫湜等人的赏识，死时年仅二十七岁。②有名：荐举的名单里有名字。③皇甫湜（shí）：字持正，唐朝文学家，元和进士，官至工部郎中。跟从韩愈学古文。文才敏捷，在古文运动中起过积极作用。④二名不偏讳：名字是两个字时，只讳其中一字。讳，旧时对帝王及尊长不敢称其名，叫避讳。因亦以指所讳者的名字。偏，本作"徧"，普遍，全部。⑤"谓若"句：《礼记·檀弓》记载"二名不偏讳。夫子之母名徵在，言在不称徵，言徵不称在"。⑥嫌名：嫌其与名音相近的字。⑦"谓若"句："禹"与"雨"同音，只讳"禹"而不讳"雨"。禹，远古时代传说中的治水专家，相传受舜禅让而为天子，是夏朝的第一位帝王。"丘"与"蓲"同音，只讳"丘"而不讳"蓲"。丘，孔丘，世称孔子，春秋时期的思想家。

译文

我写信给李贺，劝他参加进士科的考试。李贺若是应考定能考中，但与他争名的人攻击他，说：“李贺的父亲名晋肃，李贺不参加进士科的考试是对的，劝李贺参加科考的人错了。”听的人不加分辨，随声附和，众口一词。皇甫湜说：“如果不把事情讲清楚，你和李贺都要获罪。”我说：“是这样。”

《礼记》说：“两个字的名字不必都避讳。”解释的人说：“比如孔子的母亲名‘徵在’，孔子在说‘徵’时不说‘在’，说‘在’时不说‘徵’，这就属于这种情况。”《礼记》说：“不避讳声音相近的字。”解释的人说：“这就好比‘禹’和‘雨’、‘丘’和‘苣’这一类的字。”现在李贺的父亲名为晋肃，李贺去参加进士考试，是犯了两个字的名字只避讳其中一个字的规定呢？还是犯了不避讳声音相近的字的规定呢？父亲名叫“晋肃”，儿子就不能加进士考试；如果父亲名叫“仁”，儿子就不能做人了吗？

夫讳始于何时？作法制以教天下者，非周公[8]、孔子欤？周公作诗不讳[9]，孔子不偏讳二名[10]，《春秋》不讥不讳嫌名[11]。康王钊之孙，实为昭王[12]。曾参之父名皙，曾子不讳“昔”[13]。周之时有骐期[14]，汉之时有杜度[15]，此其子宜如何讳？将讳其嫌，遂讳其姓乎？将不讳其嫌者乎？汉讳武帝名“彻”为“通”[16]，不闻又讳“车辙”之“辙”为某字也。讳吕后[17]名“雉”为“野鸡”，不闻又讳“治天下”之“治”为某字也。今上章及诏[18]，不闻讳“浒”“势”“秉”“机”[19]也。惟宦官宫妾，乃不敢言“谕”[20]及“机”，以为触犯。士君子立

言行事，宜何所法守也？今考之于经，质之于律，稽之以国家之典，贺举进士为可邪[21]？为不可邪？

注释

⑧周公：姓姬，名旦，西周初年的著名政治家。⑨周公作诗不讳：周公之父周文王名昌，其兄周武王名发，而《诗经》中不讳“昌”“发”二字，如《周颂·臣工之什·雍》有“克昌阙后”，《噫嘻》中有“骏发尔私”等。据孔颖达疏，上引二诗皆作于周公成王之时，但皆非周公所作。韩愈说“周公作诗不讳”，应是推测之词。⑩孔子不偏讳二名：如孔子母名徵在，但《论语·八佾》有“宋不足徵也”，《论语·卫灵公》有“某在斯”。⑪不讥不讳嫌名：不以为犯讳而加讽刺。⑫昭王：周昭王，名瑕，周康王之子（韩愈误记为孙）。“钊”“昭”同音，不为犯讳。⑬曾子不讳“昔”：《论语·泰伯》有“曾子曰：……昔者吾友”。“皙”“昔”同音，曾子不以为犯讳。曾子，名参，孔子弟子。⑭骐（qí）期：春秋时期楚国人。⑮杜度：字伯度，工草书，东汉章帝时的齐相。⑯名“彻”为“通”：汉人为避武帝讳，把“彻”字改为“通”字，把“彻侯”叫“通侯”，改“蒯彻”为“蒯通”之类。⑰吕后：汉高祖刘邦的妻子，名雉。⑱诏：诏书，皇帝的命令。⑲“浒”“势”“秉”“机”：唐高祖李渊的祖父名虎，后追尊为景皇帝，庙号太祖，“虎”与“浒”同音。唐太宗李世民，“世”与“势”同音，李渊的父亲名昞，“昞”与“秉”同音。唐玄宗名隆基，“基”与“机”同音。⑳“谕”：唐代宗名豫，“豫”与“谕”同音。㉑邪：通“耶”，表疑问的语气词，下同。

译文

避讳是从什么时候开始的？制定礼法制度来教化天下百姓的，难道不是周公、孔子吗？周公作诗时不避讳，孔子只避讳两个字的名字中的一个字，《春秋》也不批评那些不避讳读音相近的字的现象。周康王钊的孙子，谥号为昭王；曾参的父名叫“晳”，曾子并不避讳“昔”字。周朝时有个叫骐期的人，汉朝时有个叫杜度的人，他们的儿子应该怎样避讳呢？为了避讳声音相近的字，于是连姓也要避讳吗？还是不避讳声音相近的字？汉朝为了避讳汉武帝的名字，改“彻”为“通”，但没听说有人为了避讳，改车辙的“辙”为其他什么字；为了避讳吕后的名“雉”，就改“雉”为“野鸡”，但没听说有人为了避讳，改“治天下”的“治”为其他什么字。现在上奏章和下诏书，没听说有避讳“浒”“势”“秉”“机”这些字的。只有宦官和宫女才不敢说“谕”字和“机”字，认为说了就是触犯皇帝的名讳。读书人著书做事，应该遵守怎样的礼法呢？现在考证经典，对照律文，查核国家的典章，李贺参加进士考试是可以呢，还是不可以呢？

凡事父母，得如曾参，可以无讥矣。作人得如周公、孔子，亦可以止矣。今世之士，不务[22]行曾参、周公、孔子之行，而讳亲之名则务胜于曾参、周公、孔子，亦见其惑也。夫周公、孔子、曾参，卒[23]不可胜，胜周公、孔子、曾参，乃比于宦官、宫妾。则是宦官、宫妾之孝于其亲，贤[24]于周公、孔子、曾参者邪？

注释

㉒务：致力。㉓卒：终于。㉔贤：超过。

译文

凡是能够像曾参那样侍奉父母的，就无可指责了；做人能够像周公、孔子那样，也可以说是到极点了。现在的读书人，不努力学习曾参、周公、孔子的品行，却在避讳亲人的名字上力求超过曾参、周公、孔子，可见他们的糊涂。周公、孔子、曾参终究是不能超越的，在避讳上超过周公、孔子、曾参，那便是自比于宦官、宫女了。那么，岂不是宦官、宫女对亲人的孝顺，更甚于周公、孔子、曾参吗？

送孟东野序[1]

韩　愈

大凡物不得其平[2]则鸣。草木之无声，风挠之鸣[3]；水之无声，风荡之鸣。其跃也或激[4]之，其趋也或梗[5]之，其沸也或炙[6]之。金石之无声，或击之鸣。人之于言也亦然，有不得已者而后言。其讴[7]也有思[8]，其哭也有怀。凡出乎口而为声者，其皆有弗平者乎！

注释

①本文是孟郊赴溧阳尉任时，韩愈写给他的临别赠言。孟郊，字东野，中唐诗人，韩愈的学生。孟郊一生坎坷，四十六岁始中进士，五十岁出任溧阳尉，仕途不顺，终生贫困。文中表达了对孟郊怀才不遇的同情，对执政者不重用人才的不满，这是一篇为孟郊鸣不平的作品。序，文体名，唐人把送别赠言一类文章称为序。②平：指平衡、公平、安定等。③风挠之鸣：风吹动草木而发声。挠，扰动。④激：阻遏水势。⑤梗：阻塞。⑥炙：烧煮。⑦讴(gē)：同"歌"。⑧思：与下句的"怀"，都指思想感情。

译文

大凡事物处于不平静时，便要发出声音。草木本无声音，被风吹动才发出声音。水本身并没有声音，被风摇荡才发出声音。水浪跳跃，是因为有东西阻遏了水势；水流湍急，是因为有东西塞阻了水道；水波沸腾，是因为有火在烧它。金属和石头本没有声音，受到击打才发出声音。人的言论也是如此，往往到了不得不说时才要表达出来，人们唱歌是因为有所思念，人们痛哭是因为有所怀想。从口里发声的，大概都是有所不平吧！

乐[9]也者，郁[10]于中而泄于外者也，择其善鸣者而假[11]之鸣。金、石、丝、竹、匏、土、革、木[12]八者，物之善鸣者也。维天之于时也亦然，择其善鸣者而假之鸣。是故以鸟鸣春，以雷鸣夏，以虫鸣秋，以风鸣冬。四时之相推敚[13]，其必有不得其平者乎！

注释

⑨乐：音乐。⑩郁：郁结。⑪假：借。⑫金、石、丝、竹、匏（páo）、土、革、木：指古代的各种乐器，即钟镈、磬、琴瑟、箫管、笙竽、埙、鼗（táo）鼓、柷敔（yǔ）等。⑬推敚（duó）：推移变化。

译文

音乐，能将郁结于心的感情抒发出来，选择善于鸣响的东西并且借助它来发声。金、石、丝、竹、匏、土、革、木这八类东西，是器物中善于鸣响的。自然界的四季更替也是这样，选择那些善于鸣响的东西，借助这些东西来发出声音。因此，让鸟来为春天啼唱，让雷为夏天轰响，让虫为秋天鸣叫，让风为冬天呼啸。四季的推移变化，其中必定会有得不到平静的地方吧。

其于人也亦然。人声之精者为言，文辞[14]之于言，又其精也，尤择其善鸣者而假之鸣。其在唐、虞[15]，咎陶[16]、禹，其善鸣者也，而假以鸣。夔[17]弗能以文辞鸣，又自假于《韶》[18]以鸣。夏之时，五子[19]以其歌鸣。伊尹[20]鸣殷，周公鸣周。凡载于《诗》《书》六艺，皆鸣之善者也。周之衰，孔子之徒鸣之，其声大而远。传曰："天将以夫子为木铎[21]。"其弗信矣乎？其末也，庄周以其荒唐之辞[22]鸣。楚，大国也，其亡也，以屈原[23]鸣。臧孙辰[24]、孟轲、荀卿，以道鸣者也。杨朱[25]、墨翟、管夷吾、晏婴、老聃、申不害、韩非、慎到、田骈、邹衍、尸佼、孙武、张仪、苏秦之属，皆以其术鸣。秦之兴，李斯[26]鸣之。汉之时，司马迁、相如、扬雄[27]，最其善鸣者也。其下魏、晋氏，鸣者不及于古，然亦未尝绝也。就其善者，其声清以浮[28]，其节数以急[29]，其辞淫以哀[30]，其志弛以肆[31]，其为言也，乱杂而无章[32]。将天丑其德莫之顾[33]邪？何为乎不鸣其善鸣者也？

注释

⑭文辞：经过修饰的语言，此指文章等作品。⑮唐、虞：分别为尧和舜的国号。⑯咎（gāo）陶（yáo）：亦作皋陶，相传为尧舜时的法官。⑰夔（kuí）：人名，相传是舜时的乐官。⑱《韶》：乐曲名。传说为夔所作。⑲五子：传说为帝启的五个儿子，一说即武观，启的少子。《尚书》载《五子之歌》，为后人伪托。⑳伊尹：名挚，商汤的贤相，曾佐汤灭夏。他曾作《咸有一德》《伊训》《太甲》等文，已佚，《尚书》所载为后人伪托。㉑木铎（duó）：舌为木质的铃。古时发布政令，摇木铎以引起百姓的注意。这里是喻孔子著书立说，其影响如同帝王发布号令。㉒荒唐之辞：指《庄子》一书，原书五十二篇，现存三十三篇。荒唐，广大无边际。㉓屈原：名平，字原，战国时期楚国人，著有《离骚》《九歌》《天问》《哀郢》等诗篇。㉔臧（zāng）孙辰：复姓臧孙，名辰，即臧文仲，春秋时期鲁国大夫，言论见于《国语·鲁语》《左传》。㉕杨朱：字子居，战国时期卫国人。他的著作没有留存下来，其言论散见于《孟子》《庄子》《韩非子》《吕氏春秋》《列子》等书中。㉖李斯：楚国上蔡（今河南上蔡）人，曾任秦丞相，著有《谏逐客书》《仓颉篇》等。㉗扬雄：长于辞赋，著有《羽猎赋》《甘泉赋》《太玄》《法言》等。㉘清以浮：清丽而浮华。㉙数（shuò）以急：细密而急促。数，细密。㉚淫以哀：靡丽而哀婉。淫，靡丽。㉛弛以肆：松弛而放肆。㉜无章：没有章法，没有法度。这里是说不能宣扬儒道。㉝顾：眷顾，顾惜。

译文

对人来说也是如此。人类声音的精华是语言，文辞又是语言的精华，所以，更要选择那些善于辞令的人发表议论。在唐尧、虞舜的时代，咎陶、禹善于文辞，因而，就借助他们来发表议论。夔不能借助文辞来抒发情感，就借演奏《韶》乐来表达。夏朝时，五子用歌声来传达心声。伊尹为商朝发声，周公为周朝发声。凡是在《诗经》《尚书》六艺中记载的诗文，都表达得很好。周朝衰败时，孔子等人就开始发表自己的看法，他们的声音洪亮，文辞传播久远。经传上记载道："上天要让孔子做木铎。"这难道不是真的吗？周朝末年，庄周用他那玄虚的言辞来发表议论。楚国是个大国，到它衰落时，屈原用《楚辞》抒发情感。臧孙辰、孟轲、荀卿是用他们的道来表达观点的。杨朱、墨翟、管夷吾、晏婴、老聃、申不害、韩非、慎到、田骈、邹衍、尸佼、孙武、张仪、苏秦之类的人，都用他们的主张来表达观点。秦朝兴起时，李斯歌颂它。汉朝时，司马迁、司马相如、扬雄，是其中文辞最好的人。其后的魏晋时期，其人的文采赶不上古代，但是表达并没有中断过。就其中文采好的来说，他们的声音清扬而浮华，音节繁密而急促，文辞靡丽而哀忧，心志松弛而放纵，他们表达出来的言论也是杂乱没有章法的。这大概是因为上天厌恶他们的德行而不肯顾全他们吧！为什么不让那些善于表达的人来发声呢？

唐之有天下，陈子昂、苏源明[34]、元结、李白、杜甫、李观，皆以其所能鸣。其存[35]而在下者，孟郊东野始以其诗鸣。其高出魏、晋，不懈而及于古，其他浸淫乎汉氏矣。从吾游者，李翱、张籍其尤也。三子者之鸣信善矣，抑不知天将和其声而使鸣国家之盛邪？抑将穷饿其身、思愁其心肠而使自鸣其不幸邪？三子者之命，则悬乎天矣。其在上也，奚以喜？其在下也，奚以悲？东野之役于江南也，有若不释然者，故吾道其命于天者以解之。

注释

㉞苏源明：字弱夫，武功（今属陕西）人，善文辞，盛名于唐朝天宝年间。㉟存：指活在世上。

译文

唐得天下以来，陈子昂、苏源明、元结、李白、杜甫、李观，都凭借他们各自的才华来表达思想。现在活在世上而且处于下位的善言辞的人，就得说最初用诗来抒发情感的孟东野了。他在诗歌上的成就已经高出了魏晋时期的文人，精妙者已经达到了上古诗歌的水平，其他的作品也接近汉朝的水平了。和我交游的人中，李翱和张籍是最出色的。他们三位的诗文的确是很好的，但不知道上天是要他们声音和谐、共同为国家的昌盛歌颂呢，还是要让他们备受疾苦、内心悲愁而为自身的不幸悲歌呢？他们三人的命运就完全取决于上天了。那么，身居高位的有什么可洋洋自得的呢？地位卑贱的，又有什么可悲愁哀苦的呢？孟东野到江南任职，好像有些难以释然，因此我讲些命运由上天来决定的道理来宽解他。

送李愿归盘谷序

韩　愈

太行之阳有盘谷[1]。盘谷之间，泉甘而土肥，草木蘩茂，居民鲜少。或曰：“谓其环两山之间，故曰盘。”或曰：“是谷也，宅[2]幽而势阻，隐者之所盘旋[3]。”友人李愿居之。

注释

①盘谷：在今河南济源北。②宅：位置。③盘旋：盘桓，逗留。

译文

太行山的南面有个叫盘谷的地方。盘谷之间，泉水甘甜，土地肥沃，草木葱郁茂盛，人烟稀少。有人说：“因为它处于两山环抱之间，所以名为‘盘’。”有人说：“这个山谷，环境幽静而地势险阻，是隐居之人徘徊逗留的地方。”我的朋友李愿就隐居在这里。

愿之言曰：“人之称大丈夫者，我知之矣。利泽施于人，名声昭于时。坐于庙朝[4]，进退百官，而佐天子出令。其在外，则树旗旄[5]，罗弓矢，武夫前呵，从者塞途，供给之人，各执其物，夹道而疾驰。喜有赏，怒有刑。才俊满前，道古今而誉盛德，入耳而不烦。曲眉丰颊，清声而便体[6]，秀外而惠中[7]，飘轻裾[8]，翳[9]长袖，粉白黛[10]绿者，列屋而闲居，妒宠而负恃，争妍而取怜。大丈夫之遇知于天子，用力于当世者之所为也。吾非恶此而逃之，是有命焉，不可幸而致也。

注释

④庙朝：宗庙和朝廷。⑤旄（máo）：古代的一种旗，旗杆头用牛尾

装饰。⑥便（pián）体：形容体态轻盈。⑦惠中：内心聪慧。惠，通“慧”。⑧裾（jū）：衣服的前襟。⑨翳：通“曳”，拖着。⑩黛：青黑色颜料，古代用以画眉。

译文

李愿的话是这样说的：“那些被人们称为大丈夫的人，我是知晓的。他们把利益恩惠像雨露那样赐给别人，他们的声望显赫传播于当时。他们坐在庙堂朝廷之上参与政事，任免百官，并辅助天子发号施令。他们出巡，高竖旗帜，罗列弓箭，武夫在前面吆喝开道，侍从塞满了道路，供应服侍的人，各自拿着物品，在道路两边飞快地奔跑。他们高兴的时候就给奖赏，他们发怒的时候就施刑罚。许多才俊之士聚集在他们面前，说古道今赞美他们的大德，这些话听了也不会觉得厌烦。那些随侍的美女，眉毛弯弯而脸庞丰腴，声音清脆而体态轻盈，外貌秀丽而内心巧慧，裙裾飘扬，长袖善舞，略施粉黛，在一排排房屋中闲住着，相互妒忌，争奇斗艳来博取怜爱。这就是受到皇帝信任重用，而替当世效力的大丈夫的所作所为啊。我并不是厌恶这些而有意躲避，只是命由天定，不能侥幸得到啊。

“穷居而野处，升高而望远，坐茂树以终日，濯清泉以自洁。采于山，美可茹⑪，钓于水，鲜可食。起居无时，惟适之安。与其有誉于前，孰若无毁于其后；与其有乐于身，孰若无忧于其心。车服⑫不维，刀锯⑬不加，理乱不知，黜陟⑭不闻。大丈夫不遇于时者之所为也，我则行之。

注释

⑪茹（rú）：吃。⑫车服：车马和服饰，代指官职。古代君主对有功之臣，赐以车服。官吏所用车服因职位高低而不同。⑬刀锯：刑具，这里指刑罚。⑭黜（chù）陟（zhì）：降职和升官。《尚书·舜典》“黜陟幽明”句注：“黜退其幽者，升进其明者。”

译文

“处于困穷的境地，住在山野之间，登上高处眺望远方，整日闲坐在茂盛的树下，在清澈的泉水中洗涤身心。从山上采摘果蔬，甜美可食；从水中钓获鱼虾，新鲜可口。日常作息没有规定时间，只求安定舒适。当面受到赞誉，怎比得上背后不被谤毁；身体享受快乐，怎比得上心中没有忧虑。既不受职官用车与服饰的约束，也不遭刑法刀锯的处分，既不去了解政局的治乱盛衰，也不听百官升降进退的消息。这就是不合于时世的大丈夫的所作所为啊，我效法这样的行为。

"伺候于公卿之门，奔走于形势之途，足将进而趑趄[15]，口将言而嗫嚅[16]，处污秽而不羞，触刑辟[17]而诛戮，徼幸于万一，老死而后止者，其于为人贤不肖何如也？"

注释

⑮趑（zī）趄（jū）：犹豫不前的样子。⑯嗫嚅（rú）：想说又不敢说的样子。⑰辟：刑法。

译文

"还有一些人，伺候在公卿大官的门下，奔走在权势竞逐的路上，想要举足前进又踟蹰畏缩，想要开口说话又吞吐犹豫，身处卑贱污秽之中而不感觉惭愧羞耻，触犯刑律法制就要受到处罚杀戮，为了侥幸得到一个机会，一直到老死方才罢休。这样的人要如何评价呢？"

昌黎[18]韩愈，闻其言而壮之，与之酒而为之歌曰："盘之中，维子之宫。盘之土，可以稼[19]。盘之泉，可濯可沿[20]。盘之阻，谁争子所？窈[21]而深，廓[22]其有容；缭[23]而曲，如往而复。嗟盘之乐兮，乐且无央。虎豹远迹兮，蛟龙遁藏。鬼神守护兮，呵禁不祥。饮且食兮寿而康，无不足兮奚所望？膏[24]吾车兮秣吾马，从子于盘兮，终吾生以徜徉[25]。"

注释

⑱昌黎：韩愈自称郡望昌黎（今河北卢龙）。⑲稼：播种五谷，亦泛指农业劳动。⑳沿：顺着水边散步。㉑窈（yǎo）：幽远。㉒廓：广阔的样子。㉓缭：曲折迂回。㉔膏：油脂，用作车辆的润滑剂。这里用作动词，上油，涂油。㉕徜（cháng）徉（yáng）：自由自在地来往游荡。

译文

昌黎韩愈听了这番话，不觉心中澎湃，为他斟酒作歌道："盘谷中间，有您的家园。盘谷的土地，可以栽种庄稼。盘谷的清泉，可以洗涤，也可顺流闲游。盘谷的地势险阻，又有谁来争夺您的住所？盘谷幽远而又深邃，广阔而有涵容。山谷回环曲折，像是走了过去却又回到原点。盘谷中的乐趣啊，无尽无穷。虎豹远远离开，蛟龙逃避躲藏。鬼神守卫保护这里，呵斥禁止不祥事物的来往。这里饭食无忧，长寿健康，还有什么不满足，又有什么奢望？我要润滑我的车轮，喂饱我的马匹，跟随您到盘谷中去，终身逍遥漫游。"

祭十二郎[1]文

韩 愈

年、月、日[2]，季父[3]愈闻汝丧之七日，乃能衔哀致[4]诚，使建中远具时羞之奠[5]，告汝十二郎之灵：

注释

①十二郎：韩愈次兄韩介之子，名老成。十二是他在同辈中的排行。②年、月、日：某年某月某日。或曰是唐德宗贞元十九年（803年）五月二十六日。③季父：最小的叔父。兄弟排行则伯、仲、叔、季，季列最后。④致：表达。⑤奠：祭品，此处做名词用。

译文

某年某月某日，叔父韩愈在听到你去世消息的第七天，才得以强忍哀痛，倾诉衷肠，派建中从远方赶去，备办了应时的佳肴作为祭品，在十二郎的灵前祷告：

呜呼！吾少孤[6]，及长，不省所怙，[7]惟兄嫂是依[8]。中年，兄殁[9]南方，吾与汝俱幼，从嫂归葬河阳[10]。既又与汝就食江南[11]，零丁[12]孤苦，未尝[13]一日相离也。吾上有三兄，皆不幸早世，承先人后者[14]，在孙惟汝，在子惟吾，[15]两世一身[16]，形单影只。嫂尝抚汝指吾而言曰："韩氏两世，惟此而已！[17]"汝时尤小，当不复记忆，吾时虽能记忆，亦未知其言之悲也。

注释

⑥少孤：从小失去父亲。⑦“及长”二句：直到长大，不知道父亲是什么样子。省（xǐng），认识。所怙（hù），所依靠的，指父亲。⑧“惟兄嫂”句：即“惟依兄嫂”，所依靠的只有兄嫂。⑨殁（mò）：死。⑩“从嫂”句：跟着嫂子把哥哥的灵柩送回河阳安葬。⑪江南：指（随嫂移居）宣州（今安徽）。⑫零丁：即伶仃，孤独无依的样子。⑬未尝：未曾。⑭承先人后者：能继承先辈后代的。⑮“在孙”二句：在孙辈中只你一人，在儿辈中只我一人。在孙，在孙子一辈。在子，在儿子一辈。⑯两世一身：两代单传。⑰“韩氏”二句：韩姓两代的继承人，只有这两个了！

译文

唉！我从小就成了孤儿，等到长大，连父亲是什么样子都记不清，唯有依靠兄长和嫂嫂。兄长才到中年，就死于南方，我和你都年幼，跟随嫂嫂把兄长的灵柩送回河阳安葬。后来又和你到江南宣州谋生，虽然孤苦伶仃，但没有一天和你分离过。我上面有三位兄长，都不幸早亡，继承先人后嗣的，在孙子辈中只有你一个，在儿子辈中只有我一个，两代都只剩下一个，形单影只。嫂嫂曾经抚摸着你的头对我说：“韩家两代人，就只有你们了！”你当时比我还小，大概没有留下什么记忆。我虽然能记得，但也未曾体会到话中的悲痛。

吾年十九，始来京城。其后四年，而归视汝。又四年，吾往河阳省[18]坟墓，遇汝从嫂丧[19]来葬。又二年，吾佐[20]董丞相于汴州，汝来省吾，止[21]一岁，请归取其孥[22]。明年，丞相薨[23]，吾去汴州，汝不果[24]来。是年，吾佐戎[25]徐州，使取汝者始行，吾又罢去[26]，汝又不果来。吾念汝从于东，东亦客也，不可以久[27]。图久远者，莫如西归，将成家而致[28]汝。呜呼！孰谓汝遽[29]去吾而殁乎！吾与汝俱少年[30]，以为虽暂相别，终当久相与处，故舍汝而旅食京师，以求斗斛之禄[31]。诚知其如此，虽万乘之公相，吾不以一日辍[32]汝而就也！

注释

⑱省：多指对长辈的探望，这里指祭扫。⑲从嫂丧：随着嫂子的灵柩。⑳佐：辅佐。㉑止：仅。㉒孥（nú）：妻子儿女的统称，即家属。㉓薨（hōng）：唐朝二品以上的官死了都叫“薨”。㉔果：实现。㉕佐戎：佐理军务。㉖罢去：离职。时韩愈调任四门博士。㉗久：长久。㉘致：招致，接。㉙遽（jù）：突然。㉚少年：年轻。㉛斗斛（hú）之禄：微薄的薪俸。㉜辍（chuò）：停止，舍弃。这里指离开。

译文

我十九岁时，初次来到京城。过了四年，才回去看你。又过了四年，我到河阳扫墓，碰上你护送嫂嫂的灵柩前来安葬。又过了两年，我在汴州辅佐董丞相，你来看我，住了一年，要求回去接家眷。第二年，董丞相去世，我离开汴州，你接家眷来与我同住一事便化为泡影。这一年，我在徐州参佐军务，派去接你的人刚动身，我就离职了，你又没有来成。我想就算你跟我到东方，那还是异乡作客，不是长久之计。从长远考虑，不如回到西边的故乡去，等我先安好家，然后接你来。唉！谁能料到你突然离开我去世了呢？我和你都还年轻，以为虽然暂时分离，总会长久团聚的，所以才丢下你旅居长安，企图挣几斗禄粮的薪俸。如果早知道会这样，即便给我万乘车辆的宰相之位，我也不会离开你一天而去上任！

去年，孟东野[33]往，吾书与汝曰：“吾年未四十，而视茫茫[34]，而发苍苍[35]，而齿牙动摇。念诸父[36]与诸兄，皆康强而早世[37]，如吾之衰者，其能久存乎？吾不可去，汝不肯来，恐旦暮死[38]，而汝抱无涯之戚也。”孰谓少者殁而长者存，强者夭而病者全乎？呜呼！其信然邪[39]？其[40]梦邪？其传之非其真[41]邪？信也，吾兄之盛德而夭其嗣乎？汝之纯明而不克蒙其泽[42]乎？少者强者而夭殁、长者衰者而存全乎？未可以为信也！梦也，传之非其真也！东野之书、耿兰[43]之报，何为而在吾侧[44]也？呜呼！其信然矣！吾兄之盛德而夭其嗣矣！汝之纯明宜业其家[45]者，不克蒙其泽矣！所谓天者诚[46]难测，而神者诚难明矣！所谓理者不可推[47]，而寿[48]者不可知矣！

注释

㉝孟东野：即孟郊，字东野。㉞茫茫：模糊。㉟苍苍：花白。㊱诸父：诸位父辈。㊲早世：很早就过世。㊳恐旦暮死：恐怕早晚就死去。㊴其信然邪：难道这是真的吗？㊵其：还是。㊶非其真：不确实。㊷泽：福泽。㊸耿兰：十二郎的仆人。㊹侧：旁边。㊺业其家：继承他的家业。业，继承。㊻诚：实在。㊼推：推求。㊽寿：寿命。

译文

去年孟郊到你那边去，我让他捎信给你说："我虽然还不到四十岁，可是视力已经模糊，头发已经斑白，牙齿也有松动的了。想到我的叔伯父兄都在健康强壮的盛年早早死去，像我这样身体衰弱的人，能活得长久吗？我离不开这里，你又不肯来，生怕我早晚死去，使你陷入无边无际的悲哀。"谁料年轻的死了而年长的还活着、强壮的夭折了而病弱的却保全了呢？唉！这是真的呢？还是做梦呢？还是传信的弄错了真实情况呢？如果是真的，我哥哥的品德美好反而会使他的儿子短命吗？你这样纯洁聪明为何不能承受先人的恩泽？年轻而强壮的反而夭亡，年长而衰弱的反而活在世上，这是万万不能相信的啊！这是梦吧？传来的消息有误吧？那么，东野报丧的信件、耿兰述哀的讣文，为什么又分明放在我身边呢？唉！这是真的啊！我哥哥的美好品德反而早早失去了后代，你纯洁聪明最适于继承家业，却不能承受先人的恩泽了。所谓"天"，实在测不透；所谓"神"，的确弄不清！这就是所谓的天理不可推，寿命不可预知啊！

虽然，吾自今年来，苍苍者或化而为白矣，动摇者或脱而落矣，毛血[49]日益衰，志气日益微[50]，几何[51]不从汝而死也！死而有知，其几何离[52]？其无知，悲不几时，而不悲者无穷期矣！[53]汝之子始十岁，吾之子始五岁，少而强者不可保，如此孩提者，又可冀[54]其成立邪？呜呼哀哉！呜呼哀哉！

注释

㊾毛血：体质。㊿志气日益微：精神一天比一天衰弱。51几何：用不了多久。52其几何离：那么我们分离的日子还有多久呢？53“其无知”三句：如果人死了没知觉，那么我为你悲伤的日子也不多了，而不悲伤的日子将没有穷尽了。54冀：希冀，期望。

译文

尽管如此，我从今年以来，斑白的头发有的已经全白了，松动的牙齿有的已经脱落了，身体越来越衰弱，精神一天天衰退，用不了多久也会随你而去了。如果死后有知觉，那我们又能分离多久呢？如果没有知觉，那我也没有多少时间哀伤了，不哀伤的日子倒是无穷无尽啊！你的儿子才十岁，我的儿子才五岁。年轻力壮的都保不住，这样的小孩子，我们又能期望他们长大成人吗？唉！悲痛啊！实在悲痛啊！

汝去年书云：“比[55]得软脚病，往往而剧[56]。”吾曰：“是疾也，江南之人常常有之。”未始以为忧也。呜呼！其竟以此而殒[57]其生乎？抑别有疾而致[58]斯乎？汝之书，六月十七日也。东野云，汝殁以六月二日，耿兰之报无月日[59]。盖东野之使者，不知问家人以月日[60]，如耿兰之报，不知当言月日。东野与吾书，乃问使者，使者妄称[61]以应之耳。其然乎？其不然乎？[62]

注释

55比：近来。56剧：厉害。57殒（yǔn）：死，丧命。58致：招致，造成。

⑲无月日：没有说明月日。⑳不知问家人以月日：即“不知以月日问家人”。㉑妄称：乱说。㉒“其然乎”二句：是这样呢，还是不是这样呢？

译文

你去年来信说：“近来得了脚气病，时常发作，疼得厉害。”我回信说：“这种病，江南人经常得。”并不曾为此而发愁。唉！难道竟然是这种病夺去了你的生命吗？还是另患重病而导致了不幸呢？你的信，是六月十七日写的。孟郊来信说，你死于六月二日，耿兰报丧的信没有说明你死于哪月哪日。大约孟郊的使者没有向家人问明死期，耿兰报丧的信不懂得应当说明死期。孟郊给我写信时向使者询问死期，使者不过信口胡答罢了。是这样呢？或者不是这样呢？

今吾使建中祭汝，吊[63]汝之孤与汝之乳母。彼有食可守以待终丧，则待终丧而取以来；[64]如不能守以终丧，则遂取以来。其余奴婢，并令守汝丧。吾力能改葬，终葬汝于先人之兆[65]，然后惟其所愿。呜呼！汝病吾不知时，汝殁吾不知日，生不能相养以共居[66]，殁不能抚汝以尽哀[67]，敛[68]不凭其棺，窆[69]不临其穴，吾行负[70]神明，而使汝夭，不孝不慈，而不得与汝相养以生、相守以死。一在天之涯，一在地之角，生而影[71]不与吾形相依，死而魂不与吾梦相接[72]，吾实为之，其又何尤！[73]彼苍者天，曷其有极！[74]

注释

㉓吊：慰问。㉔“彼有”二句：他们如果有吃的可以守完丧期，那就等守完丧期再接他们过来。㉕兆：墓地。㉖共居：住在一起。㉗尽哀：充分表达我的哀痛。㉘敛：通“殓”，指把尸体装入棺材。㉙窆（biǎn）：落葬。㉚负：对不起，辜负。㉛影：指十二郎。㉜“死而”句：你死了以后，你的魂魄也不曾来和我梦中相遇。㉝“吾实”二句：这都是我造成的，又怨什么呢？其，反话语气词。尤，埋怨。㉞“彼苍者”二句：上天啊！我的悲痛何

时才能到尽头呢？前句见于《诗经·秦风·黄鸟》，意谓上苍啊！后句见于《诗经·唐风·鸨羽》，意谓什么时候是尽头呢？曷（hé），通“何”。

译文

现在我派遣建中来祭奠你，慰问你的孩子和你的乳母，他们如果有粮食可以维持到三年丧满，我就等到服丧期满以后接他们来；如果他们生活困难而无法守满丧期，那我现在就把他们接来。其余的奴婢，都让他们为你守丧。等到我有能力改葬的时候，一定把你的灵柩从宣州迁回，安葬于祖先的坟地，这样才算了却我的心愿。唉！你生病我不知道时间；你去世我不知道日期；你活着我们不能互相照顾，同住一起；你死后我又不能抚摸你的遗体，尽情痛哭；入殓之时不曾紧靠你的棺材；下葬之时不曾俯视你的墓穴；我的德行有负于神灵，因而使你夭亡；我不孝顺、不慈爱，因而既不能和你互相照顾，一同生活，又不能和你互相依傍，一起死去。我们一个在天涯，一个在地角。活着的时候，你不能和我形影相依；去世以后，你的灵魂也不在我的梦中显现。这都是我自己造成的，还能怨谁呢！苍天啊，我的悲哀何时才是个头！

自今以往，吾其无意于人世矣[75]！当求数顷之田于伊、颍之上，以待余年[76]。教吾子与汝子，幸其成；长[77]吾女与汝女，待其嫁。如此而已。呜呼！言有穷而情不可终[78]，汝其知也邪？其不知也邪？呜呼哀哉！尚飨[79]！

注释

⑮吾其无意于人世矣：我也没有兴趣再活在这个世界上了！⑯余年：剩下的岁月。⑰长：使……长大，即哺育，此处做动词用。⑱终：终了。⑲尚飨（xiǎng）：亦作“尚享”，希望死者来享用祭品，是祭文结尾常用的话。语出《仪礼·士虞礼》。

译文

从今以后，我对这个世界已经没有什么可留恋的了！我只求在伊水、颍水旁边买几顷田，打发我剩余的时光。教育我的儿子和你的儿子，期望他们长大成才；抚养我的女儿和你的女儿，等待她们出嫁。如此而已。唉！话有说尽的时候，而悲痛的心情却是没完没了的，你能够理解我吗？还是什么都不知道了呢？唉！伤心啊！期望你的灵魂能来享用祭品啊！

柳子厚墓志铭

韩　愈

子厚，讳[①]宗元。七世祖庆，为拓跋魏侍中，封济阴公。曾伯祖奭，为唐宰相，与褚遂良、韩瑗俱得罪武后，死高宗朝。皇考[②]讳镇，以事母弃太常博士，求为县令江南。其后以不能媚权贵，失御史。权贵人死，乃复拜侍御史。号为刚直，所与游[③]皆当世名人。

注释

①讳：避讳。古人尊敬死者，不直呼其名，故在其名前加一“讳”字以表示不得已而称之。②皇考：对亡父的尊称。皇，显。③游：交游。

译文

子厚，名叫宗元。他的七世祖柳庆，做过北魏的侍中，被封为济阴公。曾伯祖柳奭担任过唐朝的宰相，同褚遂良、韩瑗一样，因为得罪武后，在唐高宗时期被处死。子厚已故的父亲名叫柳镇，因为要侍奉母亲而放弃了太常博士的职位，请求到江南去任县令。以后又因为不能讨好权贵人物，丢掉了御史的官职。直到那位权贵之人死了，子厚才再次被任命为侍御史。人们称赞他刚毅正直，和他结交的都是当时的名人。

子厚少精敏，无不通达。逮[④]其父时，虽少年，已自成人，能取进士第，崭然见头角，众谓柳氏有子矣。其后以博学宏词授集贤殿正字。俊杰廉悍，议论证据今古，出入经史百子，踔厉风发[⑤]，率常屈其座人，名声大振，一时皆慕与之交。诸公要人，争欲令出我门下，交口荐誉之。

注释

④逮：到。⑤踔（chuō）厉风发：精神奋发，言论纵横，气势蓬勃。

译文

子厚小时候就非常精明，没有不明白的事理。当他父亲还在世的时候，子厚虽然年轻，但已自立成才，能考取进士，显露了出众的才能；大家都说柳家有个好儿子。后来，他因为考取博学宏词科，被任命为集贤殿正字。他俊秀出众，廉洁强悍，讨论起问题来能以古今事理为依据，融会贯通经籍、史书和诸子百家的著述，见识高超敏锐，辩说气势纵横，经常驳倒在座的人。子厚因此声名大振，一时之间人们都很仰慕他，希望和他交游。许多显要的大人物争着要招子厚做自己的门生，众口一词地推荐他。

贞元十九年，由蓝田尉拜监察御史。顺宗即位，拜礼部员外郎。遇用事者得罪，例出⑥为刺史。未至，又例贬州司马。居闲益自刻苦，务⑦记览，为词章，泛滥停蓄⑧，为深博无涯涘⑨，而自肆⑩于山水间。元和中，尝例召至京师，又偕出为刺史，而子厚得柳州。既至，叹曰："是岂不足为政邪？"因⑪其土俗，为设教禁⑫，州人顺赖。其俗以男女质⑬钱，约不时赎，子本相侔⑭，则没为奴婢。子厚与设方计，悉令赎归。其尤贫力不能者，令书其佣⑮，足相当，则使归其质。观察使下⑯其法于他州，比⑰一岁，免而归者且千人。衡、湘以南为进士者，皆以子厚为师。其经承子厚口讲指画为文词者，悉有法度可观。

注释

⑥例出：按例遣出。⑦务：勉力从事。⑧停蓄：停止积蓄，比喻文章凝练。⑨涯涘（sì）：水的边际。⑩肆：任意放纵。⑪因：顺着。⑫教禁：教化和禁令。⑬质：抵押。⑭子本相侔：利息与本钱相等。子，利息。本，本钱。侔，相等。⑮佣：报酬。⑯下：推广。⑰比：将近。

译文

贞元十九年，他由蓝田县尉晋升为监察御史。顺宗即位后，升至礼部员外郎。这时与他关系密切的当权者获罪，他也按例被遣出京城去做州刺史。还未到任，又按例再被贬为州司马。处在闲散职位的他更加刻苦用功，专心地记诵和阅览，其诗文既像大水那样汪洋浩荡、汇集积蓄，又雄厚凝练、深广渊博，同时他还尽情地寄情于大自然的水光山色之间。元和年间，他按例被召回京城，又和其他人一起外放为刺史，子厚被派到柳州。到任之后，他感叹道："这里难道不值得做出政绩吗！"于是他按照当地人们的风俗，替他们设置教化措施并制定禁令，柳州人民都遵从和信服他。当地的风俗是以儿子、女儿做抵押去借钱，约定到期限不去赎回，等到利息和本金相等时，人质就被收为奴婢。子厚替欠债人想办法，让他们把抵押出去的子女全部赎回来。那些特别贫困无力去赎的，就命债主记下子女在质押时期做工的工钱，等到工钱和借的钱数相等时，就责令债主归还那些人质。观察使把这办法推广到其他州县，实行了一年，获得解免而回家的就有近千人。衡山、湘江以南准备参加进士考试的人，都拜子厚为师。那些受过子厚亲自讲授、指点的人，所写的文章的章法和技巧都符合规范，值得观览。

其召至京师而复为刺史也，中山刘梦得禹锡亦在遣[18]中，当诣[19]播州[20]。子厚泣曰："播州非人所居，而梦得亲在堂，吾不忍梦得之穷，无辞以白其大人，且万无母子俱往理。"请于朝，将拜疏，愿以柳易[21]播，虽重得罪，死不恨[22]。遇有以梦得事白[23]上者，梦得于是改刺连州[24]。呜呼！士穷[25]乃见节义。今夫平居里巷相慕悦，酒食游戏相征逐[26]，诩诩[27]强笑语以相取下，握手出肺肝相示，指天日涕泣，誓生死不相背负，真若可信。一旦临小利害，仅如毛发比，反眼[28]若不相识，落陷阱，不一引[29]手救，反挤之，又下石焉者，皆是也。此宜禽兽夷狄所不忍为，而其人自视以为得计，闻子厚之风，亦可以少[30]愧矣。

注释

⑱遣：遣放。⑲诣（yì）：往。⑳播州：治所在今贵州遵义。㉑易：交换。㉒恨：遗憾。㉓白：报告。㉔连州：治所在今广东连州。㉕穷：困窘。㉖征逐：朋友相互邀请应酬。㉗诩诩：讨好取媚的样子。㉘反眼：翻脸。㉙引：伸。㉚少：稍微。

译文

当子厚被召回京城而又外派为刺史的时候，中山人刘梦得（禹锡）也在被派遣之列，应当到播州去上任。子厚流着眼泪说："播州不适宜人居住，而梦得的母亲还健在，我不忍心看到梦得处于如此困窘的处境，他以至于无法对母亲说这件事，况且也绝没有让母子同赴播州的道理。"于是向朝廷请求，上书皇帝，愿以柳州换播州，即使因此再次获罪，虽死无恨。此时正好又有人将梦得的事禀报了皇帝，梦得因此改做连州刺史。唉！士人在穷困中才能表现出高尚的气节和道义。如今那些平日无事共居街坊相互称慕悦爱的人，一起吃喝玩乐相互邀请应酬，相互吹捧讨好并且各自强作笑语表示谦卑友好，频频握手互相倾吐肺腑之言，指着苍天痛哭流涕，发誓不论生死都不相背弃，简直像真的一样可信。然而一旦碰到小小的利害冲突，哪怕只是像汗毛头发那样微不足道，便翻脸如同相互不认识；对方落入陷阱之中，不仅不会出手相救，反倒乘机排挤对方，落井下石，这类人到处都有。这些事情是连禽兽动物和夷狄人都不忍心做的，然而那些人却自以为得计。他们听到子厚的风范，也应该稍微感到惭愧了吧。

子厚前时少年，勇于为人，不自贵重顾藉，谓功业可立就，故坐废退[31]。既退，又无相知有气力得位者推挽，故卒[32]死于穷裔[33]，材不为世用，道不行于时也。使子厚在台、省[34]时，自持其身，已能如司马、刺史时，亦自不斥[35]；斥时，有人力能举之，且必复用不穷[36]。然子厚斥不久，穷不极，虽有出于人，其文学辞章，必不能自力以致必传于后，如今，无疑也。虽使子厚得所愿，为将相于一时，以彼易此，孰得孰失，必有能辨[37]之者。

注释

㉛坐废退：因受牵连而被贬黜。㉜卒：终于。㉝穷裔：穷困的边远地方。㉞台、省：御史台和尚书省。㉟斥：贬斥。㊱穷：潦倒。㊲辨：判断。

译文

子厚年轻时，勇于帮助别人，不知道保重和顾惜自己，以为可以很快成就功名事业，结果反而遭到牵连而被贬黜。被贬以后，又缺少了解自己并且正得其位的权贵推荐提携，所以最终死在穷乡僻壤之间，其才能不为当世所用，抱负也未能得到施展。假使子厚在御史台、尚书省任职时，能够约束自身，像在做司马、刺史的时候那样，也就不会被贬斥。贬斥之后如有个有能力、有权势的人能推举他，子厚也必定会重新受到重用。然而如果子厚的贬斥时间不长，没有体会过极致的穷困，即使会出人头地，他在文学辞作方面，一定不会下苦功夫，从而达到今天这样流传后世的水平，这一点是毫无疑问的。即使让子厚实现他的愿望，在一个时期内做到将军、宰相的职务，拿那个来换这个，什么算得，什么算失，一定有人能分辨清楚的。

子厚以元和十四年十一月八日卒，年四十七。以十五年七月十日归葬万年先人墓侧。子厚有子男二人，长曰周六，始四岁，季曰周七，子厚卒乃生。女子二人，皆幼。其得归葬也，费皆出观察使河东裴君行立。行立有节概，重然诺[38]，与子厚结交，子厚亦为之尽，竟赖其力。葬子厚于万年之墓者，舅弟[39]卢遵。遵，涿人，性谨慎，学问不厌[40]。自子厚之斥，遵从而家焉，逮其死不去。既往葬子厚，又将经纪[41]其家，庶几[42]有始终者。

注释

㊳重然诺：重信用。然和诺都是答应的声音。㊴舅弟：表弟。㊵厌：满足。㊶经纪：安排料理。㊷庶几：大概。

译文

子厚在元和十四年十一月初八去世，年仅四十七岁。元和十五年七月十日，他的灵柩运回万年县安葬在祖先的坟墓旁。子厚有两个儿子，大的叫周六，才四岁；小的叫周七，子厚死后才出生。子厚还有两个女儿，都还年幼。他的灵柩能够回乡落葬，费用都是观察使河东人裴行立先生资助的。行立为人有气节风概，重视诺言，与子厚是朋友，子厚也为他极尽心力，最终竟靠他帮忙处理后事。把子厚落葬在万年县祖先墓地的，是他的姑舅表弟卢遵。卢遵是涿州人，性格谨慎，做学问从不知疲倦和满足。自从子厚被贬斥，卢遵就跟着子厚并与他同住，到子厚去世后也没有离去。卢遵安葬好子厚，还安置子厚的家属，可以说是一位有始有终的人了。

铭曰：是惟子厚之室[43]，既固既安，以利其嗣人[44]。

注释

㊸室：指坟墓。㊹嗣人：后代。

译文

铭文：这就是子厚的墓室，既牢固又安稳，必然有利于他的后代。

种树郭橐驼传

柳宗元

郭橐驼①，不知始何名。病偻②，隆然伏行③，有类橐驼者，故乡人号之“驼”。驼闻之曰：“甚善，名我固当。”因舍其名，亦自谓“橐驼”云。其乡曰丰乐乡，在长安西。驼业种树，凡长安豪家富人为观游④及卖果者，皆争迎取养。视驼所种树，或迁徙，无不活，且硕茂，蚤实以蕃⑤。他植者虽窥伺效慕，莫能如也。

注释

①橐（tuó）驼：骆驼。这里指驼背。②偻（lóu）：背脊弯曲。③伏行：面朝下走路。④观游：观赏游乐的园林。⑤蕃：繁多。

译文

郭橐驼，不知原名叫什么。他患有佝偻病，驼着背、低着头、弯着腰走路，像骆驼一样，所以同乡的人给他取了个“驼”的外号。他听了说：“很好，这样叫很合适。”于是放弃了原来的姓名，也自称橐驼。他的家乡叫丰乐乡，在长安的西边。郭橐驼以种树为业，长安城的豪富人家以及以卖水果为营生的商人，都争着召请雇佣他。大家看到郭橐驼栽种或移植到别的地方的树木，没有不成活的，而且枝繁叶茂，早生果实，果子结

得又大又多。别的种树人，即使暗中观察效仿，也没有能比得上他的。

有问之，对曰：“橐驼非能使木寿且孳[6]也，能顺木之天，以致其性[7]焉尔。凡植木之性，其本欲舒，其培欲平，其土欲故[8]，其筑欲密。既然已，勿动勿虑，去不复顾。其莳[9]也若子，其置也若弃，则其天者全而其性得矣。故吾不害其长而已，非有能硕茂之也；不抑耗其实而已，非有能蚤而蕃之也。他植者则不然，根拳而土易[10]；其培之也，若不过焉则不及。苟有能反是者，则又爱之太殷，忧之太勤，旦视而暮抚，已去而复顾，甚者爪其肤以验其生枯，摇其本以观其疏密，而木之性日以离[11]矣。虽曰爱之，其实害之；虽曰忧之，其实仇之。故不我若也。吾又何能为哉！”

注释

⑥孳（zī）：繁殖得多。⑦性：本性。⑧故：旧，指原有的土。⑨莳（shì）：栽种。⑩土易：换上新土。⑪离：违背。

译文

有人去问他的诀窍，他回答说：“橐驼并不能使树木活得长久、长得繁茂，只不过顺应树木的天性，任其自然生长罢了。大凡种植树木的方法是：树根要舒展，培土要均匀，根上带旧土，筑土要密实。树既种好，就不要再动，也不必考虑它，离开后就不必再回顾。栽种时要像抚育子女一样用心，种好后就像抛弃它一样不必再管，顺其自然，适应其本来的天性。所以我不过是不去妨害它的生长发育罢了，并非能使它高大繁茂起来；我不过是不抑制减少它的果实，并非能使它早结果、多结果。别的种树人却不是这样，种树时树根卷曲，不培旧土；培土不是太紧，就是太松。即便不这样，也会爱护过度，忧虑过分，早晨看晚上摸，走时又不放心，转回来又看几次。更有性急的人，竟剥下一块块树皮来看它的生死，用力摇动树干来观察土的松紧，这样树木就日益背离了它的天性，说是爱它，其实是在害它；说是忧虑它，其实是在仇视它。所以他们种树都比不上我，我又有什么特殊能力呢？”

问者曰：“以子之道，移之官理⑫可乎？”驼曰：“我知种树而已，官理非吾业也。然吾居乡，见长人者好烦其令⑬，若甚怜焉，而卒以祸。旦暮吏来而呼曰：‘官命促尔耕，勖尔植，督尔获，缫缫而绪⑭，蚤织而缕⑮，字⑯而幼孩，遂⑰而鸡豚。’鸣鼓而聚之，击木而召之。吾小人辍飧饔以劳吏者，且不得暇，又何以蕃吾生而安吾性邪？故病且怠。若是，则与吾业者其亦有类乎？”

注释

⑫官理：做官治民。理，治。唐朝人避唐高宗李治名讳，以“理”代“治”。⑬烦其令：烦琐地发布命令。意即乱发命令。⑭绪：丝头。⑮缕(lǚ)：线。⑯字：养育。⑰遂：成长。

译文

问他的人说：“把你种树的方法，转移到为官治民上，可行吗？”郭橐驼说：“我只知道种树，做官治民不是我的职业。但我居住在乡里，见官吏喜欢不断发号施令，好像怜惜百姓似的，但还是祸害了百姓。天天都有人来叫喊：‘长官命令你耕田，勉励你种庄稼，督促你收获，早些缫丝，早些织布，养育好你的幼孩，喂好鸡、猪等家畜。一会儿打鼓，一会儿敲梆地召集大家。我们这些小民忙着接待那些官吏，不得闲暇，又怎样去治家立业，安身立命呢？所以我们既困苦，又疲乏。像这种情形，就和我种树的道理有些相似之处吧！”

问者嘻曰：“不亦善夫！吾问养树，得养人术。”传其事以为官戒也。

译文

问的人赞叹说：“这不就很好吗？我问如何栽树，却得到了治民的方法。”我把这件事记载下来，让官吏们引以为戒。

钴鉧潭[1]西小丘记

柳宗元

得西山后八日，寻山口西北道[2]二百步，又得钴鉧潭。西二十五步，当湍而浚者为鱼梁[3]。梁之上有丘焉，生竹树。其石之突怒偃蹇[4]，负土而出，争为奇状者，殆[5]不可数。其嵚然[6]相累而下者，若牛马之饮于溪；其冲然角列而上者，若熊罴[7]之登于山。

注释

①钴（gǔ）鉧（mǔ）潭：在今湖南永州市西。钴鉧，熨斗，潭以形似钴鉧而得名。②道：走，此处做动词用。③鱼梁：阻水筑堰，中间留缺口，用来放置捕鱼的工具，从而捕捉顺流而来的鱼。④偃（yǎn）蹇（jiǎn）：形容山石错综盘踞的样子。⑤殆（dài）：几乎。⑥嵚（qīn）然：高峻的样子。⑦罴（pí）：即马熊，或叫人熊。

译文

在发现西山后的第八天，我沿着山口向西北探行二百步，又发现了钴鉧潭。离潭西二十五步的地方，流急水深处筑有一道拦水坝，就是那种开缺张网的鱼梁。梁上有个小土丘，丘上生长着竹子和树木，丘石或骤然突起，或兀然高耸，破土而起，争相形成奇怪的形状，数量多到几乎数都数不清。有的石头倾侧推垒而趋下，就像牛马在溪边饮水；有的石头像兽角一样向上突起，就像熊罴在山上攀登。

丘之小不能[8]一亩，可以笼[9]而有之。问其主，曰：“唐氏之弃地[10]，货而不售[11]。”问其价，曰：“止四百。”余怜而售之。李深源、元克己时同游，皆大喜，出自意外。即更取器用，铲刈秽草[12]，伐去恶木[13]，烈火而焚之。嘉木立，美竹露，奇石显。由其中以望，则山之高，云之浮，溪之流，鸟兽之遨游，举熙熙然[14]回巧献技，以效兹[15]丘之下。枕席而卧，则清泠之状与目谋[16]，瀯瀯[17]之声与耳谋，悠然而虚者与神[18]谋，渊然而静者与心谋[19]。不匝旬而得异地者二[20]，虽古好事之士[21]，或未能至焉！

注释

⑧不能：不足。⑨可以笼：好像可以用一个小笼子把它装起来。⑩弃地：废弃的地方。⑪货而不售：要卖而没卖出去。⑫铲刈（yì）秽（huì）草：铲除杂草。⑬恶木：难看的树。⑭熙熙然：快乐的样子。⑮兹：这。⑯谋：商量，这里指交流。⑰瀯（yíng）瀯：溪水流动的样子。⑱神：精神。⑲渊然而静者与心谋：深沉而安静的气氛和心灵相通。⑳不匝（zā）旬而得异地者二：不到十天就能找到两处风景奇异的地方。匝，周，满。旬，十天。㉑好事之士：此处指喜欢游山玩水的人。

译文

小丘的面积不足一亩，似乎可以装进袖子里据为己有。我向小丘的主人打听情况，他回答说："这是唐姓某家废弃的土地，标价出售却没卖出去。"我又问地价多少，对方答道："只要四百两银子。"我很喜欢这个地方，就买下了它。当时，李深源、元克己与我同游，都非常高兴，认为这是意想不到的收获。于是又取来了一应用具，铲除败草，砍掉杂树，燃起了熊熊大火焚去一切荒秽。顿时，美好的树木挺立起来，秀美的竹林因而显露，奇峭的山石也得以显露。由竹木山石间望去，只见远山高峙，云气飘浮，溪水流淙，鸟兽自由自在地游玩，万物都和乐怡畅地献艺，呈现在这小丘之下。枕在石上席地而卧，山水清凉明爽的景状来让我双目清明，汩汩的流水之声传入耳际。悠远空阔的天空与我精神相通，深沉至静的大道与我心灵相合。不到十天，我却得到了两处胜景，即使是爱好山水的人，也未必能有此幸运啊！

噫！以兹丘之胜，致之沣、镐、鄠、杜[22]，则贵游之士[23]争买者，日增千金而愈不可得。今弃是州也，农夫渔父过而陋之[24]，价四百，连岁[25]不能售。而我与深源、克己独[26]喜得之，是其果有遭[27]乎？书[28]于石，所以贺兹丘之遭也。

注释

㉒沣（fēng）、镐（hào）、鄠（hù）、杜：皆当时贵族聚居之地。沣，水名，流经长安。镐，地名，在今陕西长安西北。鄠，地名，在今陕西户县附近。杜，地名，在今陕西户县北。㉓贵游之士：富贵而又爱好游玩的人。㉔陋之：轻视它。陋，此处做动词用。㉕连岁：连年。㉖独：偏偏。㉗遭：遭遇，机遇。㉘书：这里是刻的意思。

译文

唉！如果把这小丘的美景，放到长安附近的沣、镐、鄠、杜等地，那么爱好游玩山水的富贵子弟，都会争相购买，即使每日增价千金也不一定能购得。现在它被弃置在这永州，农人渔夫经过而看不起它，求价仅四百两，却多年卖不出去，而我与深源、克己偏偏喜爱并获得了它。这难道确实有所谓的遭际遇合吗？我把这篇短文刻在石上，用来庆贺与小丘的相遇。

黄冈竹楼记

王禹偁

黄冈[1]之地多竹，大者如椽。竹工破之，刳[2]去其节，用代陶瓦，比屋皆然，以其价廉而工省也。

注释

①黄冈：今湖北黄冈。②刳（kū）：削刮。

译文

黄冈这个地方，盛产竹子，大的竹子像椽子那样粗。竹工破开它，削掉竹节，用来代替陶瓦。家家户户都用它盖房子，因为它既便宜又省工。

子城[3]西北隅，雉堞圮毁，蓁莽[4]荒秽。因作小楼二间，与月波楼通。远吞山光，平挹江濑[5]，幽阒辽敻[6]，不可具状。夏宜急雨，有瀑布声；冬宜密雪，有碎玉声。宜鼓琴，琴调和畅；宜咏诗，诗韵清绝；宜围棋，子声丁丁然；宜投壶[7]，矢声铮铮然。皆竹楼之所助也。

注释

③子城：大城外用来障蔽城门的半圆形小城，即瓮（wèng）城，又称月城。④蓁（zhēn）莽：密集的野草杂树。⑤濑（lài）：沙滩上的浅水。⑥幽阒（qù）辽敻（xiòng）：清幽静谧，辽阔绵远。⑦投壶：古代的一种技艺。向长颈壶中投箭，以投中次数来分胜负。

译文

在子城的西北角，矮墙已经倒塌了，杂草丛生，荒芜污秽。我在那里盖了两间小竹楼，与月波楼互相连通。登上竹楼远眺，将远山的风光尽收眼底，平视则能看到江中的浅水流沙。那幽静寂寥、高远空阔的景致，实在无法一一描绘出来。夏天宜听急雨，雨声有如瀑布飞流直下；冬天宜听密雪，雪花坠落发出玉碎般的响声。这里适宜抚琴，琴声和畅悠扬；适宜吟诗，诗韵清新绝俗；适宜下棋，棋子落盘有丁丁清响；适宜投壶，箭入壶中铮铮动听。这些雅趣，都是竹楼给予的。

公退之暇，被鹤氅衣[8]，戴华阳巾[9]，手执《周易》[10]一卷，焚香默坐，消遣世虑。江山之外，第见风帆沙鸟、烟云竹树而已。待其酒力醒，茶烟歇，送夕阳，迎素月，亦谪居之胜概也。

注释

⑧鹤氅（chǎng）衣：用鸟羽制成的裘衣，用作外套。鹤在这里只是一种美称，并非专用鹤羽制成。⑨华阳巾：指道士所戴的帽子。⑩《周易》：即《易经》，儒家的重要经典之一。

译文

办完公事后的闲暇时间里，披着鹤氅，戴着华阳巾，手持《周易》一卷，焚香默坐，驱散掉尘世中的种种杂念。除了水色山光，只见风帆沙鸟、烟云竹树罢了。等到酒意退去，煮茶的烟火熄灭，我便送走夕阳，迎来皓月，这正是谪居生活中的乐事啊。

彼齐云、落星[11]，高则高矣；井幹、丽谯[12]，华则华矣。止于贮妓女，藏歌舞，非骚人之事，吾所不取。

注释

⑪齐云、落星：楼名。齐云，古名月华楼，唐朝曹恭王所造，故址在今江苏苏州。落星，三国时期孙权所建，故址在今江苏南京落星山。⑫井幹（hán）、丽谯（qiáo）：楼名。井幹，汉武帝时建于长安。丽谯，三国时期曹操所建。

译文

那齐云楼、落星楼，高是够高了；井幹楼、丽谯楼，华丽是够华丽了。但它们只不过被用来蓄养乐妓和舞女罢了，这不是文人墨客做的事，我也不屑去做。

吾闻竹工云："竹之为瓦，仅十稔[13]；若重覆之，得二十稔。"噫！吾以至道乙未岁，自翰林出滁上[14]；丙申，移广陵[15]；丁酉，又入西掖[16]；戊戌岁除日，有齐安[17]之命；己亥闰三月，到郡。四年之间，奔走不暇，未知明年又在何处，岂惧竹楼之易朽乎？后之人与我同志，嗣而葺之，庶斯楼之不朽也。

注释

⑬稔（rěn）：谷子一熟叫一稔，故称一年为一稔。⑭"吾以至道"二句：宋太宗至道元年（995年），孝章皇后死，朝廷不以后礼丧，王禹偁提出异议而获罪，因此由翰林学士贬滁州。⑮移广陵：宋太宗至道二年（996年），有人诬王禹偁买马舞弊，宋太宗未信，只将王禹偁由滁州调任

广陵。广陵，在今江苏扬州。⑯西掖：中书省，中央的行政机构，因位于皇宫之西，故得此称。⑰齐安：即黄州齐安郡，治所在今湖北黄冈。

译文

我听竹工说："竹制的瓦，只能用十年；如果铺两层，可以管二十年。"唉！我在至道元年，由翰林学士而贬到滁州；丙申年又调到扬州；丁酉年又到中书省任职；戊戌年的除夕，奉命调到齐安；己亥年闰三月才到了齐安郡城。四年之中，我奔走不停，还不知道明年又在什么地方，难道还会怕竹楼容易朽坏吗？希望后来的人跟我志趣相同，能继我之后继续修整它，或许这座竹楼就永远都不会朽烂了。

岳阳楼记

范仲淹

庆历四年春，滕子京谪守[1]巴陵郡。越明年，政通人和，百废具兴[2]。乃重修岳阳楼，增其旧制[3]，刻唐贤、今人诗赋于其上，属予作文以记之。

注释

①守：做州郡的长官。②百废具兴：各种废置的事情，都兴办起来。③旧制：旧时的规模。

译文

庆历四年的春天，滕子京被贬到岳州做知州。到第二年，这个地方政通人和，各种废置的事都兴办起来。于是他重修岳阳楼，扩大它原来的规模，把唐朝贤士和当代文人的诗赋刻在上面，并嘱托我写文章记述这件事。

予观夫巴陵胜状[4]，在洞庭一湖。衔远山，吞长江，浩浩汤汤[5]，横无际涯；朝晖夕阴[6]，气象万千。此则岳阳楼之大观也，前人之述备矣。然则北通巫峡，南极潇湘，迁客骚人[7]，多会于此，览物之情，得无异乎？

注释

④胜状：美好的景致。⑤浩浩汤（shāng）汤：水势浩大的样子。⑥朝晖夕阴：早上阳光灿烂，黄昏天气阴暗。⑦骚人：诗人、文人。

译文

我看那巴陵的美景，全在一个洞庭湖上。湖面连接着远处的山峦，吞吐着长江的水流，浩浩荡荡，宽广无边；早晚或晴或阴，气象千变万化。这就是岳阳楼上的雄伟景象，前人的描述已经很详尽了。即便如此，这个地方向北连通巫峡，向南远达潇水和湘江，被贬谪的官员和诗人雅士，多在这里聚会，他们观赏景物的心情，只怕会有所不同吧！

若夫霪雨[8]霏霏，连月不开，阴风怒号，浊浪排空；日星隐曜，山岳潜形；商旅不行，樯倾楫摧；薄暮冥冥，虎啸猿啼。登斯楼也，则有去国[9]怀乡，忧谗畏讥，满目萧然，感极而悲者矣。

注释

⑧霪（yín）雨：连绵不断的雨。⑨去国：离开国都，指被贬官。

译文

若是阴雨连绵，一连几个月不放晴，寒风怒吼，浑浊的浪头冲向天空；太阳和星星隐去了光辉，高山藏起了外形；商人和旅客们不能行路，船上的桅杆倾斜，船桨断折；傍晚天色昏暗，老虎长声吼叫，猿猴哀啼。此时登上这座楼，就会产生离开国都、思念家乡的情怀，担心谗言，害怕被别人讥笑，满眼凄凉，令人悲伤不已。

至若春和景明，波澜不惊；上下天光，一碧万顷；沙鸥翔集，锦鳞游泳；岸芷汀兰[10]，郁郁青青。而或长烟一空，皓月千里，浮光耀金，静影沉璧[11]，渔歌互答，此乐何极！登斯楼也，则有心旷神怡，宠辱皆忘，把酒临风，其喜洋洋者矣！

嗟夫！予尝求古仁人之心，或异二者之为[12]。何哉？不以物喜，不以己[13]悲。居庙堂之高，则忧其民；处江湖之远，则忧其君。是进亦忧，退亦忧。然则何时而乐耶？其必曰“先天下之忧而忧，后天下之乐而乐”欤！噫！微斯人，吾谁与归？

注释

⑩岸芷（zhǐ）汀（tīng）兰：岸上的香芷和岸边沙滩的兰草。⑪静影沉璧：月影映入静水，宛如玉璧沉在水里。⑫或异二者之为：或者有和上面两种情感有所不同的。⑬己：自身的遭遇。

译文

至于到了春光和煦、阳光明媚的时候，湖上风平浪静；水天一色，碧波万顷；水鸟飞翔栖落，美丽的鱼群游来游去；岸上的芷草和小洲上的兰花，香气浓郁，颜色青翠。有时大片的烟云完全消散，明月照耀着大地；浮动在水波上的月光，闪动着金色的光泽，静静的月影像一块沉在水中的玉璧；渔人的歌声互相应答，这种快乐哪有尽头！登上这岳阳楼，就会心情开朗，精神爽朗，过去的荣耀和屈辱全都忘记了，端起酒杯临风畅饮，心中充满无限喜悦！

唉！我曾经探求过古代仁人志士的思想，或许和上面说的两种情绪不同。这是为什么呢？他们不因外物的好坏和自己的得失而感到愉悦或悲伤。在朝廷做官，就替老百姓着想；在民间闲居，就为君主担忧。这样做官时也担忧，不做官时也担忧，那么什么时候才会快乐呢？他一定会说“在天下人担忧之前先担忧，在天下人安乐之后再享乐”吧。唉！除了这种人，我还能去追随谁呢？

梅圣俞诗集序

欧阳修

予闻世谓诗人少达而多穷[①]，夫岂然哉？盖世所传诗者，多出于古穷人之辞也。凡士之蕴其所有而不得施于世者，多喜自放[②]于山巅水涯之外，见虫鱼草木、风云鸟兽之状类，往往探其奇怪，内有忧思感愤之郁积，其兴于怨刺，以道羁臣[③]寡妇之所叹，而写人情之难言。盖愈穷则愈工，然则非诗之能穷人，殆穷者而后工也。

注释

①穷：困顿，在官场上困窘不得志，纵情于物。②放：这里是游山玩水的意思。③羁（jī）臣：宦游或贬谪在异乡做官的人。

译文

我听世人议论，诗人能够仕途得意的很少，大多数都穷困潦倒。难道真是这样吗？大概是因为世上所流传的诗篇，很多都是出自古代穷困诗人之手。大凡胸怀才能抱负而不能施展于当世的人，大都喜欢浪迹于山巅水边，观赏虫鱼草木、风云鸟兽等事物，探究它们的怪异之处。这些诗人的内心郁积着忧思、感慨和愤懑，因而产生了怨恨和讥讽，道出了逐臣、寡妇的哀叹，写出了人所难以诉说的情感。诗人越是困厄，写出来的诗就越是技巧高明。这样看来，并非写诗使人穷困，而是困顿之后才能写出好诗来。

予友梅圣俞，少以荫[④]补为吏，累举进士，辄抑于有司，困于州县凡十余年。年今五十，犹从辟书，为人之佐，郁其所蓄不得奋见于事业。其家宛陵[5]，幼习于诗，自为童子，出语已惊其长老。既长，学乎六经[6]仁义之说，其为文章，简古纯粹，不求苟说于世，世之人徒知其诗而已。然时无贤愚，语诗者必求之圣俞。圣俞亦自以其不得志者，乐于诗而发之，故其平生所作，于诗尤多。世既知之矣，而未有荐于上者。昔王文康公[7]尝见而叹曰："二百年无此作矣！"虽知之深，亦不果荐也。若使其幸得用于朝廷，作为"雅""颂"[8]，以歌咏大宋之功德，荐之清庙[9]，而追商、周、鲁《颂》之作者，岂不伟欤！奈何使其老不得志而为穷者之诗，乃徒发于虫鱼物类、羁愁感叹之言？世徒喜其工，不知其穷之久而将老也，可不惜哉！

注释

④荫（yìn）：封建社会子孙因为先世有功勋而推恩得赐官爵。⑤宛陵：今安徽宣城。⑥六经：《诗》《书》《礼》《乐》《易》《春秋》六部儒家经典著作。⑦王文康公：王曙，字晦叔，河南人，宋仁宗时累官至枢密使、同中书门下平章事。"文康"是他死后的谥号。⑧"雅""颂"：《诗经》中的两种体裁。《雅》是王都的歌，《颂》是庙堂祭礼的乐章。后世多以《雅》《颂》比喻盛世之乐。⑨清庙：宗庙。《诗经》中有《清庙》篇，旧说以为祭祀周文王之歌，其后遂为宗庙之通称。

译文

我的朋友梅圣俞，年轻时依靠着祖先的荫庇做了官，但屡次去参加进士考试，总是不为主考官所赏识，困厄在州县上做个小官，已经十多年了。如今他五十岁了，还要靠别人下聘书，去给人当幕僚，他胸中怀藏的才学受到压制，不能在事业上充分地展现出来。他的家乡在宛陵县，幼年时就学习写诗。当他还是个孩童的时候，作的诗就已经让父老长辈们惊讶了。长大后，他学习了六经仁义的学问，写成的文章简约、古朴而纯正，不求迎合于世人，因此世人只知道他的诗罢了。当时的人们不论贤愚，谈论诗歌必然会推崇圣俞。圣俞也喜欢把自己不得志的心情通过诗歌抒发出来，因此他生平的写作，以诗歌为多。世人虽然知道他善于诗赋，却没有人向朝廷推荐他。从前王文康公曾看到他的作品，慨叹说："二百年没有这样的作品了！"虽然知道圣俞的可贵，可还是没有加以举荐。假若使他有幸被朝廷任用，写出《诗经》中《雅》《颂》那样的作品，来歌颂大宋的功业恩德，献于宗庙之上，上追《商颂》《周颂》《鲁颂》的作者，这难道不是伟大的贡献吗？为什么他到老也不能得志，只能徒然地写些描述虫鱼物类的诗，再或者是抒发羁旅、愁闷之情的作品呢？世人只喜爱他作诗的技巧，却不知道他长期失意困窘并且将要老死了，这样不是太可惜了吗？

圣俞诗既多，不自收拾。其妻之兄子谢景初[⑩]，惧其多而易失也，取其自洛阳至于吴兴以来所作，次为十卷。予尝嗜圣俞诗，而患不能尽得之，遽[⑪]喜谢氏之能类次也，辄序而藏之。其后十五年，圣俞以疾卒于京师，余既哭而铭之，因索于其家，得其遗稿千余篇，并旧所藏，掇其尤者六百七十七篇，为一十五卷。呜呼！吾于圣俞诗，论之详矣，故不复云。庐陵欧阳修序。

注释

⑩谢景初：字师厚，富阳（今浙江富阳）人，博学能文，擅长写诗。

⑪遽（jù）：骤然，顿时。

译文

圣俞写了很多的诗，自己却不收集整理。他妻子的侄儿谢景初，担心诗篇太多容易散失，于是选取他从洛阳到吴兴这段时间的作品，编为十卷。我一向酷爱圣俞的诗作，担心不能得到他的全部作品，对谢氏为圣俞的诗作分类排序之举感到十分高兴，就为之作序并且珍藏起来。从那以后过了十五年，圣俞因病在京城去世，我痛哭着为他写了墓志铭，又向他家里索求他的作品，得到他的遗稿一千多篇，连同以前所收藏的，选取其中特别好的共六百七十七篇，编成了十五卷。唉！我对于圣俞的诗，在过去已评论得很详尽了，因此就不再多说了。庐陵欧阳修写下了这篇序。

醉翁亭记

欧阳修

环滁[①]皆山也。其西南诸峰，林壑[②]尤美。望之蔚然[③]而深秀者，琅琊也。山行六七里，渐闻水声潺潺[④]，而泻[⑤]出于两峰之间者，酿泉[⑥]也。峰回路转[⑦]，有亭翼然[⑧]临于泉上者，醉翁亭也。作亭者谁？山之僧智仙也。名之者谁？太守自谓[⑨]也。太守与客来饮于此，饮少辄[⑩]醉，而年又最高，故自号曰醉翁也。醉翁之意不在酒，在乎山水之间也。山水之乐，得之心而寓[⑪]之酒也。

若夫日出而林霏[⑫]开，云归而岩穴暝[⑬]，晦明变化者，山间之朝暮[⑭]也。野芳[⑮]发而幽香，佳木秀而繁阴[⑯]，风霜高洁，水落而石出者，山间之四时也。朝而往，暮而归，四时之景不同，而乐亦无穷也。

注释

①环滁（chú）：环绕着滁州。②林壑（hè）：森林山谷。③蔚然：草木茂盛的样子。④潺（chán）潺：流水声。⑤泻：倾泻。⑥酿泉：因水美可以酿酒而得名。⑦峰回路转：山势回转，路也跟着曲折。⑧翼然：亭子四角翘起，如鸟展翅。⑨自谓：自己说的。⑩辄：便。⑪寓：寄托。⑫林霏（fēi）：林间的雾气。⑬暝（míng）：昏暗。⑭朝暮：早晚的景色。⑮野芳：野花。⑯繁阴：浓密的树荫。

译文

滁州城四面环山，西南面的那些山峰、林木和山谷最为秀美。放眼望去，那浓绿荫翳、深幽秀丽的地方就是琅琊山。沿着山路行走六七里，渐渐地就可听到潺潺水声，那从两峰间奔泻而出的就是酿泉。路径蜿蜒曲折，绕过山峰，就可以看到一座小亭高踞于泉边，亭檐翘起，如飞鸟展翅，这就是醉翁亭。建亭子的人是谁呢？就是这山上的僧人智仙。给亭子起名的人又是谁呢？就是自称“醉翁”的滁州太守。太守与客人来这里游玩饮酒，才喝上一点就醉了，而且年纪又最大，所以就自号“醉翁”。醉翁的意趣不在于酒，而在于山水之间。与自然山水交融的乐趣，领略于心而寄寓在酒中。

旭日东升，树林中的雾气便散去；若烟云归聚，山谷就变得昏暝晦暗。这种晴朗阴暗的变化，就是山中清晨与黄昏的景色。野花开放，幽香四溢；林木秀美，枝叶繁茂；风起霜落，天高地洁；溪水浅流，山石显露。这就是山中四季景致的变化。清晨前往，黄昏归来，四季的风景各不相同，其中的乐趣也就无穷无尽了。

至于负者歌于涂[17]，行者休于树[18]，前者呼，后者应，伛偻提携[19]，往来而不绝者，滁人游也。临溪而渔[20]，溪深而鱼肥，酿泉为酒，泉香而酒洌[21]。山肴野蔌[22]，杂然而前陈者，太守宴也。宴酣之乐，非丝非竹[23]，射者中[24]，弈[25]者胜，觥筹交错[26]，起坐而喧哗[27]者，众宾

欢也。苍颜[28]白发，颓乎[29]其中者，太守醉也。

注释

⑰涂：通“途”，路上。⑱休于树：在树荫下休息。⑲伛（yǔ）偻（lǚ）提携：老人和孩子。伛偻，弯腰曲背，指老人。提携，搀扶带领，指孩子。⑳渔：捕鱼。㉑洌（liè）：清醇。㉒山肴野蔌（sù）：山中的野菜。㉓非丝非竹：不是音乐。丝，弦乐。竹，管乐。㉔射者中：指投壶游戏中把箭投向壶内。㉕弈（yì）：围棋。㉖交错：杂乱的样子，形容其热闹气氛。㉗喧哗：大声说笑。㉘苍颜：苍老的容貌。㉙颓乎：醉倒在地的样子。

译文

那些挑担背物的人在路上唱歌，行路的人在树下歇息，前面的招呼，后面的应答，老老少少，搀扶提携，往来不绝，这是滁州人在游山玩水。在溪边垂钓，溪水深，鱼肥美；用泉水酿酒，泉水香，酒清醇。还有各种各样的山珍和野菜，错杂摆列在面前，这是太守在宴请宾客。宴饮酣畅的乐趣，不用靠管弦音乐来助兴。投壶的投中了，下棋的得胜了，酒杯和酒筹杂乱交错，人人说笑喧闹，或坐或起，这就是宾客们在尽情欢乐。其中有一位面容苍老，满头白发，醉醺醺地倒在众人中间的，就是喝醉了的太守。

已而[30]夕阳在山，人影散乱[31]，太守归而宾客从[32]也。树林阴翳[33]，鸣声上下[34]，游人去而禽鸟乐也。然而禽鸟知山林之乐，而不知人之乐；人知从太守游而乐，而不知太守之乐其乐[35]也。醉能同其乐，醒能述以文者，太守也。太守谓谁？庐陵欧阳修也。

注释

㉚已而：不久。㉛人影散乱：人影分散凌乱，指席终人散。㉜从：跟从。㉝阴翳：树荫遮蔽。㉞上下：上下相和。㉟乐其乐：与滁人及众宾客同乐。第一个“乐”字用作动词。

译文

不久，夕阳落山，人影散乱，游宴已罢，宾客们纷纷跟随太守归去。树林里枝叶浓密成荫，上上下下一片鸟鸣，游人离去了，鸟儿便开始欢唱。然而，禽鸟只知栖止山林的快乐，却不知人们游赏山水的快乐；人们只知跟着太守游山玩水的快乐，却不知道太守以游人的快乐而快乐啊！喝醉了，能和大家一起享受这种乐趣；酒醒后又能用文章把它记叙下来的，就是太守。太守是谁呢？是庐陵的欧阳修。

秋声赋

欧阳修

欧阳子方[1]夜读书，闻有声自西南来者，悚然[2]而听之，曰："异哉！"初淅沥以潇飒[3]，忽奔腾而砰湃[4]，如波涛夜惊，风雨骤至。其触于物也，鏦鏦铮铮[5]，金铁皆鸣，又如赴敌[6]之兵，衔枚[7]疾走，不闻号令，但闻人马之行声。予谓童子："此何声也？汝出视之。"童子曰："星月皎洁，明河[8]在天。四无人声，声在树间。"

注释

①方：正在。②悚（sǒng）然：吃惊的样子。③潇飒（sà）：风声。④砰湃：通"澎湃"，波涛激涌之声。⑤鏦（cōng）鏦铮（zhēng）铮：金属相互撞击声。⑥赴敌：奔走袭击敌人。⑦衔枚：古代进军袭击敌方时，常令士兵口中衔枚，以防止其说话。枚是像筷子一样的东西，两端有带，可系于脖子上。⑧明河：这里指银河。

译文

我正在夜里读书，有声音从西南方向传来，心里不禁悚然，侧耳倾听，自语说："真怪啊！"起初，雨声淅沥，风声潇飒，其势尚微；忽然间，发出奔腾澎湃的响声，好似波涛在夜里惊起，狂风暴雨骤然而来。它落在物体上，鏦鏦铮铮，发出金铁相撞的鸣声。再仔细听，又像奔赴敌阵的军队，个个口中衔着木片，疾速奔走，不闻号令，只能听到人马行进的声音。我对书童说："这是什么声音呀？你出去看看。"书童回来说："月色皎洁，星空灿烂，银河清晰，高悬中天，四处没有人声，声音是从树林间发出的。"

予曰："噫嘻[9]，悲哉！此秋声也，胡为[10]乎来哉？盖夫秋之为状也，其色惨淡，烟霏云敛[11]；其容清明，天高日晶[12]；其气慄冽[13]，砭[14]人肌骨；其意萧条，山川寂寥。故其为声也，凄凄切切，呼号奋发。丰草绿缛[15]而争茂，佳木葱茏[16]而可悦。草拂[17]之而色变，木遭之而叶脱。其所以摧败零落者，乃一气[18]之余烈[19]。

注释

⑨噫嘻：惊叹声。⑩胡为：为什么。⑪烟霏云敛：烟气散尽，云雾消失。⑫日晶：阳光灿烂。⑬慄冽：通"凛冽"，寒冷。⑭砭（biān）：古代用于治疗的石针。这里用作动词，表示刺。⑮绿缛（rù）：绿草茂密。⑯葱茏：草木青翠茂盛的样子。⑰拂：接触，拂拭。⑱气：古人认为在自然中弥漫着一种气，这种气四季是会发生变化的。如春天是阳和之气，秋天是肃杀之气。⑲余烈：余威。

译文

我说："哎呀！令人悲伤啊！这是秋天的声音啊，它为什么就来了呢？秋天的情景，大致是这样：它的色彩，凄惨暗淡，烟飞云散；它的形貌清新开朗，天高气爽，阳光明亮；它的气候，凛冽寒冷，刺入肌骨；它的意境，冷落萧条，山水寂寞。因此它的声音，时而凄切低沉，时而呼啸激昂。本来，绿莹莹的草儿争着生长，是那样繁茂；青葱的佳木挺拔而起，是那样可爱。可是一旦秋风拂过，草就要变色，树就要落叶。它用来摧残草木，使之零落的，就是这肃杀秋气的余威。

"夫秋，刑官[20]也，于时为阴[21]，又兵象也，于行为金[22]。是谓天地之义气，常以肃杀而为心。[23]天之于物，春生秋实，故其在乐也，商声主西方之音[24]，夷则为七月之律[25]。商，伤也，物既老而悲伤。夷，戮也，物过盛而当杀[26]。

注释

⑳刑官：即司寇，古代掌管刑狱、纠察的官。古人将官职分为天、地、春、夏、秋、冬六类，因秋天有肃杀之气，所以将掌管刑法、狱讼的刑官分属于秋。㉑于时为阴：在四季之中，古人以春夏为阳，秋冬为阴，所以这里说秋天“于时为阴”。㉒于行为金：古人将五行与四季相配，秋为金。行，五行，指金、木、水、火、土。㉓“是谓天地之义气”二句：《礼记·乡饮酒义》云：“天地严凝之气，始于西南，盛于西北，此天地之尊严气也，此天地之义气也。”古人认为秋天是决狱讼，征不义，诛暴谩的季节，所以说“常以肃杀而为心”。㉔商声主西方之音：我国古代将乐分为宫、商、角、徵、羽五音，以五音代表的方位与四时相配，角音位于东方，属春；徵音位于南方，属夏；商音位于西方，属秋；羽音位于北方，属冬；宫音位于中央，属长夏。㉕夷则为七月之律：古时乐分十二律，又以十二律配一年的十二个月。黄钟配十一月，大吕配十二月，大簇配正月，夹钟配二月，姑洗配三月，中吕配四月，蕤（ruí）宾配五月，林钟配六月，夷则配七月，南吕配八月，无射配九月，应钟配十月。夷则是七月的音律。㉖杀：衰减。

译文

“秋天，在职官是刑罚之官，在季节上属于阴，又象征着用兵，在五行中属金。这就叫作天地之义气，它常常以肃杀为本心。大自然对于万物，是要让它们在春天生长，在秋天结果。所以，秋天在音乐五声中属商声，‘商声’代表西方的音调，‘夷则’属于七月的音律。商，就是“伤”的意思，万物老了就要悲伤；夷，就是“杀”的意思，事物过了繁盛期就会走向衰亡。

“嗟夫！草木无情，有时飘零。人为动物，惟物之灵㉗，百忧感其心，万事劳其形，有动乎中，必摇其精㉘。而况思其力之所不及，忧其智之所

不能，宜其渥然丹者[29]为槁木，黟然黑者[30]为星星。奈何非金石之质[31]，欲与草木而争荣？念谁为之戕贼[32]，亦何恨乎秋声？”

注释

㉗惟物之灵：万物之灵。㉘精：精神。㉙渥（wò）然丹者：指丰满红润的脸庞，这里比喻年轻人的容貌。渥然，润泽的样子。㉚黟（yī）然黑者：指乌黑的头发，这里比喻健壮。黟然，黑的样子。㉛非金石之质：指人的身体。㉜戕（qiāng）贼：残害，伤害。

译文

“唉！草木是没有感情的，尚且有衰败零落之时。人是动物，是万物之灵，百般忧虑来刺激着他的心情，万种事务来劳累着他的形体，内心受到刺激，必然耗费精力。何况，有时想的是他的力量做不到的事情，忧虑的是他的智力不能解决的问题，当然会使自己红润的肤色变得枯槁，乌黑的头发变得花白。人为什么要以本不是金石的肌体，去像草木那样争一时繁荣呢？想想是谁在折磨自己，又何必怨恨这秋声？”

童子莫对，垂头而睡[33]。但闻四壁虫声唧唧[34]，如助予之叹息。

注释

㉝睡：打瞌睡。㉞唧唧：虫子的鸣叫声。

译文

书童没有应答，垂头昏昏而睡。只听见四面墙壁虫声唧唧，像是在附和我的叹息。

泷冈阡表

欧阳修

呜呼！惟我皇考崇公[1]，卜吉[2]于泷冈之六十年，其子修始克表于其阡[3]，非敢缓也，盖有待也。

注释

①崇公：欧阳修之父欧阳观死后封崇国公。②卜吉：选择吉日与墓地。欧阳修之父死于宋真宗大中祥符三年（1010年），次年葬于泷（shuāng）冈。③阡：墓道。

译文

唉！想我先父崇国公，择吉日在泷冈安葬的六十年后，他的儿子欧阳修才在墓道上立碑撰表，这不是我有意拖延，而是有所期待。

修不幸，生四岁而孤。太夫人守节自誓，居穷自力于衣食，以长以教，俾至于成人。太夫人告之曰："汝父为吏廉而好施与，喜宾客，其俸禄虽薄，常不使有余，曰：'毋以是为我累。'故其亡也，无一瓦之覆、一垄之植以庇而为生，吾何恃而能自守耶？吾于汝父，知其一二，以有待于汝也。自吾为汝家妇，不及事吾姑，然知汝父之能养也。汝孤而幼，吾不能知汝之必有立，然知汝父之必将有后也。吾之始归也，汝父免于母丧方逾年。岁时祭祀，则必涕泣曰：'祭而丰，不如养之薄也。'间御酒食，则又涕泣曰：'昔常不足，而今有余，其何及也！'吾始一二见之，以为新免于丧适然耳。既而其后常然，至其终身未尝不然。吾虽不及事姑，而以此知汝父之能养也。汝父为吏，尝夜烛治官书，屡废而叹。吾问之，则曰：'此死狱也，我求其生不得尔。'吾曰：'生可求乎？'曰：'求其生而不得，则死者与我皆无恨也。矧[④]求而有得耶！以其有得，则知不求而死者有恨也。夫常求其生，犹失之死，而世常求其死也。'回顾乳者抱汝而立于旁，因指而叹曰：'术者谓我岁行在戌[⑤]将死，使其言然，吾不及见儿之立也，后当以我语告之。'其平居教他子弟，常用此语。吾耳熟焉，故能详也。其施于外事，吾不能知。其居于家，无所矜饰，而所为如此，是真发于中者耶！呜呼！其心厚于仁者耶！此吾知汝父之必将有后也。汝其勉之。夫养不必丰，要于孝；利虽不得博于物，要其心之厚于仁。吾不能教汝，此汝父之志也。"修泣而志之不敢忘。

注释

④矧（shěn）：况且。⑤岁行在戌：指木星运行到戌那一年。岁，岁星，即木星。古人认为木星十二年绕天一周，因此把木星运行的轨道十二等分，配上十二地支，用来纪年。

译文

我很不幸，四岁时父亲就去世了。母亲立志守节，家境穷困，依靠自己劳动操持生活，还要抚养我，教育我，使我长大成人。母亲告诉我说："你的父亲为官清廉，又好周济，喜欢接待宾客。他的俸禄虽然微薄，却从来不留积蓄，他说：'不要让钱财成为我的累赘。'因此他去世后，没有留下一片能遮身的屋瓦，一垄能种植的土地，让我们能够维持生活，那么我靠什么安贫守节呢？那是因为我对你父亲的平生事迹略知一二，因而把希望寄托在你身上。自从我做了你家的媳妇，没有赶上侍奉我的婆婆，但是我知道你的父亲很孝敬老人。你失去了父亲，年岁又小，我不知道你将来是否能有所建树，但是知道你父亲必将后继有人。我嫁到你家的时候，你的父亲守孝刚过一年，年末祭祀，他常常流着泪说：'祭品再丰盛，也不如老人在世时微薄的供养呀！'有时供献酒食，他又会哭泣着说：'从前生活拮据，现今有了富余，又有什么用呢！'开始我见过一两次，以为刚刚服完母丧，偶然这样罢了。后来，我却经常见到他如此，直到他去世前，没有哪次不是如此。我虽然没有赶上侍奉婆婆，可是根据这些就知道你的父亲是能孝敬供养老人的。你的父亲做官时，曾经在夜里掌着蜡烛处理办案的文书，屡次停下来叹气。我问他，他说：‘这是该判死罪的案子，我想给他找条生路，只是找不到罢了。’我说：‘犯了死罪的人也可以活命吗？’他说：‘我尽力为其开脱还是不成，那么，判处死刑的人和我都不会遗憾了，何况有时也能找到生路呢！因为有人能够得到赦免，所以我知道办案的人不想办法去找，那么被判处死刑的人是有遗憾的。像这样尽量为死囚找生路，还会有误判死刑的情况，何况有的官吏经常千方百计要治人死罪呢！’他回头看见奶妈正抱着你站在旁边，就指着你感叹地说：‘算命的说我将要在戌年死去，如果他的话当真，那我就赶不上看到儿子长大成人了，将来你应当把我所说的告诉他。’平时他教导别的子弟，也常用这些话，我听熟了，因此记得详细。‘他在外做事情，实际表现怎样，我没法知道；他在家里，从不矜持做作，所作所为正是这样，这些正是发自内心的话啊！啊，他的心里充满了仁爱啊！正因如此，我知道你的父亲将来必定子嗣绵延。你要努力啊！供养父母不一定要物质丰盈，关键在于孝敬；利益不一定能普及万物，重在仁爱之心。我没什么可以教导你的，这是你父亲的愿望。”我流着泪记下这些话，不敢忘记。

先公少孤力学，咸平三年⑥进士及第，为道州判官⑦，泗、绵二州推官⑧，又为泰州判官，享年五十有九，葬沙溪⑨之泷冈。太夫人姓郑氏，考讳德仪，世为江南名族。太夫人恭俭仁爱而有礼，初封福昌县太君⑩，进封乐安、安康、彭城三郡太君。自其家少微⑪时，治其家以俭约，其后常不使过之，曰：“吾儿不能苟合于世，俭薄所以居患难也。”其后修贬夷陵，太夫人言笑自若，曰：“汝家故贫贱也，吾处之有素⑫矣。汝能安之，吾亦安矣。”

注释

⑥咸平三年：1000年。咸平，宋真宗于998—1003年的年号。⑦判

官：州府长官的僚属。⑧推官：与判官一样为州府长官僚属，掌司法。⑨沙溪：地在今江西永丰南。⑩太君：旧时官吏母亲的封号。宋朝大臣的母亲分别加封国太夫人、郡太君、县太君。⑪少微：微贱。⑫素：向来，这里指习惯。

译文

先父年少丧父，但勤奋读书，在咸平三年时考中进士，曾任道州判官，泗州、绵州的推官，又曾担任泰州判官，享年五十九岁，埋葬在沙溪的泷冈上。先母姓郑，她的父亲名德仪，世世代代都是江南的名门望族。先母恭谨俭朴，仁爱宽厚，又有礼法，起初封为福昌县太君，后来晋封为乐安、安康、彭城三郡太君。从我家早年家境贫寒时，先母就俭省持家，以后也常常不让生活用度超过从前的标准，说道："我儿不能苟且从事，迎合世俗，若是俭省度日，将来遇到困难也能维持生活了。"后来，我被贬到夷陵，先母谈笑自若地说："你家本来就贫贱，我过艰苦的日子已经很久了。你能安于这种生活，我也就放心了。"

自先公之亡二十年，修始得禄而养。又十有二年，列官于朝，始得赠封[13]其亲。又十年，修为龙图阁直学士[14]、尚书吏部郎中[15]，留守南京。太夫人以疾终于官舍，享年七十有二。又八年，修以非才入副枢密[16]，遂参政事[17]。又七年而罢。自登二府[18]，天子推恩，褒其三世。盖自嘉祐以来，逢国大庆，必加宠锡[19]。皇曾祖府君[20]，累赠金紫光禄大夫、太师、中书令[21]；曾祖妣，累封楚国太夫人；皇祖府君，累赠金紫光禄大夫、太师、中书令兼尚书令[22]；祖妣，累封吴国太夫人；皇考崇公，累赠金紫光禄大夫、太师、中书令兼尚书令；皇妣，累封越国太夫人。今上初郊，皇考赐爵为崇国公，太夫人进号魏国。

注释

⑬赠封：古代朝廷对官员家属赐以爵位和称号。⑭龙图阁直学

士：宋朝加给侍从官的荣誉头衔。龙图阁是保管皇帝御书和典籍的地方，设有学士等官，直学士的品位仅次于学士。⑮尚书吏部郎中：宋朝尚书省吏部设郎中若干人，掌官员的任免、赠封等事。⑯副枢密：又称枢密副使或同知枢密院事，是中央最高军事机关的副长官。⑰参政事：即参知政事，实际上的副宰相。⑱二府：指枢密院与中书省。⑲锡：赏赐。⑳府君：后世子孙对祖先的敬称。㉑累赠金紫光禄大夫、太师、中书令：金紫光禄大夫，加金章紫绶的光禄大夫。光禄大夫，在宋朝为文职阶官称号，是散官，正三品。太师，三公之一，在宋朝时无实职。中书令，宋朝时一般为赠官。㉒尚书令：宋朝时为赠官，班次在中书令之上。

译文

先父去世二十年后，我才得到俸禄奉养母亲。又过了十二年，我在朝廷中有了官职，才能使父母获得封赠。又过了十年，我做了龙图阁直学士、尚书吏部郎中，留守南京。先母因为患病死在官舍，享年七十二岁。又过了八年，我以不称职的才能进入枢密院担任副职，接着又任参知政事。又过了七年，我就被罢免了。从我进入二府为官，天子推广恩德，褒奖我家三代，所以自从嘉祐年间以来，每逢国家重大庆典，天子必定给我以封赏。先曾祖父，连续受封金紫光禄大夫、太师、中书令。先曾祖母，连续受封直到楚国太夫人。先祖父，连续受封金紫光禄大夫、太师、中书令兼尚书令。先祖母，连续受封直到吴国太夫人。先父崇国公，连续受封金紫光禄大夫、太师、中书令兼尚书令。先母连续受封直到越国太夫人。当今皇上初次举行郊祀大典，赐予先父崇国公的爵位，将先母晋封为魏国太夫人。

于是小子修泣而言曰："呜呼！为善无不报，而迟速有时，此理之常也。惟我祖考，积善成德，宜享其隆。虽不克有于其躬，而赐爵受封，显荣褒大，实有三朝之锡命，是足以表见于后世，而庇赖其子孙矣。"乃列其世谱，具刻于碑。既又载我皇考崇公之遗训，太夫人之所以教而有待于修者，并揭于阡。俾知夫小子修之德薄能鲜，遭时窃位，而幸全大节，

不辱其先者，其来有自。

译文

于是我流着泪说："唉！凡是好行善事的没有得不到报答的，只是或早或晚各有时候罢了，这是永恒的真理。我的祖先，积善成德，理应享有这种崇高的荣誉。虽然他们生前没有能亲身享受，但是被赐予爵位，赠给封号，因此显赫荣耀，崇高伟大，有三朝皇上封赠的诏书摆在这里。这就足以宣扬于后世，荫庇他们的子孙了。"于是序列世系家谱，详细地刻在石碑上，接着又记载先父崇国公的遗训和先母用来教导我并且对我有所期待的话语，一并刻在墓表上，使人们知道我的德行浅薄，才能缺乏，遭逢良机，窃居官位，然而侥幸保全大节，没有辱没先人，这都是有缘由的。

熙宁三年，岁次庚戌，四月辛酉朔，十有五日乙亥，男推诚、保德、崇仁、翊戴[23]功臣，观文殿学士[24]，特进[25]，行兵部尚书[26]，知青州军州事[27]，兼管内劝农使[28]，充京东路安抚使[29]，上柱国[30]，乐安郡开国公[31]，食邑四千三百户，食实封一千二百户，修表。

注释

㉓推诚、保德、崇仁、翊（yì）戴：这些是宋朝赐给臣属的褒奖之词。㉔观文殿学士：宋朝制度，免去宰相后才授此官职，实为皇帝侍从顾问。㉕特进：宋朝文散官第二阶，正二品。㉖行兵部尚书：行，兼。宋朝兼任低职为行。兵部尚书，尚书省兵部长官。㉗知青州军州事：宋朝朝臣管理州一级地方行政兼管军事，简称知事。青州，治所在今山东青州。㉘内劝农使：州官兼管农事。㉙京东路安抚使：京东路，辖今河南、山东、江苏一带。路，宋朝行政区划名称。安抚使，路的军政长官。㉚上柱国：宋朝勋官十二级中的最高一级。㉛开国公：宋朝封爵十二级中的第六级。

译文

熙宁三年，也就是庚戌年，四月初一辛酉日，十五乙亥日，儿子推诚保德崇仁翊戴功臣、观文殿学士、特进、行兵部尚书、知青州军州事、兼管内劝农使、充京东路安抚使、上柱国、乐安郡开国公，食邑四千三百户、食实封一千二百户，欧阳修敬撰此表。

管仲论

苏　洵

管仲相威公[①]，霸诸侯，攘夷狄。终其身齐国富强，诸侯不敢叛。管仲死，竖刁、易牙、开方[②]用，威公薨[③]于乱，五公子争立，其祸蔓延，讫简公，齐无宁岁[④]。

注释

①威公：即齐桓公，名小白。宋人因避宋钦宗赵桓名讳而改。在管仲的帮助下，齐桓公成为春秋时期第一位霸主。②竖刁、易牙、开方：管仲死后，此三人把持朝政。竖刁，齐桓公宠信的宦官。易牙，齐桓公宠信的近臣，因擅长烹饪而受宠。开方，卫国公子。③薨（hōng）：周朝诸侯死亡称作“薨”。④齐无宁岁：齐桓公死后，又经过十一代传至齐简公，齐国国势一直衰败。

译文

管仲为相，辅佐齐桓公称霸诸侯，抵御外族的侵扰。管仲在世时，齐国一直都很富强，以致诸侯不敢背叛。管仲死后，竖刁、易牙、开方掌权，齐桓公在内乱中死去，五位公子争夺王位，祸患蔓延开来，一直到齐简公的时候，齐国没有一年安定过。

夫功之成，非成于成之日，盖必有所由起；祸之作，不作于作之日，亦必有所由兆。故齐之治也，吾不曰管仲，而曰鲍叔[⑤]；及其乱也，吾不曰竖刁、易牙、开方，而曰管仲。何则？竖刁、易牙、开方三子，彼固乱人国者，顾其用之者，威公也。夫有舜而后知放四凶[⑥]，有仲尼而后知去少正卯[7]。彼威公何人也？顾其使威公得用三子者，管仲也。仲之疾也，公问之相。当是时也，吾意以仲且举天下之贤者以对，而其言乃不过曰竖刁、易牙、开方三子，非人情，不可近而已。

注释

⑤鲍叔：鲍叔牙，春秋时期齐国大夫，少时与管仲为好友。在齐国的公子小白和公子纠争权时，鲍叔牙辅佐公子小白，而管仲辅佐公子纠。公子小白获胜，即位为齐桓公，任鲍叔牙为相，他坚辞不就，并保举管仲出任。⑥四凶：指共工、鲧、驩兜和三苗首领。⑦少正卯：春秋时期鲁国大夫，与孔子同时在鲁国讲学，曾多次把孔子的门徒吸引到自己门下。孔子出任鲁国司寇时，以"五恶"的罪名将其处死。少正，复姓，一说为古代官名。

译文

功业的建成，不是成于完成之日，一定有它的起因；祸患的兴起，不是发生在它发生之时，也一定有它的征兆。所以齐国得到治理，我不说功在管仲，而要说功在鲍叔。后来齐国发生了动乱，我不说是竖刁、易牙、开方掌权所致，而说过在管仲。为什么这样说呢？竖刁、易牙、开方三个人，他们固然是扰乱国家的人，但是起用他们的人，则是齐桓公。有了圣人虞舜，然后才知道放逐四凶；有了圣人孔子，然后才知道除掉少正卯。与圣人相比，齐桓公是什么人呢？使齐桓公重用这三个人的，正是管仲啊。管仲卧病不起的时候，齐桓公问他宰相的人选。这个时候，我本以为管仲会列举天下的贤才来回答齐桓公，但他说的不过是"竖刁、易牙、开方三人不讲人情，不可与他们亲近"而已。

呜呼！仲以为威公果能不用三子矣乎？仲与威公处几年矣，亦知威公之为人矣乎？威公声不绝于耳，色不绝于目，而非三子者则无以遂其欲。彼其初之所以不用者，徒以有仲焉耳。一日无仲，则三子者可以弹冠而相庆[8]矣。仲以为将死之言可以絷[9]威公之手足耶？夫齐国不患有三子，而患无仲，有仲，则三子者，三匹夫[10]耳。不然，天下岂少三子之徒哉？虽威公幸而听仲，诛此三人，而其余者，仲能悉数而去之耶？呜呼！仲可谓不知本者矣。因威公之问，举天下之贤者以自代，则仲虽死，而齐国未为无仲也。夫何患三子者？不言可也。

五伯[11]莫盛于威、文。文公之才，不过威公，其臣又皆不及仲；灵公[12]之虐，不如孝公[13]之宽厚。文公死，诸侯不敢叛晋，晋袭文公之余威，犹得为诸侯之盟主百余年。何者？其君虽不肖，而尚有老成人焉。威公之薨也，一败涂地，无惑也，彼独恃一管仲，而仲则死矣。

注释

⑧弹冠而相庆：比喻因即将做官而互相庆贺，多用于贬义。弹冠，用手指弹去帽子上的灰尘。⑨絷（zhí）：用绳索绊马足，这里是束缚的意思。⑩匹夫：平常的人（带有轻蔑的语气）。⑪五伯（bà）：即“五霸”，指春秋时先后称霸的五位诸侯：齐桓公、晋文公、宋襄公、秦穆公、楚庄王。伯，通“霸”。⑫灵公：指晋灵公，晋文公之孙。⑬孝公：指齐孝公，齐桓公之子。

译文

唉！管仲以为齐桓公果真不会任用这三人吗？管仲与齐桓公相处多年，也应当知道齐桓公的为人吧。齐桓公的耳朵一刻也离不了音乐，眼睛一刻也离不了女色。若没有这三个人，齐桓公便无从满足他的欲望。齐桓公起初之所以不起用他们，只不过是因为有管仲在罢了。一旦管仲死了，那么这三个人就可以弹冠相庆，期待高升了。管仲难道以为临终前的几句话能捆住齐桓公的手脚吗？齐国不担心有这么三个人，担心的是失去了管仲。管仲在世，那么这三个人只不过是匹夫而已。若非如此，天下难道缺少像竖刁、易牙、开方这类奸诈小人吗？即使齐桓公幸而听从了管仲的意见，杀了这三个人，但是剩下的奸佞之徒，管仲能悉数除去吗？唉！管仲可以说是个不知道从根本上着眼的人。如果借齐桓公问话的机会，荐举天下的贤才来替代自己，那么管仲虽死，齐国也不是没有管仲一样的人才啊，何必担心这三个人呢？这些道理不说世人也明白。

五霸之中，没有能胜过齐桓公、晋文公的了。晋文公的才能不如齐桓公，他的臣子又都不如管仲。晋灵公暴虐，不能与待人宽厚的齐孝公相比。然而晋文公死后，诸侯不敢背叛晋国，晋国承袭晋文公的余威，还能在晋文公死后一百多年的时间里充当诸侯的盟主。这是为什么呢？晋国后来的国君虽然不成器，却还有老成干练的大臣在；而齐桓公一死，齐国就一败涂地，这是毫无疑问的。因为他只依靠一个管仲，而管仲却已经死去了。

夫天下未尝无贤者，盖有有臣而无君者矣。威公在焉，而曰天下不复有管仲者，吾不信也。仲之书，有记其将死论鲍叔、宾胥无⑭之为人，且各疏其短。是其心以为数子者皆不足以托国，而又逆知其将死，则其书诞谩不足信也。吾观史䲡⑮，以不能进蘧伯玉⑯，而退弥子瑕⑰，故有身后之谏；萧何且死，举曹参以自代。大臣之用心，固宜如此也。夫国以一人兴，以一人亡。贤者不悲其身之死，而忧其国之衰，故必复有贤者，而后可以死。彼管仲者，何以死哉？

注释

⑭宾胥无：齐桓公时的贤大夫。⑮史䲡（qiū）：字子鱼，也叫史鱼、史鳅。春秋时期卫灵公的大夫。⑯蘧（qú）伯玉：卫灵公时的贤大夫。⑰弥子瑕：卫灵公的宠臣，以善于逢迎而获宠。

译文

天下并不是没有贤人，往往是有贤臣却没有圣明的君主去重用他。齐桓公在世的时候，说天下不再有管仲这样的人才了，我不相信。管仲

著的《管子》一书中，记载着他临终前对鲍叔牙和宾胥无的评价，并且分别列举了他们各自的缺点。管仲认为鲍叔牙等人都不足以托付国家重任；而管仲又预料到自己快要死了。那么《管子》这部书实在是荒诞虚妄，不足以相信。我看春秋时卫国大夫史鳝，由于卫灵公不能进用蘧伯玉，疏远弥子瑕，所以有身后劝谏之事；汉朝丞相萧何在临终之前，推荐曹参来替代自己。大臣的用心，本来就应该如此啊。国家可以因一位贤者而兴盛，也可以因一位贤者而衰亡。贤者并不为自己的死去而悲伤，却为国家的衰落而担忧，所以一定要找到贤者接替自己，然后才可以安心死去。那管仲还没做到这一点，怎么能就这样撒手而去了呢？

石钟山记

苏　轼

《水经》[1]云："彭蠡之口有石钟山焉。"郦元[2]以为下临深潭，微风鼓浪，水石相搏，声如洪钟。是说[3]也，人常疑之。今以钟磬[4]置水中，虽大风浪不能鸣也，而况石乎！至唐李渤始访其遗踪，得双石于潭上，扣而聆之，南声函胡，北音清越，枹止响腾，余韵徐歇[5]。自以为得之[6]矣。然是说也，余尤疑之。石之铿然[7]有声者，所在皆是也，而此独以钟名[8]。何哉？

注释

①《水经》：一部专门记载江河源流的地理书，相传为汉朝桑钦所著，一说为西晋郭璞所著。《水经》中并没有苏轼所引的这句话。②郦（lì）元：即郦道元，字善长，北魏人，《水经注》的作者。③是说：这个说法，指郦道元在《水经注》中的看法。④磬（qìng）：古代一种石制或玉制的打击乐器。⑤徐歇：慢慢停止。⑥得之：“之”代指石钟山命名的缘故。⑦铿（kēng）然：形容敲击金石所发出的响亮的声音。⑧独以钟名：唯独用钟来命名。

译文

《水经》上记载：“彭蠡湖的湖口上，有一座石钟山。”郦道元认为这山之所以得名，是因为“下面有深潭，微风鼓动起水浪，湖水与石头相碰撞，发出的声音像洪钟一样洪亮”。这种说法，常常被人们怀疑。现在如果把钟磬放在水中，即使大风大浪，也不能发出鸣响，而何况是石头呢？到了唐朝，李渤开始寻访它的遗踪，在深潭上找到两块石头，叩击着细听，南面那块的响声模糊厚重，北面那块的响声清脆悠远。鼓槌已停止敲击，石头的响声还在传播，余音过了好一会儿才慢慢地停下来。他自以为找到石钟山得名的原因了。然而对于这种说法，我却更加怀疑。能在敲击时发出铿铿的声音的石头，到处都有，而这座山偏用“钟”命名。这到底是为什么呢？

元丰七年六月丁丑，余自齐安舟行适[9]临汝，而长子迈将赴饶之德兴尉，送之至湖口，因得观所谓石钟者。寺僧使小童持斧，于乱石间择其一二扣之，硿硿然[10]，余固笑而不信也。至其夜月明，独与迈乘小舟至绝壁下。大石侧立千尺，如猛兽奇鬼，森然[11]欲搏人；而山上栖鹘[12]，闻人声亦惊起，磔磔[13]云霄间。又有若老人咳且笑于山谷中者，或曰：“此鹳鹤[14]也。”余方心动欲还，而大声发于水上，噌吰[15]如钟鼓不绝。舟人[16]大恐。徐而察之，则山下皆石穴罅[17]，不知其浅深，微波入焉，涵澹[18]澎湃而为此也。舟回至两山间，将入港口，有大石当中流，可坐百人，空中而多窍[19]，与风水相吞吐，有窾坎镗鞳[20]之声，与向之噌吰者相应，如乐作焉。因笑谓迈曰：“汝识之乎？噌吰者，周景王之无射[21]也；窾坎镗鞳者，魏庄子之歌钟[22]也。古之人不余欺[23]也！”

注释

⑨适：去。⑩硿（kōng）硿然：象声词。⑪森然：阴森恐怖的样子。⑫鹘（hú）：一种像鹰的猛禽，又名隼（sǔn）。⑬磔（zhé）磔：鸟鸣声。⑭鹳（guàn）鹤：一种水鸟，形似鹤而顶不红。⑮噌（chēng）吰（hóng）：响亮的钟声。⑯舟人：船夫。⑰罅（xià）：裂缝。⑱涵澹：水旋转流动的样子。⑲窍：窟窿。⑳窾（kuǎn）坎镗（tāng）鞳（tà）：象声词，钟鼓撞击的声音。㉑无射（yì）：钟名，原为古代十二乐律之一。据《国语·周语下》记载，周景王二十四年（前521年），铸成大钟无射。㉒歌钟：即编钟，古代一种乐器。㉓不余欺：即“不欺余”，不欺骗我。

译文

元丰七年六月初九，我从齐安乘船到临汝去，恰逢我的大儿子苏迈要到饶州任德兴县尉，我送他到湖口，因而有机会去看所谓的石钟山。

庙里的和尚派了一个小童拿着斧头在乱石中间选择一两块来敲击，发出硿硿的响声，我只笑笑，不以为意。到了这天夜里，月色明亮，我单独和苏迈乘着小船来到绝壁下面。巨大的岩壁耸立，高达千尺，如同凶猛的野兽和奇形怪状的鬼怪，阴森森地像要将人扑倒；而山上栖息着的鹘鸟，听到人声也惊恐地飞起来，在云端里发出磔磔的叫声。又有像老人一样在山谷中发出边咳嗽边笑的声音，有人说："这是鹳鹤。"我心中有些害怕，正想着要回去，这时水上忽然传来巨大的声响，噌噌吰吰如撞钟击鼓之声，连续不断，船夫非常惊恐。我慢慢地观察，原来山下面都是石头的孔穴和裂缝，不知道它们的深浅，细微的波浪进入里面，激荡撞击而产生了这种声音。小船返回时来到两山之间，将入湖口处，有一块大石头挡在水流中央，上面可以坐一百多人，内部是空的，还有许多孔洞，吞吐着风和水，发出了窾坎镗鞳的声响，与先前那噌噌吰吰的声响互相应和，如同奏乐一样。于是，我笑着对苏迈说："你知道吗？噌吰，像是周景王的无射钟发出的声音；窾坎镗鞳，像是魏庄子的歌钟发出的声音。古人把这座山命名为石钟山，并没有欺骗我们啊！"

事不目见耳闻，而臆断[24]其有无，可乎？郦元之所见闻殆[25]与余同，而言之不详。士大夫终不肯以小舟夜泊绝壁之下，故莫能知。而渔工水师[26]虽知而不能言。此世所以不传也。而陋者乃以斧斤考击[27]而求之，自以为得其实。余是以记之，盖叹郦元之简，而笑李渤之陋也。

注释

㉔臆断：主观判断。㉕殆：大体上，差不多。㉖渔工水师：渔人和船夫。㉗考击：敲打。考，通"拷"。

译文

任何事情，不是亲眼看见、亲耳听见，只凭臆想断定它的有无，行吗？郦道元和我的所见所闻，大致差不多，只是他记载得不详细。士大夫不愿意在夜里乘着小船来到绝壁的下面细细察看，所以无法得知事实。而渔夫和船工，虽然知道真相却说不清楚道理，这就是石钟山命名的由来一直不为世人所传知的原因啊。而那些见识浅陋的人竟用斧子砍刀到处敲击去寻求真相，还自以为找到了正确的答案。我特意记下了这件事，叹惜郦道元记载的简略，也笑话李渤的见识浅薄。

潮州韩文公庙碑

苏　轼

匹夫而为百世师，一言而为天下法，是皆有以参天地之化、关盛衰之运。其生也有自来，其逝也有所为。故申、吕自岳降，傅说为列星，①古今所传，不可诬也。孟子曰："我善养吾浩然之气。"是气也，寓于寻常之中，而塞乎天地之间。卒然遇之，则王公失其贵，晋、楚②失其富，良、平③失其智，贲、育④失其勇，仪、秦⑤失其辨。是孰使之然哉？其必有不依形而立，不恃力而行，不待生而存，不随死而亡者矣。故在天为星辰，在地为河岳，幽则为鬼神，而明则复为人。此理之常，无足怪者。

注释

①"故申、吕"二句：相传周宣王时的申伯和吕侯在出生时，高山上有神灵出现。相传商朝的宰相傅说（yuè）死后飞升上天，与众星同列。②晋、楚：春秋时期的两个富庶的国家。③良、平：西汉谋士张良、陈平。④贲（bēn）、育：战国勇士孟贲、夏育。⑤仪、秦：战国时期著名的纵横家张仪、苏秦。

译文

一个普通人能够成为百代宗师，某一句话便为天下后世所仿效，这种人都是与天地万物相等同、与国家盛衰命运相关联的。他们的降生是有来历的，他们的去世也是有缘故的。申伯、吕侯出生时高山降神，傅说死后变成天上的星星，这古代遗留的传说，不可能是捏造的。孟子说："我善于涵养我正大刚直之气。"这种气蕴藏于平常的事物中，而充塞于苍茫之间。突然遇到它，连君王、诸侯也会失去他们的尊贵，晋、楚这样的国家也显示不出它们的富有，张良、陈平也难以施展他们的谋略，孟贲、夏育也会失去勇猛，张仪、苏秦也会失去善辩的口才。是什么原因使得他们这样呢？这必然有一种不依形体而站立，不依外力而运行，不依赖生命而生存，不随着死亡而消逝的物质。这种物质，在天上便化作星辰，在地上便化作河流山川，在幽冥之中化为鬼神，在人世就又重新成了人。这是很一般的道理，不足为怪。

自东汉以来，道丧文弊，异端[⑥]并起，历唐贞观、开元之盛，辅以房、杜、姚、宋而不能救。独韩文公起布衣，谈笑而麾[⑦]之，天下靡然[⑧]从公，复归于正，盖三百年于此矣。文起八代之衰，而道济天下之溺，忠犯人主之怒，而勇夺三军之帅，此岂非参天地、关盛衰、浩然而独存者乎？盖尝论天人之辨，以谓人无所不至，惟天不容伪；智可以欺王公，不可以欺豚、鱼[⑨]；力可以得天下，不可以得匹夫匹妇之心。故公之精诚，能开衡山之云，而不能回宪宗之惑；[⑩]能驯鳄鱼之暴，而不能弭皇甫镈、李逢吉之谤；[⑪]能信于南海之民，庙食[⑫]百世，而不能使其身一日安于朝廷之上。盖公之所能者天也，其所不能者人也。

注释

⑥异端：儒家把道家、墨家等斥为异端。这里指魏晋以来长期兴盛的道教和佛教。⑦麾（huī）：挥动，挥手。⑧靡然：倒下的样子。⑨豚、鱼：指天真的小动物。豚，小猪。⑩“能开”两句：传说韩愈在衡山经过，正逢秋雨，他心中祈祷一番，天便放晴了。唐宪宗迎佛骨，韩愈劝谏。唐宪宗不从，怒而放逐韩愈。⑪“能驯”两句：指韩愈至潮州逐恶溪鳄鱼一事。皇甫镈（bó）、李逢吉都是唐宪宗时的大臣，阿谀逢迎，诡计多端，曾多次诋毁韩愈。⑫庙食：接受后人的立庙祭祀。

译文

自东汉以来，儒学之道沦丧，文风败坏，旁门左道纷纷而起，唐朝虽有贞观、开元的盛世，有房玄龄、杜如晦、姚崇、宋璟等贤士，也不能挽救。只有韩文公出身平民，谈笑间申斥异端，天下归顺才将思想和文风拉回到正路上来。距今大概已有三百年了。韩文公的文章使八代文风重新振作起来，他倡导的儒家道统把人心从沉沦中拯救出来，他的报国之心敢于触怒君王。智勇胜过三军的统帅，这难道不就是帮助天地化育万物、关系国家盛衰、心中充满浩然独存正气的人吗？曾经有人探讨过天道和人事的差别，以为人可以做出任何事情，只有天道是人所无法改变的。用智谋可以欺骗王公大臣，却欺骗不了豚和鱼等小动物；用武力可以争霸天下，却不能赢得百姓的心。因此，韩文公真诚的心能驱散衡山的云雾，却不能使唐宪宗迷途知返；能制服凶猛的鳄鱼，却无法制止皇甫镈、李逢吉的诽谤；能取信于南海的百姓，死后名垂史册，却不能让自己在朝廷上得到片刻安宁。这是因为韩文公能迎合天意，而不擅长处理人事。

始潮人未知学，公命进士赵德为之师，自是潮之士皆笃于文行，延及齐民，至于今，号称易治。信乎孔子之言："君子学道则爱人，小人学道则易使也。"

译文

起初，潮州人不懂得读书学习，韩文公派进士赵德去当他们的老师。从这个时候起，潮州的读书人才开始重视文章和礼仪，这种良好的风气也影响了百姓，直到现在，潮州被称为是最容易治理的地方。正如孔子所言："君子学习了仁义之道就会有仁爱之心，平民学习了仁义之道就容易驱使。"

潮人之事公也，饮食必祭，水旱疾疫，凡有求必祷焉。而庙在刺史公堂之后，民以出入为艰，前太守欲请诸朝作新庙，不果。元祐五年，朝散郎王君涤来守是邦，凡所以养士治民者，一以公为师。民既悦服，则出令曰："愿新公庙者听。"民欢趋之。卜地于州城之南七里，期年而庙成。

译文

潮州人奉祀韩文公，每顿饭必祭奠他，每逢水旱灾害、疾病瘟疫，凡是有求于神灵的事，必定到祠庙中祈祷。可是庙宇在公堂后面，人们进出不方便。所以，前任太守曾想请求朝廷改建新庙，没有实现。元祐五年，朝散郎王涤来到这里任地方官，上任之后，所采用的施政措施，一律效仿韩文公的做法。百姓悦然心服，王涤便出告示说："愿意重建韩文公庙的人就听从我的命令。"百姓都非常高兴地前去修庙。于是，庙址在距城南七里的地方，仅用了一年的时间新庙就建成了。

或曰："公去国万里而谪于潮，不能一岁而归。没而有知，其不眷恋于潮也审矣。"轼曰："不然。公之神在天下者，如水之在地中，无所往而不在也。而潮人独信之深、思之至，焄蒿[13]凄怆，若或见之。譬如凿井得泉，而曰水专在是，岂理也哉？"

注释

⑬焄（xūn）蒿：香气。蒿，气雾升腾的样子。

译文

有的人说："韩文公离开京都万里之遥，而被降职到潮州，可是不到一年就回来了。假如他死后有知的话，他对潮州没有留恋之情是显然的。"我说："不对！韩文公的神灵在人间，像水在地下一样，无处不在；潮州人对他的信赖如此深切，思念又如此至诚，在祭奠时升腾的香气中人们感到无限悲痛，就像见到他一样。好比挖井挖到了泉水，就说泉水只在这里，哪有这样的道理？”

元丰元年，诏封公昌黎伯，故榜曰“昌黎伯韩文公之庙”。潮人请书其事于石，因作诗以遗之，使歌以祀公。其辞曰：公昔骑龙白云乡，手抉云汉分天章[14]，天孙为织云锦裳。飘然乘风来帝旁，下与浊世扫秕糠。西游咸池略扶桑[15]，草木衣被昭回光。追逐李、杜[16]参翱翔，汗流籍、湜[17]走且僵，灭没倒影不能望。作书诋佛讥君王，要观南海窥衡、湘，历舜九嶷吊英、皇[18]。祝融先驱海若藏[19]，约束蛟鳄如驱羊。钧天[20]无人帝悲伤，讴吟下招遣巫阳[21]。犦牲[22]鸡卜羞我觞，于粲荔丹与蕉黄。公不少留我涕滂[23]，翩然被发下大荒[24]。

注释

⑭天章：天上的日月星辰。一说文采。⑮扶桑：神木名，传说太阳从这里升起。⑯李、杜：唐朝诗人李白、杜甫。⑰籍、湜：唐朝文学家张籍和皇甫湜。⑱历舜九嶷（yí）吊英、皇：（被贬去潮州）可以经过葬舜的九嶷山，凭吊娥皇、女英。九嶷，即九嶷山，在今湖南。舜巡行至九嶷山而死，他的妃子女英和娥皇一起投湘水而死。⑲祝融先驱海若藏：火神在前面为您开路，海神率怪物深深躲藏。祝融，传说中的火神。海若，传说中的海神。⑳钧天：天之中央。㉑巫阳：神巫名。㉒犦（bó）牲：祭祀用的犎（fěng）牛。㉓涕滂：泪流得很多，形容十分悲伤。㉔大荒：传

说中极远的地方，此处指人间。

译文

元丰元年，宋神宗下诏封韩文公为昌黎伯，所以匾额上就题写了“昌黎伯韩文公之庙”。潮州人请我把他的事迹写下来刻在石碑上，我因此写了一首诗送给他们，让他们吟唱，用以悼念韩文公。这首诗是这样的：从前您骑着龙驹遨游在白云乡，双手拨动银河划分天章。织女为您织造云锦衣裳，您飘然而下来到皇帝的身旁，降临人世间是为了一扫浊世的异端思想，您西游咸池，东过扶桑，草木也承受您的灿烂光芒。您追随李白、杜甫，与他们共同翱翔，张籍、皇甫湜追随您奔跑得汗流腿僵，与您相形见绌惭愧地退避一旁，您的光辉让人不能仰望。您抨击佛学，劝诫君王，被贬到荒远的地方。您游历南海，过衡山、湘江，路经九嶷山虞舜墓，凭吊了女英、娥皇。火神为您开道，海神率众躲藏，您驯服鳄鱼如驱赶羔羊。九天缺少贤才，天帝心中悲伤，派遣巫阳高歌下凡，把您召回天上。今日我杀鸡宰牛，献上琼浆，荔枝鲜红，香蕉金黄。您不长留于世，我们都很悲伤，愿您翩然而至，飞到大荒，接受我们的祝飨。

前赤壁[①]赋

苏 轼

壬戌[②]之秋，七月既望[③]，苏子与客泛[④]舟游于赤壁之下。清风徐来，水波不兴[⑤]。举酒属[⑥]客，诵《明月》[⑦]之诗，歌“窈窕”[⑧]之章。少焉[⑨]，月出于东山之上，徘徊于斗、牛[⑩]之间。白露横江[⑪]，水光接天。纵一苇之所如[⑫]，凌万顷之茫然[⑬]。浩浩乎如冯[⑭]虚御风，而不知其所止，飘飘乎如遗世[⑮]独立，羽化[⑯]而登仙。

注释

①赤壁：三国时孙刘联军与曹魏交战处，在今湖北赤壁。苏轼所赋赤壁，在今湖北黄冈，人称“东坡赤壁”。②壬戌：干支纪年，是宋神宗元丰五年（1082年）。③既望：即阴历每月十六日。既，过了。望，阴历每月十五日。④泛：任其飘荡。⑤兴：起。⑥属（zhǔ）：这里是劝酒的意思。⑦《明月》：指《诗经·陈风》中《月出》一篇。⑧歌“窈（yǎo）窕（tiǎo）”：《月出》中有“舒窈纠（jiǎo）兮”句，窈、纠音近，所以如此说。⑨少焉：一会儿。⑩斗、牛：星宿名，即斗宿和牛宿。⑪横江：弥漫在江面之上。⑫如：往。⑬凌万顷之茫然：即“凌茫然之万顷”。凌，越过。万顷，极言水面之广阔。⑭冯（píng）：同“凭”，凭借。⑮遗世：遗弃人间。⑯羽化：成仙。道教以为人能修炼成仙，如生羽翼而升天。

译文

元丰五年秋，七月十六日。我和客人们一起乘船，游于黄冈赤壁下的江岸。清风悠悠而来，江面也没有波澜。我高举着斟满的杯酒向客人敬酒，诵读《诗经·陈风·月出》，吟唱“舒窈纠兮，劳心悄兮”的首章。

一会儿工夫，圆圆的月亮就从东山升起，徘徊漫步于斗宿和牛宿之间。白茫茫的水汽横在江面，闪闪的波光遥接着天边。放任我们的一根苇秆般的小舟自在而行，越过无边无际的万顷烟波。江面浩大无边，我们好像乘着天风在太空飞行，不知飞到哪儿才能休止。飘飘摇摇，仿佛远离人世，羽化成仙。

于是饮酒乐甚[17]，扣舷[18]而歌之。歌曰："桂棹兮兰桨[19]，击空明兮溯流光[20]。渺渺[21]兮予怀，望美人兮天一方[22]。"客有吹洞箫[23]者，依歌而和之。其声呜呜然，如怨如慕，如泣如诉，余音袅袅[24]，不绝如缕，舞[25]幽壑之潜蛟，泣孤舟之嫠妇[26]。苏子愀然[27]，正襟危坐[28]而问客曰："何为其然也[29]？"客曰："'月明星稀，乌鹊南飞'[30]，此非曹孟德之诗乎？西望夏口[31]，东望武昌[32]，山川相缪[33]，郁乎[34]苍苍，此非孟德之困于周郎[35]者乎？方其破荆州[36]，下[37]江陵，顺流而东也，舳舻千里[38]，旌旗蔽空[39]，酾酒[40]临江，横槊[41]赋诗，固一世之雄也，而今安在[42]哉？况吾与子渔樵[43]于江渚之上，侣鱼虾而友麋鹿[44]，驾一叶之扁舟[45]，举匏樽[46]以相属。寄蜉蝣[47]于天地，渺沧海之一粟[48]，哀吾生之须臾[49]，羡长江之无穷，挟飞仙以遨游，抱明月而长终[50]。知不可乎骤得，托遗响[51]于悲风。"

注释

⑰乐甚：快乐极了。⑱扣舷：敲着船边。⑲桂棹（zhào）兮兰桨：桂棹、兰桨，皆划桨的美称。兮，语气词，相当于"啊"，用作诗句中的停顿，以获得一种节奏和语调。⑳流光：水面上晃动的月光。㉑渺渺：遥远的样子。㉒天一方：天各一方。㉓洞箫：两头都空的箫。㉔袅（niǎo）袅：细长婉转。㉕舞：使……舞，此处做动词用。㉖嫠（lí）妇：寡妇。㉗愀（qiǎo）然：忧伤的样子。㉘正襟危坐：整理衣襟，端正地坐着。㉙何为其然也：为什么这样啊？㉚"月明"二句：句出曹操乐府诗《短歌行》。㉛夏口：汉水下游入长江处，在今湖北武汉黄鹄山。㉜武昌：在今湖北鄂城。㉝相缪（liáo）：缭绕。缪，通"缭"。㉞郁乎：草木茂盛的样

子。㉟周郎：即周瑜，三国时孙吴名将。㊱破荆州：事情发生在东汉献帝建安十三年（208 年）。荆州，今湖北襄阳一带。㊲下：攻占，此处做动词用。㊳舳（zhú）舻（lú）千里：船头船尾相连千里。舳，船后掌舵处。舻，船前摇棹处。千里，极言船队之长，军势之壮。㊴蔽空：遮天蔽日。㊵酾（shī）酒：斟酒。㊶横槊（shuò）：横端着长矛。㊷安在：在哪里。㊸渔樵：本指打鱼砍柴，比喻隐居逍遥。这里指贬谪（zhé）在外，因寄身事外而犹如隐居。㊹侣鱼虾而友麋鹿：以鱼虾和麋鹿为友。侣、友，此处皆做动词用，与……为侣，与……为友。㊺扁舟：小船。㊻匏（páo）樽（zūn）：葫芦做的酒器。㊼蜉（fú）蝣（yóu）：小飞虫，仅能存活数小时，比喻人生之短暂渺小。㊽粟：米。㊾须臾：一会儿。㊿长终：长存。51遗响：指箫声。

译文

酒越喝越高兴，大家就敲击船舷唱起歌来。歌词是："桂树的长棹呀木兰的双桨，在泛着月光的水面上逆流而上。遥远无尽的是我心上的思念，我思念的美人呀在天的那方。"有位客人吹起了洞箫，随着合唱的歌声悠扬伴奏。那呜呜咽咽的声音，好像在怨恨，在思慕，又像在啜泣，在倾诉，尾音又柔又细，像要断未断的一缕长丝，引得幽谷深潭里潜伏着的蛟龙为之而起舞，野水孤舟中守船的寡妇为之而哭泣。我顿时忧愁感容，问客人说："这箫声为什么如此悲凉呢？"客人说："'月明星稀，乌鹊南飞'，这不是曹操的诗吗？我们西望夏口，东望武昌，这一片山川缭绕、烟树苍苍的地方，不正是曹操当年被周郎困辱而逃跑的古战场吗？当初他取得荆州，南下江陵，大军从上游顺流东下的时候，战船衔接，前后千里，旌旗飘舞，蔽日遮天，他举酒临江，横槊赋诗，也算得上是气吞一世的英雄人物了，可是他而今又在哪儿呢？况且，我和你在江边沙洲之间捕鱼打柴，与我们做伴的只有鱼虾和麋鹿，每天驾着一叶小舟，碰面就互相劝酒举杯。永恒的宇宙中寄托着我们蜉蝣似的短暂生命，在汪洋无边的大海里，我们不过是渺小的一粟，悲叹人类的寿命不过匆匆片刻，羡慕长江的流水这样无穷无尽，只想拉着飞仙一起遨游，更愿拥抱着明月而万古长终。明知这样的事情不会发生，只好把箫声寄托给悲凉的秋风。”

苏子曰：“客亦知夫[52]水与月乎？逝者如斯[53]，而未尝往也；盈虚者[54]如彼，而卒[55]莫消长也。盖将自其变者而观之，则天地曾不能以一瞬[56]，自其不变者而观之，则物与我皆无尽也。而又何羡[57]乎？且夫天地之间，物各有主，苟[58]非吾之所有，虽一毫而莫取[59]。惟江上之清风，与山间之明月，耳得之而为声，目遇之而成色，取之无禁[60]，用之不竭[61]，是造物者之无尽藏[62]也，而吾与子之所共适[63]。”

注释

㊾夫：这。㊿如斯：像这样。54盈虚者：时满时缺的月亮。55卒：终于，始终。56则天地曾（zēng）不能以一瞬：天地没有一瞬一息的时间是停止不动的。曾，简直。不能以一瞬，不能保持一会儿不变。57何羡：有什么可羡慕的呢？58苟：假如。59莫取：不取。60无禁：无人禁止。61不竭：不会枯竭。62无尽藏（zàng）：无尽的宝藏。63适：适意，这里指赏玩、享受。

译文

我对客人说：“您也理解江水和月亮吗？江水是这样昼夜不停地东流不返，但又可以说它万古长存而不曾流去；月亮是那样时圆时缺变化不定，但也可以说它一直圆满而并无增减。大概说来，如果从变化的方面来观察，整个天地就没有一瞬一息的时间是停止不动的；如果从不变的方面来观察，万物和我们人类都是永恒不变的，您又何必去羡慕它们呢？且说，天地间的一切物品，都各有主人，假如不是我们所有的东西，哪怕是一丝一毫，我们也不能取用。唯有江上的清风和山间的明月，我们用耳朵听来，就是美好的音乐；眼睛看去，就是美丽的图画。我们要取多少，就是多少，从来没有人来禁止干涉；我们要用多少，就有多少，也从来不

曾用光、用尽。这就是造物主留给我们的源源不竭的宝藏，而我们都可以共同享受。

客喜而笑，洗盏更酌，肴核[64]既尽，杯盘狼藉[65]，相与枕藉[66]乎舟中，不知东方之既白[67]。

注释

⑭肴核：菜肴和果品。⑮狼藉：杂乱的样子。⑯枕藉：互相枕着靠着。⑰既白：已经天亮。既，已经。白，发白，天亮，此处做动词用。

译文

客人高兴地笑了，洗净酒杯，重斟再饮，直到吃完了菜肴、果品，杯盘凌乱，大家就相互靠着在船上睡着了，连天亮了也不知道。

寄欧阳舍人[1]书

曾　巩

去秋人还，蒙赐书及所撰先大父[2]墓碑铭，反复观诵，感与惭并。

注释

①欧阳舍人：即欧阳修，当时任中书舍人。②先大父：指曾巩已去世的祖父曾致尧。曾致尧在五代南唐时洁身不仕，入宋朝后，才应进士试，官至吏部郎中。他屡次上章谈论国家的政事，言辞激烈，当政者很不高兴，所以几次被贬官降职。先，死去的。大父，祖父。

译文

去年秋天，我派去的人已经回来，带回了您赐给我的一封信和您所撰写的先祖父的墓碑铭文，我反复阅读后，心中既感激又惭愧。

夫铭、志[3]之著于世，义近于史，而亦有与史异者。盖史之于善恶无所不书，而铭者，盖古之人有功德、材行、志义[4]之美者，惧后世之不知，则必铭而见[5]之。或纳于庙，或存于墓，一也。苟其人之恶，则于铭乎何有？此其所以与史异也。其辞[6]之作，所以使死者无有所憾，生者得致其严[7]。而善人喜于见传，则勇于自立；恶人无有所纪，则

以愧而惧；至于通材达识[8]、义烈节士[9]，嘉言善状，皆见于篇，则足为后法。警劝之道，非近乎史，其将安近？

注释

③铭、志：指墓铭和墓志。④功德、材行、志义：功勋、道德、才能、行为、志向、骨气。⑤见（xiàn）：通“现”，显现。⑥其辞：指墓志铭的文辞。⑦严：尊严。⑧通材达识：博学多闻、见多识广的人。⑨义烈节士：正直刚强、坚守节操的人。

译文

世人作墓志铭，因其意义与史传相似，但也有与史传不同的地方。史传对于传主的善恶之事悉数记载没有遗漏，而碑铭之类的文章，则是古代那些有功业品德、才能行为、理想节义的人，唯恐后代的人不知道，就篆刻铭文记载下来。这种铭文有的被放置在祠堂中，有的被竖立在坟墓内，其意义都是一样的。如果是个坏人，那有什么可铭刻的呢？这就是碑铭与史传不同的地方。碑铭的写作，是使死去的人没有什么遗憾，使活在世上的人能表达他们的敬意。好人乐于被后世传颂，就会勇于发愤而有所建树；坏人没有值得彰扬的作为纪念，就会惭愧而恐惧。那些博学多才、通晓事理、忠义节烈的人，他们的美好言行和善良行为，都在铭文中显现出来，这就足以成为后世学习的准则。铭文这种警诫劝化的作用，不与史传相近，又和什么相近呢？

及世之衰，人之子孙者，一[10]欲褒扬其亲而不本乎理。故虽恶人，皆务勒[11]铭以夸后世。立言者[12]，既莫之拒而不为，又以其子孙之请也，书其恶焉，则人情之所不得，于是乎铭始不实。后之作铭者当观其人[13]，苟托之非人，则书之非公与是[14]，则不足以行世而传后[15]。故千百年来，公卿大夫至于里巷之士莫不有铭，而传者盖少，其故非他，托之非人，书之非公与是故也。

注释

⑩一：一心一意。⑪勒：刻。⑫立言者：指作墓志铭的人。⑬当观其人：《元丰类稿》作"常观其人"。⑭公与是：公正和正确。⑮传后：流传到后代。

译文

到了世道衰落的时候，为人子孙的，却都一味地颂扬称赞自己死去的尊长而不顾实际情理，所以即使是坏人，也都一定要把铭文刻于碑石之上以向后世夸耀。那些写铭文的人，既不能推辞不写，又因为受其子孙的请求，如果直接写上死者的恶行，在人情上过不去，因此铭文便开始不真实了。后代想为亲人写碑铭的人，应当首先看一下作者的为人。假若所托的人不合适，写出来的东西就会失去公平和真实，那么铭文便不会在世上流传下去。所以千百年来，虽说从公卿大夫到乡里小民，死去后没有不写碑铭的，流传下来的却很少，原因不是别的，正是所托付的人不合适，所写的铭文失去公正且不符合事实的缘故。

然则孰为其人而能尽公与是欤？非畜[16]道德而能文章者无以为也。盖有道德者之于恶人则不受而铭之，于众人则能辨焉。而人之行，有情善而迹非，有意奸而外淑[17]，有善恶相悬而不可以实指[18]，有实大于名，有名侈[19]于实。犹之用人，非畜道德者，恶能辨之不惑[20]，议之不徇[21]？不惑不徇，则公且是矣。而其辞之不工，则世犹不传，于是又在其文章兼胜焉。故曰非畜道德而能文章者无以为也。岂非然哉？

注释

⑯畜：通"蓄"，积蓄，怀藏。⑰淑：善良。⑱实指：如实指出。⑲侈：超过，过分。⑳不惑：不受迷惑。㉑徇（xùn）：徇私，袒护。

译文

既然这样，那么什么人为死者写碑铭能做到既公正又符合事实呢？我认为不具备很高的道德修养并善于写文章的人是做不到的。具有很高道德修养的人，不会接受给坏人写碑铭的差使，对于普通人也加以辨别。而人们的行为，有心地善良而事迹却未曾显现出来的，有内心奸诈而外表贤淑的，有善恶相差很大而不能具体指明的，有实绩高于名声的，有名声超过实绩的。就像任用人才那样，不具备很高的道德修养，又怎么能区分清楚而不被迷惑、评议公正而不徇私情的呢？不被迷惑、不徇私情，就会公正而且真实了。但如果文章写得不好，那么还是不能流传于世的，因此写铭文的人又必须能写好文章。所以说，不具备很高的道德修养并善于写文章的人，是写不好铭文的。难道不是这样吗？

然畜道德而能文章者，虽或并世而有，亦或数十年或一二百年而有之。其传之难如此，其遇之难又如此。若先生之道德文章，固所谓数百年而有者也。先祖之言行卓卓[22]，幸遇而得铭其公与是，其传世行后无疑也。而世之学者，每观传记所书古人之事，至于[23]所可感，则往往衋然[24]不知涕之流落也，况其子孙也哉？况巩也哉？其追晞[25]祖德而思所以传之之由，则知先生推一赐于巩而及其三世[26]。其感与报，宜若何而图之？抑又思若巩之浅薄滞拙[27]而先生进[28]之，先祖之屯蹶否塞[29]以死而先生显[30]之，则世之魁闳[31]豪杰不世出之士，其谁不愿进于门？潜遁幽抑之士[32]，其谁不有望于世？善谁不为？而恶谁不愧以惧？为人之父祖者，孰不欲教其子孙？为人之子孙者，孰不欲宠荣其父祖？此数美者，一[33]归于先生。

注释

㉒卓卓：非常突出、卓越。㉓至于：《元丰类稿》作“至其”。㉔衋（xì）

然：悲伤痛心的样子。㉕晞（xī）：仰慕。㉖推一赐于巩而及其三世：句式为"推……及……"推一，意为拿出一篇文章。一，指曾巩祖父的墓志铭。㉗滞拙：愚笨。㉘进：奖掖。㉙否（pǐ）塞：穷困不得志。㉚显：表彰，揄扬。㉛魁闳（hóng）：超群的才能。闳，大。㉜潜遁幽抑之士：指隐士。潜遁，避世隐居。幽抑，受压抑而不得志。㉝一：全部，整个。

译文

但是，具备很高的道德修养而又善于写文章的人，虽然可能同时代就有，也可能几十年或一二百年才有一位。铭文的流传是这么难，而遇到能很好地写铭文的人就更不容易。像先生您的道德和文才，真正算得上是几百年才会出现的。先祖父的言行高尚，幸而遇到您才得以写成铭文给予他公正而又符合实际的评价，这篇铭文流传于后世是不会有什么疑问的了。世上的读书人，每看到传记文章记载的古人事迹，到了感动人心的地方，就会伤痛怜爱得不知不觉间流下眼泪，何况是他们的子孙呢？更何况是我曾巩呢？从我自己追念仰慕先祖的德行，到虑及铭文流传于世的根由，就知道先生您将碑铭赐给我，将会使我家祖孙三代蒙受恩惠。这种感激与报答之情，应该怎么来表达呢？转而又想到像我这样学识浅薄、呆滞笨拙的人，尚能受到先生的奖掖，像先祖父这样命途多舛、穷困潦倒而死去的人，先生还写了碑铭来彰扬他，那么，世上的俊伟豪杰及不世出的奇才，哪个不愿投于先生的门下呢？那么避世隐居、郁郁不得志的读书人，哪个不希望声名流传于世呢？有谁会不去做善事呢？而做恶事的人谁会不惭愧并且恐惧呢？作为祖父的，哪个不想教诲自己的儿孙呢？作为子孙的，哪个不想尊崇荣显自己的父祖呢？这些好处，都要归功于先生。

既拜赐之辱㉞，且敢㉟进其所以然。所论世族之次㊱，敢不承教而加详㊲焉？愧甚不宣㊳。

注释

㉞辱：对人表示尊敬的谦辞。意思是，这对对方说是屈辱，对自己说则是荣幸。㉟敢：不敢，古时书信中常用的谦辞。㊱所论世族之次：指欧阳修《与曾巩论氏族书》里讨论曾氏家系的次序。世族，氏族。次，次序。㊲详：仔细查考。㊳不宣：不能一一说尽。

译文

既然接受了您的赐予，又冒昧向您陈述我之所以感激不尽的原因。您的来信谈到有关我家族世系的情况，我怎么敢不遵照您的指教而详细地审核考究呢？惭愧万分，书不尽言。

游褒禅山记

王安石

褒禅山[①]亦谓之华山。唐浮图[②]慧褒始舍于其址，而卒葬之[③]，以故其后名之曰褒禅。今所谓慧空禅院者，褒之庐冢[④]也。距其院东五里，所谓华山洞者，以其乃华山之阳[⑤]名之也。距洞百余步，有碑仆道[⑥]，其文漫灭[⑦]，独其为文犹可识，曰“花山”。今言“华”如“华实”之“华”者，盖音谬也[⑧]。

注释

①褒禅山：在今安徽含山北。②浮图：梵语的音译，有佛、佛塔、僧徒等多种含义，这里指佛教徒，即和尚。③而卒葬之：最终埋葬在这里。④庐冢（zhǒng）：坟墓，此处指埋葬的地方。⑤阳：山的南面、水的北面叫阳。⑥仆道：倒在路上。⑦漫灭：指碑文剥蚀严重，模糊不清。⑧盖音谬也：大概是读音上的错误。盖，或许。谬，错。

译文

褒禅山也叫华山。唐朝慧褒和尚开始在这里筑室定居，死后又埋葬在这里。因为这个缘故，后人就称这座山为褒禅山。现在的慧空禅院，就是慧褒和尚的房舍和坟墓的所在地。距离禅院东边五里路的地方，是人们所说的华山洞，因地处华山的南面而得名。距离洞口一百多步远的地方，有一块倒伏在路上的石碑，碑上的文字已经模糊不清，只有“花山”两个字还可以看清。现在读“华”字，把它当成“华实”的“华”，大概是把字音读错了。

其下平旷[9]，有泉侧出，而记游[10]者甚众，所谓“前洞”也。由山以上五六里，有穴窈然[11]，入之甚寒，问其深，则其好游者不能穷[12]也，谓之“后洞”。予与四人拥火[13]以入，入之愈深，其进愈难，而其见[14]愈奇。有怠[15]而欲出者，曰：“不出，火且[16]尽。”遂与之俱出。盖予所至，比好游者尚不能十一[17]，然视其左右，来而记之者已少。盖其又深，则其至又加[18]少矣。方是时，予之力尚足以入，火尚足以明也。既其出，则或咎[19]其欲出者，而予亦悔其随之[20]，而不得极[21]乎游之乐也。

注释

⑨平旷：平坦宽阔。⑩记游：题字记游。⑪窈（yǎo）然：幽深的样子。⑫穷：尽。⑬拥火：拿着火把。⑭见：见到的景色。⑮怠：懈怠。⑯且：将要。⑰十一：十分之一。⑱加：更。⑲咎：责备。⑳随之：跟随他们一起出来。㉑极：尽。

译文

山洞下的地势平坦开阔，有股泉水从旁边流出，到这里来游览并题字留念的人很多，这就是所谓的“前洞”。由此向上走五六里，有一个幽暗深邃的山洞，进去便感到寒气袭人。要问它有多深，就连那些特别喜爱游山玩水的人也不能达到尽头。这个洞就叫作“后洞”。我和四个同伴举着火把走进去，越往深处走，前进就越困难，而看到的景致就越发奇妙。同伴中有一位意志松懈而想退出去的叫道：“再不回去，火把就要烧完了！”于是大家都和他一起出洞来了。我们所到达的深度，与那些喜欢游览的人相比，还不及十分之一，然而环顾洞壁左右，来到这里并且刻字留念的人已经很少了。这大概是因为越往深处走，到的人就越少了吧。当我刚从洞里退出来的时候，我还有力气继续前进，火把也还足够继续照明。出洞之后，有人就埋怨那个吵着要退出来的人，我也后悔自己跟着一起退了出来，而没能尽情享受游览的乐趣。

于是予有叹焉。古人之观于天地、山川、草木、虫鱼、鸟兽，往往有得[22]，以其求思之深而无不在也。夫夷[23]以近，则游者众，险以远，则至者少。而世之奇伟瑰怪、非常之观，常在于险远，而人之所罕至[24]焉，故非有志者不能至也。有志矣，不随[25]以止也，然力不足者，亦不能至也。有志与力，而又不随以怠[26]，至于幽暗昏惑，而无物以相[27]之，亦不能至也。然力足以至焉，于人为可讥[28]，而在己[29]为有悔。尽吾志[30]也而不能至者，可以无悔矣，其孰[31]能讥之乎？此予之所得也。

注释

㉒得：收获，心得。㉓夷：平坦。㉔罕至：少有到者。㉕随：跟随。㉖怠：懈怠。㉗相（xiàng）：辅助。㉘讥：责备。㉙在己：对自己来说。㉚尽吾志：为了我的愿望已经竭尽全力。㉛孰：谁。

译文

我深有感悟，古人观察天地、山川、草木、虫鱼、鸟兽这样一些自然现象时，往往都有心得体会，这是因为他们思考得很深入，而且思路宽广，无所不在。平坦而近便的地方，游人就多，艰险而偏远的地方，到达的人就很少了。然而世间的雄奇壮丽和极不寻常的胜景，常常是在艰险偏远而人们很少到达的地方，因此没有坚强意志的人是不能到达的。即使有志向，不肯轻易停止前进，但是如果力气不充足也不能到达。既有志向和力气，又不轻易松懈，但是到了幽深昏暗而令人迷惘的地方，如果没有外物的辅助，也还是不能到达的。然而如果体力足以到达，而努力不够，以至没有到达，这在别人看来是可以责怪讥笑的，自己也会产生悔恨。如果我自己已经尽了主观努力，依旧不能到达，那就可以不必悔恨，而别人又会有谁来讥笑我呢？这就是我的心得。

予于仆碑，又有悲夫古书之不存，后世之谬其传[32]而莫能名[33]者，何可胜道也哉！此所以学者不可以不深思而慎取之[34]也。

注释

㉜谬其传：以讹传讹。㉝莫能名：没有人能搞清。名，此处做动词用。㉞慎取之：慎重地抉择取舍。

译文

我对于那块倒在地上的石碑，又产生了联想和感慨：由于古代的书籍文献散失，后世之人以讹传讹，许多事物的真实情况就无法弄清了，这样的例子难道能说得尽吗？这就是学者不可不深入思考而谨慎选择的原因啊。

四人者：庐陵[35]萧君圭君玉[36]，长乐[37]王回深父[38]，予弟安国平父[39]、安上纯父[40]。

注释

㉟庐陵：在今江西吉安。㊱萧君圭君玉：疑其名萧君圭，字君玉。㊲长乐：今福建长乐。㊳王回深父：王回，字深父，北宋理学家。㊴安国平父：王安国，字平父，作者的弟弟。㊵安上纯父：王安上，字纯父，作者的弟弟。

译文

同游的四个人是：庐陵的萧君圭萧君玉，长乐的王回王深父，我的弟弟安国王平父和安上王纯父。

送天台陈庭学序

宋　濂

西南山水，惟川蜀最奇。然去[1]中州[2]万里，陆有剑阁栈道[3]之险，水有瞿唐[4]滟滪[5]之虞。跨马行，则竹间山高者，累[6]旬日[7]不见其巅[8]际，临上而俯视，绝壑万仞[9]，杳[10]莫测其所穷，肝胆为之掉栗[11]。水行，则江石悍利[12]，波恶涡诡[13]，舟一失势尺寸，辄[14]糜[15]碎土沉，下饱鱼鳖。其难至如此！故非仕有力者，不可以游；非材有文者，纵游无所得；非壮强者，多老死于其地。嗜[16]奇之士恨[17]焉。

注释

①去：距离。②中州：中原。③剑阁栈道：古代川陕之间的主要通道，在今四川剑阁东北大剑山、小剑山之间。④瞿唐：长江三峡之一的瞿塘峡。⑤滟滪：滟滪堆。⑥累：连续。⑦旬日：十天。⑧巅：峰顶。⑨仞：古人以七尺为一仞，一说八尺。⑩杳：幽暗深远。⑪掉栗：因恐惧而发抖。⑫悍利：凶悍尖利。⑬诡：奇异多变。⑭辄：就。⑮糜：碎烂。⑯嗜：爱好。⑰恨：遗憾。

译文

西南地区的山水，以四川境内的最为奇特。然而那里距中原有万里之遥，走旱路有剑阁、栈道的险阻，行水路有瞿塘峡、滟滪堆那样的险滩。骑马前往，沿路层层竹林遮蔽高山，接连走上数十天都看不见它的边沿或峰顶。登高向下俯视，陡峭的山谷有万丈深，幽深而看不到底部，让人胆战心惊。乘船在水上航行，江水激悍礁石锋利，波涛汹涌旋涡诡秘莫测，船舶离开航线不过尺寸，就会粉身碎骨而沉溺于泥沙，沉船之人在水下喂了鱼鳖。通往四川的路途是如此的艰险，因此不是做官出仕富有财力的人，是不能去那里游览的；不是天生富有文才的，纵然游览了也没有什么收获；不是年壮力强的，大都会老死在那里——以致酷爱奇山异水的人士常常因此而感到遗憾。

天台[18]陈君庭学，能为诗。由中书左司掾[19]，屡从大将北征，有劳，擢[20]四川都指挥司[21]照磨[22]，由水道至成都。成都，川蜀之要地，扬子云、司马相如、诸葛武侯之所居，英雄俊杰战攻驻守之迹，诗人文士游眺饮射[23]、赋咏歌呼之所，庭学无不历览。既览[24]必发为诗，以纪[25]其景物时世之变，于是其诗益工[26]。越[27]三年，以例自免归，会予于京师[28]。其气愈充，其语愈壮，其志意愈高，盖得于山水之助者侈[29]矣。

注释

⑱天台：今浙江天台。⑲左司掾（yuàn）：官名。左司，明初中书省下设的官署。掾，属官。⑳擢：提拔。㉑都指挥司：掌管军事的机构名称。㉒照磨：都指挥司下属官吏，掌管文书卷宗。㉓射：古代的一种行酒令的游戏。㉔览：游览。㉕纪：通"记"。㉖工：精。㉗越：过。㉘京师：首都。明初京师应天，即今江苏南京。㉙侈：极多。

译文

天台籍人陈庭学君，会作诗。他任中书左司掾，屡次随从大将北伐有功，升任四川都指挥司照磨，经由水路到成都赴任。成都是四川的要地，又是扬雄、司马相如、诸葛亮的故居所在。凡是英雄俊杰所战斗和驻守的遗址，诗人文士所游览眺望、宴会行令、赋诗唱歌欢呼的地方，庭学君没有不去观览的。游览之后又抒发感想写成诗歌，记录景物和时世的变迁，于是他的诗歌写得越来越好了。过了三年，他按惯例辞官还家。在京城和我相遇，他的精神更加充沛，他的语言更加豪壮，他的志向意气越发高远了。这应是得益于川蜀山水吧。

予甚自愧，方予少时，尝㉚有志于出游天下，顾㉛以学未成而不暇㉜。及年壮可出，而四方兵起，无所投足。逮㉝今圣主兴而宇内定，极海之际，合为一家，而予齿益加耄㉞矣。欲如庭学之游，尚可得乎？

注释

㉚尝：曾经。㉛顾：但。㉜不暇：没有工夫。㉝逮：至。㉞耄（mào）：年老。

译文

我很惭愧，年轻时，曾经立志游遍天下，终因学业未成而没有空闲时间。待到我成年以后，战火纷飞，连个落脚的地方也没有。及至如今圣明天子出现而天下安定，四海一家，我却年老力衰。想要再像庭学君那样去游历，还能办得到吗？

然吾闻古之贤士，若[35]颜回、原宪[36]，皆坐守陋室，蓬蒿没户[37]，而志意常充然，有若囊括于天地者，此其故何也？得无有出于山水之外者乎？庭学其试归而求焉，苟有所得，则以告予，予将不一愧而已也。

注释

㉟若：像。㊱原宪：字子思，孔子的学生。㊲蓬蒿没户：野草淹没了门户。

译文

然而，我曾听说古代的贤士，如颜回、原宪等，都是长期坐守在简陋的房屋里，即使野草遮住了门户，他们的志向意趣却始终是高远的，好似能包容天地万物。这是为什么呢？莫非是他们的学业有超出山水之外的东西吗？请庭学君回家后试验探求一番其中的道理，如果有所收获，就请告诉我，我也不只是惭愧一下就算了。

信陵君救赵论

唐顺之

论者以窃符[①]为信陵君[②]之罪，余以为此未足以罪信陵也。夫强秦之暴亟矣，今悉兵以临赵，赵必亡。赵，魏之障也。赵亡，则魏且为之后。赵、魏，又楚、燕、齐诸国之障也，赵、魏亡，则楚、燕、齐诸国为之后。天下之势，未有岌岌于此者也。故救赵者，亦以救魏；救一国者，亦以救六国也。窃魏之符以纾[③]魏之患，借一国之师以分六国之灾，夫奚不可者？

注释

①符：兵符，是调动军队的凭证。②信陵君：魏公子无忌，战国时期魏安釐王之弟，当时任魏相，其姐为赵相平原君夫人。前259年，秦攻赵，赵求救于魏，魏王派晋鄙救赵，但又惧怕秦国，按兵不动。信陵君听从侯生之计，通过魏王宠妾如姬窃得兵符，杀晋鄙，与赵国合兵击败秦国。③纾：解除。

译文

有评论人认为盗窃兵符是信陵君的罪过，我认为这并不足以怪罪信陵君。那时强秦来势汹汹，发动全国兵力逼近赵国，赵国必然灭亡。赵国是魏国的屏障，赵国亡了，那么魏国也会随之灭亡。赵国、魏国又是楚、燕、齐各国的屏障，赵国、魏国亡了，那么楚、燕、齐各国将会随之灭亡。天下的态势，没有比这时候更岌岌可危的了。所以救赵国也是为了救魏国，救一国也是为了救六国。盗窃魏国的虎符解除魏国的祸患，借助一国的军队来分担六国的灾难，这有什么不可以的呢？

然则信陵果无罪乎？曰：又不然也。余所诛者，信陵君之心也。

译文

那么，信陵君果真没有罪过吗？我说：又不是这样。我所要谴责的，是信陵君的本心。

信陵一公子耳，魏固有王也。赵不请救于王，而谆谆焉请救于信陵，是赵知有信陵，不知有王也。平原君④以婚姻激信陵，而信陵亦自以婚姻之故，欲急救赵，是信陵知有婚姻，不知有王也。其窃符也，非为魏也，非为六国也，为赵焉耳；非为赵也，为一平原君耳。使祸不在赵，而在他国，则虽撤魏之障、撤六国之障，信陵亦必不救。使赵无平原，或平原而非信陵之姻戚，虽赵亡，信陵亦必不救。则是赵王与社稷之轻重，不能当一平原公子，而魏之兵甲所恃以固其社稷者，只以供信陵君一姻戚之用。幸而战胜，可也；不幸战不胜，为虏于秦，是倾魏国数百年社稷以殉姻戚，吾不知信陵何以谢魏王也？

注释

④平原君：赵胜，赵惠文王之弟。

译文

信陵君只不过是一位公子罢了，魏国有一国之君。赵国不向魏王请求援救，却一再地向信陵君请求援救，这说明赵国知道魏国有信陵君，却不知道魏国有国王。平原君用婚姻关系刺激信陵君，而信陵君也因为姻亲的缘故，想要赶紧援救赵国，这说明信陵君知道有婚姻关系，却不知道有魏王。他盗取兵符，不是为魏国，不是为六国，只是为了赵国；不是为赵国，只是为一个平原君罢了。假使灾祸不在赵国，而在其他国家，那么，即使撤除魏国的屏障，撤除六国的屏障，信陵君也必然不会前去救援。假使赵国没有平原君，或者平原君不是信陵君的姻亲，即使赵国要被灭亡，信陵君也必然不会前去救援。那么，这就说明赵王和国家的分量，还抵不上平原君这一位公子，魏国用来保卫江山的军队，只是用来供信陵君的一个姻亲使用。幸而作战取胜，还算可以；若是不幸作战失败，军队被秦国所俘虏，这是拿魏国几百年的江山为自己的姻亲殉葬，我不知晓信陵君该用什么向魏王认罪。

夫窃符之计，盖出于侯生⑤，而如姬⑥成之也。侯生教公子以窃符，如姬为公子窃符于王之卧内，是二人亦知有信陵，不知有王也。余以为信陵之自为计，曷若以唇齿之势激谏于王，不听，则以其欲死秦师者而死于魏王之前，王必悟矣。侯生为信陵计，曷若见魏王而说之救赵，不听，则以其欲死信陵君者而死于魏王之前，王亦必悟矣。如姬有意于报信陵，曷若乘王之隙而日夜劝之救，不听，则以其欲为公子死者而死于魏王之前，王亦必悟矣。如此，则信陵君不负魏，亦不负赵，二人不负王，亦不负信陵君。何为计不出此？信陵知有婚姻之赵，不知有王。内则幸姬，外则邻国，贱则夷门⑦野人，又皆知有公子，不知有王。则是魏仅有一孤王耳。

注释

⑤侯生：侯嬴，信陵君门下食客。⑥如姬：魏王宠妾。其父为人所杀后，信陵君为她杀仇人，报父仇。⑦夷门：魏国都城大梁的东门。侯嬴原为夷门的看守。

译文

这盗窃虎符的计策出自侯嬴，是由如姬完成的。侯嬴教公子信陵君盗窃兵符，如姬为信陵君从魏王的卧室里盗出兵符，这说明两个人也只知道有信陵君，不知道有魏王。我认为信陵君若是为自己打算，倒不如用“唇亡齿寒”的危急形势激切地向魏王进谏，若是魏王不肯听从，那就拿出想要跟秦军拼死的决心来死在魏王面前，魏王必定醒悟。侯嬴

若是为信陵君打算，不如面见魏王劝说其出兵救援赵国，若是魏王不听，就拿出他为信陵君而死的决心，死在魏王面前，魏王必定醒悟。如姬若是有意报答信陵君，何不日夜劝说魏王援救赵国，若是魏王不肯听从，那就拿出要为信陵君死的决心，死在魏王面前，魏王也必定醒悟。这样一来，信陵君就不会对不起魏王，也不会对不起赵国；侯嬴、如姬二人对得起魏王，也对得起信陵君。为什么不使用这样的计策呢？信陵君知道有结为姻亲的赵国，却不知道有魏王。内部的姬妾，外部的邻邦，身份微贱的夷门监者，也都只知道有公子信陵君，却不知道有魏王。那么，魏国只有一个孤立的君主罢了。

呜呼！自世之衰，人皆习于背公死党之行，而忘守节奉公之道。有重相而无威君，有私仇而无义愤，如秦人知有穰侯[⑧]，不知有秦王；虞卿[⑨]知有布衣之交，不知有赵王，盖君若赘瘤久矣。由此言之，信陵之罪，固不专系乎符之窃不窃也。其为魏也，为六国也，纵窃符犹可。其为赵也，为一亲戚也，纵求符于王，而公然得之，亦罪也。

注释

⑧穰（ráng）侯：魏冉，秦昭襄王母宣太后之弟，曾任秦国将军、相国等职。⑨虞卿：战国时期的游说之士，赵孝成王时曾任赵相，为了帮助朋友脱险，抛弃相印，与朋友一齐逃走。

译文

唉！自从世道衰落以来，人们都习惯于背弃公家、为私党卖命的行为，却忘掉了服从公家、遵守气节的道义。有手握重权的宰相，却没有树立权威的国君；有私人之间的仇隙，却没有出于道义的公愤。就像秦国人知道有穰侯，却不知道有秦王；虞卿知道有未任职前的私交，却不知道有赵王。君主如同多余的瘤子一样，已经很久了。由此说来，信陵君的罪过，本来就不在于他是否盗窃了兵符。假如他是为了魏国，为了六国，纵然盗窃兵符，也是可以的；如果他只是为了赵国，为了一个亲戚，纵然向魏王求取兵符，公然得到，也是有罪的。

虽然，魏王亦不得为无罪也。兵符藏于卧内，信陵亦安得窃之？信陵不忌魏王，而径请之如姬，其素窥魏王之疏也；如姬不忌魏王，而敢于窃符，其素恃魏王之宠也。木朽而蛀生之矣。古者人君持权于上，而内外莫敢不肃。则信陵安得树私交于赵？赵安得私请救于信陵？如姬安得衔信陵之恩？信陵安得卖恩于如姬？履霜之渐[10]，岂一朝一夕也哉！由此言之，不特众人不知有王，王亦自为赘瘤也。

注释

⑩履霜之渐：《周易·坤卦》有："履霜坚冰至。"意思是踩到霜，就知道严冬要来了。

译文

尽管如此，魏王自己也不能说是没有罪过的。兵符藏在卧室里，信陵君又怎么能盗窃它呢？信陵君不惧怕魏王，径直向如姬请求，说明他平日就窥察到魏王疏于防范；如姬不惧怕魏王，敢于盗窃兵符，因为她向来倚仗魏王对自己的宠爱。木头腐朽以后蛀虫就生出来了。古时君主在上头执掌政权，朝廷内外的人没有不肃然起敬的。如能这样，信陵君怎么能跟赵国建立私交？赵国怎么能凭私交向信陵君请求援救？如姬怎么能对信陵君怀着报恩的念头？信陵君怎么能利用自己对如姬的恩德达到自己的目的？脚下踩到薄霜，寒冬就要来了，这哪里是一朝一夕形成的！由此说来，不只众人不知道有魏王，魏王也把自己当作多余的瘤子了。

故信陵君可以为人臣植党之戒，魏王可以为人君失权之戒。《春秋》书葬原仲[11]、翚[12]帅师，嗟夫！圣人之为虑深矣！

注释

⑪原仲：春秋时期的陈国大夫。他死后，旧友季友私自到陈国将他埋葬。孔子认为这是结党营私的表现。⑫翚（huī）：羽父，春秋时期的鲁国大夫。宋国等伐郑，也让鲁国出兵，鲁隐公不答应。翚执意请求，带兵而去。孔子认为这是目无君主的行为。

译文

所以，信陵君可以作为臣下培植私党的鉴戒，魏王可以作为君主失掉权力的鉴戒。从《春秋》中记载季友私葬原仲、公子翚强迫鲁稳公出师这两件事的笔法来看，唉，圣人所考虑的问题是多么的深远啊！

吴山图记[1]

归有光

吴、长洲二县，在郡治所，[2]分境而治。而郡西诸山，皆在吴县。其最高者，穹窿、阳山、邓尉、西脊、铜井[3]。而灵岩[4]，吴之故宫在焉，尚有西子之遗迹。若虎丘[5]、剑池[6]及天平、尚方、支硎[7]，皆胜地也。而太湖汪洋三万六千顷，七十二峰沉浸其间，则海内之奇观矣。

注释

①本文当作于明穆宗隆庆四年（1570年），作者留京掌内阁制敕房。②"吴、长洲"二句：春秋时期吴、长洲本为一地，为吴国都城所在地，唐朝武则天时始分为吴、长洲二县。明朝时二县同属苏州府辖地，县、府治所均在今江苏苏州。郡，指苏州府。治所，官署所在地。③穹窿、阳山、邓尉、西脊、铜井：皆山名。穹窿，亦作穷隆山，在今江苏吴县西南，山顶方平，广可百亩。阳山，一名四飞山，在今江苏吴县西北。邓尉，一名玄墓山，在苏州西南太湖边，相传汉邓尉隐于此山，故名。西脊，又称西碛山，在邓尉山西。铜井，一名铜坑山，上有铜泉，在吴县西南。相传在东晋、刘宋时期，有人于此取沙，冶之成铜，故名。④灵岩：山名，又名砚石山，在今江苏吴县西南，相传吴王曾于此山建故宫。⑤虎丘：山名，在今江苏苏州。⑥剑池：池名，在虎丘山。⑦天平、尚方、支硎（xíng）：皆山名。天平，在今江苏吴县西。尚方，也作上方，即楞伽山，在今江苏吴县西南。支硎，在今江苏苏州西南。山上旧有支硎寺，为东晋支道林所建，故得此名。

译文

吴县和长洲这两个县都在吴郡郡治所在地，只是划界而分别治理。郡的西面有许多山，都在吴县境内。其中最高的山有穹窿、阳山、邓尉、西脊、铜井等。而灵岩山那里有春秋时期吴国遗留下来的宫殿，还有西施的遗迹。至于虎丘、剑池及天平、尚方、支硎等，都是名胜之地。太湖汪洋三万六千顷，有七十二座山峰在湖水中耸立，更称得上是海内奇观了。

余同年⑧友魏君用晦⑨为⑩吴县，未及三年，以高第⑪召入为给事中⑫。君之为县有惠爱，百姓扳留⑬之不能得，而君亦不忍于其民，由是好事者⑭绘《吴山图》以为赠。

注释

⑧同年：科举制度中同榜考中的人互称同年。⑨魏君用晦：魏体明，字用晦，侯官（治所在今福建福州）人。魏体明于明世宗嘉靖四十四年（1565年）中进士，同年授吴县知县，精明强毅，在吴期间，豪右屏迹。魏体明后升刑科给事中，历官四川布政使。⑩为：治理。⑪高第：犹言优等，对官员考评的等级。⑫给事中：官名，明朝吏、户、礼、兵、刑、工六科设给事中若干人，掌钞发章疏，稽察纠弹，其权颇重。⑬扳（pān）留：挽留。⑭好事者：喜欢多事的人。这里指热心人。

译文

我的同年好友魏用晦君任吴县县令，不到三年，就因为政绩卓著而被召入朝中任给事中。魏君当知县时，深得民心，老百姓想挽留他却又留不住，而他也不忍心离开这些老百姓，于是，一位热心人画了一幅《吴山图》，作为礼物送给他。

夫令[15]之于民诚重矣。令诚贤也，其地之山川草木亦被其泽而有荣也，令诚不贤也，其地之山川草木亦被其殃而有辱也。君于吴之山川，盖增重矣。异时[16]吾民将择胜于岩峦之间，尸祝[17]于浮屠、老子之宫[18]也，固宜。而君则亦既去矣，何复惓惓[19]于此山哉？昔苏子瞻[20]称韩魏公[21]去黄州四十余年而思之不忘，至以为思黄州诗，子瞻为黄人刻之于石。然后知贤者于其所至，不独使其人之不忍忘而已，亦不能自忘于其人也。

注释

⑮令：县令，县的行政长官。⑯异时：来日，以后。⑰尸祝：祭祀。这里指为魏用晦祝福。尸，古代代死者受祭的人，象征死者的神灵，后代改用画像。祝，传告鬼神言辞之人。⑱宫：这里指佛寺道观。⑲惓（quán）惓：留恋不忘。⑳苏子瞻：即北宋文学家苏轼，字子瞻。㉑韩魏公：韩琦，封魏国公。

译文

县令的好坏对于百姓来说尤为重要。县令如果贤明，那么当地的山川草木也会因为受到他的恩泽而显得更加光彩；县令如果不贤明，那么当地的山川草木也会因此遭殃，蒙受耻辱。魏君给吴县的山川草木增添了很多光彩。有朝一日，这里的百姓将在青山秀岩之间择一处风景优美的胜地，在佛堂和道观里祭祀他，这是应该的。可是魏君离开了吴县，为什么仍然深切地怀念那里的山川草木呢？过去，苏轼称赞魏国公韩琦，说他离开黄州四十多年，仍然对黄州不能忘怀，还写下了怀念黄州的诗，苏轼为黄州的百姓把这首诗镌刻在石碑上。这以后，人们才知道，贤能的人到某一处地方，不仅那里的百姓不能忘怀他，就连他自己也无法忘记那里的老百姓。

君今去县已三年矣，一日与余同在内庭[22]，出示此图，展玩太息，因命余记之。噫！君之于吾吴，有情如此，如之何而使吾民能忘之也？

注释

㉒内庭：宫禁内。

译文

魏君离开吴县已经三年了，一天，他和我同在内庭，他拿出了这幅《吴山图》给我看，一边欣赏一边感叹，于是嘱咐我写一篇文章记下这些事。啊！魏君对吴县百姓有这样深厚的感情，当地的老百姓又怎么会忘记他呢？

徐文长传

袁宏道

徐渭，字文长，为山阴诸生[①]，声名籍甚。薛公蕙[②]校越时，奇其才，有国士[③]之目。然数奇[④]，屡试辄蹶。中丞[⑤]胡公宗宪闻之，客诸幕。文长每见，则葛衣乌巾，纵谈天下事，胡公大喜。是时公督数边兵[⑥]，威镇东南，介胄之士[⑦]，膝语蛇行，不敢举头，而文长以部下一诸生傲之，议者方之刘真长[⑧]、杜少陵云。会得白鹿[⑨]，属文长作表，表上，永陵[⑩]喜。公以是益奇之，一切疏计，皆出其手。文长自负才略，好奇计，谈兵多中，视一世事无可当意者。然竟不偶。

注释

①诸生：明清时期经省各级考试录取入府、州、县的学生，称生员。生员有增生、附生、廪生、例生等名目，统称诸生。②薛公蕙：即薛蕙，明武宗正德九年（1514年）中进士，官至吏部考功郎中。③国士：一国之中杰出的人才。④数奇（jī）：运气不好。⑤中丞：明朝设立都察院，其副都御史一职与古时御史中丞相近，故称副都御史为中丞。⑥督数边兵：明世宗嘉靖三十五年（1556年），胡宗宪任总督，督江南、江北、浙江等地的军事。⑦介胄之士：指军人。介，铠甲。胄，头盔。⑧刘真长：即刘惔（dàn），字真长，东晋简文帝时宰相。⑨白鹿：古代以得白鹿为国家祥瑞，所以胡宗宪要上表奏闻皇帝。⑩永陵：明世宗嘉靖帝的陵墓，此处代指明世宗。

译文

徐渭，字文长，是山阴县的生员，名气很大。薛蕙担任浙江学政时，非常欣赏他的才情，把他视为国家杰出的贤士。但他命运多艰，屡次应试不第。中丞胡宗宪听说后，聘请他做幕僚。文长每次拜见胡公，都会头戴葛巾，身穿青衫，畅谈天下之事，胡公极为赞赏他。当时胡公统率着几支军队，威镇东南沿海一带，军中将校，跪拜而言，像蛇一样曲身而行，不敢抬头仰视；而文长凭着帐下一生员的身份，却敢和胡公傲然相对，人们将他比作刘真长、杜少陵一样的人物。恰逢胡公猎获了白鹿，以此为祥瑞，嘱托文长写奏文表明给皇上。奏表奉上，世宗皇帝很高兴。胡公因此更加看重文长，军中一切奏疏公文，都交由文长来撰写。文长自信才能过人，谋略出众，关于军事问题的谈论常常是中肯切实的。在他的眼中，世间的事物没有一件是合乎他心意的，也没有施展才能的机会。

文长既已不得志于有司⑪，遂乃放浪曲蘖⑫，恣情山水，走齐、鲁、燕、赵⑬之地，穷览朔漠。其所见山奔海立，沙起云行，雨鸣树偃，幽谷大都，人物鱼鸟，一切可惊可愕之状，一一皆达之于诗。其胸中又有勃然不可磨灭之气，英雄失路、托足无门之悲，故其为诗，如嗔如笑，如水鸣峡，如种出土，如寡妇之夜哭、羁人之寒起。虽其体格时有卑者，然匠心独出，有王者气，非彼巾帼⑭而事人者所敢望也。文有卓识，气沉而法严，不以摸拟损才，不以议论伤格，韩、曾⑮之流亚也。文长既雅不与时调合，当时所谓骚坛主盟者，文长皆叱而奴之，故其名不出于越，悲夫！

注释

⑪有司：官吏。⑫曲蘖（niè）：酒。⑬齐、鲁、燕、赵：皆春秋战国时国名，在今山东、河北、山西一带。⑭巾帼（guó）：古代妇女所戴头巾，后代指妇女。⑮韩、曾：即唐朝文学家韩愈和北宋文学家曾巩，二人均是唐宋散文八大家之一。

译文

文长既然怀才不遇，便肆意饮酒放纵自己，纵情山水，漫游齐、鲁、燕、赵一带，饱览北方大漠的无限河山。他将自己见到的大山起伏，海涛澎湃，黄沙弥天，疾雷行空，骤雨鸣响，树木倾伏，山谷幽寂，都市繁华，奇人异事，怪鱼珍鸟等一切令人惊叹诧异的景色，都一一写进诗歌。他的胸中又有着蓬勃激荡不能磨灭的豪迈气魄，英雄途穷无处立脚的悲慨愤懑。因此他写诗，像嗔怒，像嬉笑，像溪水在涧谷中鸣响，像种子从沃土里萌芽，像寡妇在暗夜里悲泣，像旅人在秋寒中怅惘。虽然他作诗的格调或有欠高雅之处，却能独出心裁，有卓然独立的王者气概，不是那些像妻妾一样侍奉别人的诗人所能比攀的。他的文章有卓越的见识，气度深沉而章法严谨，不压抑自己的才气，不因议论辩说而影响自己的风格，如同韩愈、曾巩一类的作品。文长素来不与世俗苟合，对当时所谓的文坛的名家，文长都加以贬斥，故而他的声名仅在浙江一带流传，可悲啊！

喜作书，笔意奔放如其诗，苍劲中姿媚跃出，欧阳公所谓“妖韶女，老自有余态”者也[16]。间以其余，旁溢为花鸟，皆超逸有致。

注释

⑯“欧阳公”句：欧阳公，即欧阳修，北宋文学家，唐宋散文八大家之一。“妖韶女，老自有余态”语出欧阳修的《六一诗话》，是赞扬梅圣俞诗的句子，原文是“譬如妖韶女，老自有余态”。

译文

文长喜爱书法，他的字和他的诗一样热情奔放，苍劲的笔法中透出妩媚的风姿，正如欧阳公所说的“美貌女子，即便年华老去却仍风韵犹存”。文长偶尔也会把他剩余的精力放在画花鸟上，其画也都飘逸有情致。

卒以疑杀其继室[17]，下狱论死。张太史元汴[18]力解，乃得出。晚年愤益深，佯狂益甚，显者至门，或拒不纳。时携钱至酒肆，呼下隶与饮。或自持斧击破其头，血流被面，头骨皆折，揉之有声。或以利锥锥其两耳，深入寸余，竟不得死。周望[19]言晚岁诗文益奇，无刻本，集藏于家。余同年有官越者，托以钞录，今未至。余所见者，《徐文长集》《阙编》二种而已。然文长竟以不得志于时，抱愤而卒。

注释

⑰杀其继室：徐渭晚年神经错乱，猜疑心重，杀了续配夫人张氏，因此下狱。⑱张太史元汴（biàn）：张元汴，字子荩，号阳和，明穆宗隆庆五年（1571年）进士第一，授翰林修撰，官至翰林侍读，故称太史。⑲周望：即陶望龄，字周望，明朝万历年间曾任国子监祭酒。

译文

其后，文长因为疑心而杀死了自己的继室，被捕入狱，判处死刑。幸亏太史张元汴极力营救，文长才得到释放。文长晚年时更加愤世嫉俗，假作疯癫，显贵登门，他有时拒不接见。他常常带着钱到酒店中，招呼奴仆们和他一块饮酒。他有时拿着斧头击破自己的头，血流满面，连头骨都折断了，用手揉时还能听到碎骨发出的声音；有时用锋利的锥子刺自己的两只耳朵，锥子扎进去一寸多，他竟然没有死去。周望说："文长晚年的诗文越发奇特，但没有刻印成书，诗文集都收藏在家中。"和我同一年参加科举的人中有一位到浙江去做官的，我托他替我抄录文长的诗文，至今没有送来。我所见到的，只有《徐文长集》《阙编》这两种罢了。然而文长竟因为一生不得志，怀着满腔悲愤郁郁而死。

石公[20]曰：先生数奇不已，遂为狂疾；狂疾不已，遂为囹圄[21]。古今文人牢骚困苦，未有若先生者也。虽然，胡公间世[22]豪杰，永陵英主。幕中礼数异等，是胡公知有先生矣。表上，人主悦，是人主知有先生矣；独身未贵耳。先生诗文崛起，一扫近代芜秽之习，百世而下，自有定论，胡为不遇哉？

注释

⑳石公：袁宏道自称（石公为其号）。㉑囹（líng）圄（yǔ）：监牢。㉒间世：隔世。

译文

袁石公说：文长命途多舛，时运不济，以致积郁成疯病；疯病不好，以至于身陷牢狱之灾。古往今来的文人，因牢骚怨恨所遭受的痛苦，没有一个能与文长相比。虽说如此，胡公毕竟是世上少有的豪杰，嘉靖帝也是英明的君主。文长在幕中供职时受到特殊礼遇，这是胡公了解他。奏表呈上而皇帝欣喜，是皇帝知道有文长；只是文长没有得到要职罢了。文长的诗文，扫荡了近代杂乱卑污的风习，百代之后，历史一定会对其有正确的评价，怎么能说文长是未遇于时呢？

梅客生[23]尝寄予书曰："文长吾老友，病奇于人，人奇于诗。"余谓文长无之而不奇者也。无之而不奇，斯无之而不奇也。悲夫！

注释

㉓梅客生：梅国桢（zhēn），字客生，湖北麻城人，袁宏道之友。

译文

梅客生曾经写信给我说："文长是我的老朋友，他的病比他本人更奇怪，他本人又比他的诗更奇怪。"我则认为文长到处都与众不同。正因为他没有一样不怪，所以他也就没有什么地方不倒霉。这真是悲哀啊！